BIBLIOGRAPHIE

CLÉRICO-GALANTE

OUVRAGES GALANTS OU SINGULIERS

SUR L'AMOUR, LES FEMMES, LE MARIAGE

LE THÉATRE, Etc.

Écrits par des Abbés, Prêtres, Chanoines, Religieux, Religieuses,

Évêques, Archevêques, Cardinaux et Papes

PAR

L'APOTRE BIBLIOGRAPHE

Castigas turpia, turpis !
Juv., Sat. II.

PARIS

M.-A. LAPORTE, LIBRAIRE-BOUQUINISTE

43 *ter*, RUE DES SAINTS-PÈRES, 43 *ter*

1879

BIBLIOGRAPHIE

CLÉRICO-GALANTE

Paris. — Typ. Paul Schmidt, rue Perronet, 5.

BIBLIOGRAPHIE
CLÉRICO-GALANTE

OUVRAGES GALANTS OU SINGULIERS

SUR L'AMOUR, LES FEMMES, LE MARIAGE

LE THÉATRE, Etc.

Écrits par des Abbés, Prêtres, Chanoines, Religieux, Religieuses,
Évêques, Archevêques, Cardinaux et Papes

PAR

L'APOTRE BIBLIOGRAPHE

Castigas turpia, turpis?
Juv., Sat. II.

PARIS

M.-A. LAPORTE, LIBRAIRE-BOUQUINISTE

43 *ter*, RUE DES SAINTS-PÈRES, 43 *ter*

1879

INTRODUCTION

Dès l'abord, ce titre alléchant semble être une réclame ou une surprise commerciale, et pourtant il tient ce qu'il promet. C'est l'annonce loyale, l'enseigne honnête, dirait un certain chanoine d'Orléans, d'un travail important sur les ouvrages galants ou singuliers écrits par des membres du clergé. Au reste, quelques réflexions préliminaires sur la bibliographie et le rôle du bibliographe prouveront au lecteur que cette description d'écrits clérico-galants ne peut être ni un roman, ni un pamphlet, mais une histoire littéraire vraie et authentique.

La bibliographie est l'art de décrire correctement un livre. C'est, dit l'abbé J. B. Cotton des Houssayes, dans son *Discours sur les devoirs et les qualités d'un bibliothécaire*, c'est une connaissance exacte et raisonnée des productions de l'esprit, une science qui est comme le principe de toutes les autres, comme leur guide, qui doit les éclairer de son flambeau. *Notitia librorum est dimidium studiorum, et maxima eruditionis pars, exactam librorum habere cognitionem.*

La bibliographie est une espèce d'état civil de la littérature, et le bibliographe un contrôleur officiel qui inscrit dans les archives littéraires, le nom, le lieu de naissance, la date, le nom du père (l'auteur), celui des témoins (l'imprimeur, le libraire), la profession (le genre), la taille (le format), les signes particuliers, les campagnes, les blessures des livres qui naissent, qui meurent, et des quelques-uns qui vivent toujours. Cette science descriptive du livre étant le portrait au vif, la reproduction photographique d'un *fait accompli,* elle rend, sans colère ou sympathie, sans indulgence ou sévérité, sans atténuation, en un mot, le livre tel qu'il est. Comme toute science exacte, elle est au-dessus des passions humaines. Gardienne impartiale et incorruptible de l'honneur et de la gloire littéraires, la bibliographie constate la vérité, toute la vérité et rien que la vérité. Ne lui demandez pas de la faiblesse ou de l'indulgence pour les faux - nez littéraires qu'on nomme anagrammes, anonymes, pseudonymes, etc., ce serait méconnaître sa mission et surtout la détruire. Si le devoir du bibliographe est, en effet, de décrire correctement les ouvrages *déclarés,* enfants légitimes de pères connus, sa tâche aussi doit être de rechercher scrupuleusement les enfants non avoués ou dissimulés de pères inconnus, les livres bâtards. La recherche de la paternité littéraire est permise; on doit clouer, sur les masques typographiques, le vrai nom du père. Si ce fils le gêne, tant pis pour lui, il n'avait qu'à ne pas le faire. Un livre est un acte public, il appartient à la société qui a le droit de lui demander qui il est, d'où il vient, ce qu'il veut.

Ceci doit suffire, même aux Thomas littéraires, pour prouver que cette Bibliographie clérico-galante étant l'enregistrement d'ouvrages galants ou singuliers, écrits sur l'amour et les femmes par des membres du clergé, on ne peut l'accuser de fraude, de surprise et d'exagération. Tout livre cité a été décrit d'après les meilleurs biographes, bibliographes, catalographes et souvent, *de visu,* d'après l'examen de l'ouvrage. Au reste, il est facile, en remontant aux sources indiquées, de s'assurer de la sincérité des recherches et de contrôler l'existence et le caractère des volumes décrits.

Oui, l'apôtre bibliographe se rend le témoignage d'avoir, dans cette longue étude, vérifié avec le plus grand soin tous les titres, indiqué les diverses éditions, signalé les contrefaçons, dévoilé les pseudonymes, et annoté, autant que possible, le prix des ouvrages, d'après les ventes publiques et les catalogues des libraires. Malgré de longues recherches, ce travail offrira, sans nul doute, des lacunes et des imperfections, mais, tel qu'il est, sa nouveauté et son haut intérêt littéraire lui serviront, je l'espère, de passeport près des bibliographes. Si l'on est surpris de trouver dans cette bibliographie des pièces de théâtre et des ouvrages mystiques, dont j'aurais pu et peut-être dû augmenter les citations, qu'on réfléchisse à ceci : de même qu'il n'y a pas de feu sans fumée, il n'y a pas d'ouvrages mystiques et de pièces de théâtre sans *amour*. S'il y a exception, elle confirme la règle, voilà tout. L'amour le plus dangereux n'est pas cet enfant malin, effronté, et un peu polisson parfois, qni se montre dans les coulisses et joue sur la scène; on le connaît, on sait ce qu'il peut faire, on s'en défie, en un mot il ne frappe que des avertis. Mais l'amour ascète, l'amour ermite, cet autre enfant à l'œil baissé, au costume sévère, au langage divin, qui, au lieu de flèches et de carquois, porte agnus, chapelets, disciplines et reliques, peut-on s'en défier? Quel langage pourtant! Quelles ardeurs!

Mais la fin, dit-on, sanctifie les moyens; or, comme Dieu est la fin de cet amour mystique, qu'importe que les moyens soient très humains? Qu'importe! Le mysticisme, pour nous, n'est qu'un leurre clérical, pour tromper ou amuser la passion humaine aux dépens de Dieu. Vous avez beau comprimer les appétits du cœur, ils s'échappent toujours par quelque coin et de n'importe quelle façon : la religieuse aura toujours un saint préféré, et le religieux une sainte adorée qu'ils accableront de leurs déclarations les plus ardentes, qu'ils brûleront de la passion la plus folle. Le mysticisme n'est qu'une galanterie religieuse déguisée, la manifestation souvent bouffonne et indécente de rêves hystériques surexcités par l'isolement, les privations et les fustigations corporelles.

L'*Histoire des flagellants*, par l'abbé Boileau, espèce de traité chirurgical sur les disciplines et leurs effets, éclairera sur ce sujet ceux qui auraient des doutes. Si nous pouvions étendre les limites de cet ouvrage, nous prouverions, en comparant le texte des œuvres les plus licencieuses avec celui des mystiques ordinaires, que ce sont les mêmes expressions, les mêmes pensées, la même allure et surtout la même crudité dans la passion ; nous dirions aussi qu'il est reconnu que le libertin, épuisé par ses excès, *lassatus sed non satiatus,* demande à des souffrances physiques, à des fustigations charnelles, un reste de vigueur perdu, et que le moine, que la religieuse, épuisés par les jeûnes et les macérations, retrempent, par le fouet et la discipline, leurs rêves lascifs et pantelants... Où est la différence? où est le mieux ou le pis? Je redoute toutes les passions qui parlent la même langue et qui s'excitent par les mêmes moyens.

Bien que cet ouvrage ne traite que d'auteurs ecclésiastiques, hélas! je n'ai pas la conviction qu'il soit agréable à leurs confrères. Si pourtant ce livre les rend plus bienveillants pour les péchés littéraires des autres et leur en fait commettre quelques-uns de moins, tant mieux, mon but sera atteint : ce livre sera une bonne action.

Et nunc fiat lux et ad majorem bibliographiæ gloriam!

BIBLIOGRAPHIE CLÉRICO-GALANTE

NÉE D'UN CHANOINE ET D'UN JOURNALISTE

Cuique suum, d'après ces paroles d'antique sagesse et celles de l'Évangile : rendez à César ce qui est à César et à Dieu ce qui est à Dieu, il serait digne et juste de dédier cette œuvre à Monsignor V. P***, chanoine de l'église d'Orléans et à L. V***, rédacteur-écumoire d'un certain journal, qui modestement se dit : *L'Univers,* probablement parce qu'on le lit encore dans quelques sacristies, entre une confession et un enterrement. Je dis qu'il serait juste d'accoler ici fraternellement leurs noms, et je le prouve : ils ont combattu ensemble, goupillon et plume à la main, le bon combat d'une charitable dénonciation contre un rédacteur de catalogues ; or cette pieuse délation a inspiré l'idée, au catalographe, de cette bibliographie, et lui a prouvé la nécessité de sa publication ; donc elle est le *fruit* de cette délation, et la délation étant le fruit du chanoine et du journaliste, donc elle est née d'eux, elle est leur fruit. Placés en dédicace, tout en haut, ils en seraient ainsi, sinon les bienveillants protecteurs, au moins les portiers vigilants. Après tout, tirer le cordon à des abbés galants comme Bretin, Voisenon, Dulaurens, à des chanoines bons vivants comme Grécourt, Beroalde de Verville, à des évêques et cardinaux, joyeux faiseurs d'éroticités, comme Boisgelin de Cucé, Bernis, Piccolomini, etc., n'est-ce pas un métier aussi propre que de travailler si malproprement la délation, dans une officine cléricale, à tant d'indulgences la ligne?

Quelle eau forte, *bone Deus!* que celle qui, en pleine et vive lumière, dans un tonneau et dans un bénitier, *ut lilia convallium inter flores campi,* représenterait, dans leurs appareils christicoles, ces deux pères conscrits de la pudibondicité cléricale, ces ardents souteneurs de morale qui sont capables de se scandaliser de la catalographie des aventures de l'abbé de Choisy habillé en femme, et de force à avoir tous les silences et toutes les indulgences, pour les égarements de mains, *in extremis,* de Monsignor Maret! Prêcher la vertu, c'est bien, mais la pratiquer, c'est mieux encore. Or, on cultive tellement en grand chez vous, vous ne l'ignorez pas, les péchés capitaux les plus gros et les plus charnels, que si vous dénoncez ainsi, à toutes les sévérités de la loi, tous les pauvres diables de paroissiens qui ne savent pas, ou ne veulent pas pécher comme vous, c'est jalousie ou rouerie. Cela se voit, le vice jalouse toujours la vertu. Croyez-vous que l'abbé Maret voie d'un œil tranquille la chasteté de son sonneur de cloches? Êtes-vous sûrs qu'il ne l'envie pas, et pourriez-vous affirmer qu'il ne l'eût pas accusé de n'importe quel délit, s'il avait été convaincu de se conserver pour ses jeunes ouailles? Calomniez, calomniez, disait un certain personnage, il en reste toujours quelque chose; dénonçons, vous dites-vous, tout ne sera pas perdu, et ne ferions-nous par là que détourner les soupçons de nous en livrant des innocents, c'est toujours autant de gagné.

Ce bout de morale lâché et livré à vos méditations, V. P*** et L. V***, je m'empresse de vous offrir un exemple d'humilité chrétienne. Oui, par amour de la vérité, je renonce aux flatteuses douceurs d'une paternité littéraire et je confesse en toute modestie que, sans vous, sans votre dénonciation, cette Bibliographie clérico-galante n'eût certainement jamais vu le jour, elle ne fut jamais née. Donc, Messieurs du clergé, et tous autres cléricaux qui maniez des catalogues d'ouvrages anciens, si vous trouvez quelque intérêt, et surtout quelque profit dans ce volume, ne vous gênez pas, témoignez-en toute votre reconnaissance à *l'idée* qui l'a inspiré, à la *cause* qui l'a produit, au chanoine V. P***, au journaliste L. V***, ses deux pères jumeaux. Heureuse bibliographie d'ouvrages galants écrits par des membres du clergé, elle a la chance d'être née *native* de gens de l'endroit! C'est prouvé, un chanoine et un journaliste clérical sont spirituellement les pères jumeaux de cette bibliographie, à eux de voir si chrétiennement, si sacerdotalement, ils en veulent remplir les devoirs. Ils le savent, toute paternité, plus encore la spirituelle que la charnelle, a ses obligations; il n'est permis à personne, moins à un chrétien et à un prêtre qu'à tout autre, de les esquiver.

En bonne et honnête nourrice, j'ai nourri cette *idée* de mon meilleur lait; je l'ai mise carrément debout, en plein sanctuaire, sur ses jambes; elle retourne grandie, pimpante, gaillarde et folichonne d'où elle était venue. C'est une luronne cléricale, sinon accomplie, au moins assez complète, il ne lui manque rien d'essentiel. Sortie un certain temps du bercail, pour essayer ses jambes et faire ses dents, elle réintègre son lieu de naissance, calotte en tête et robe noire sur les flancs. Je vous la rends; vous la voyez, elle est fort présentable, n'allez pas me l'endommager, car si je ne suis ses *pères*, je suis sa mère. Et une mère, une mère littéraire surtout : vous ne pouvez savoir ce que c'est! Tâchez de ne pas l'apprendre. Ne taquinez pas ce nourrisson clérical sur ses goûts et sur ses mœurs, tout cela lui vient de l'endroit d'où il est et des gens qu'il fréquente. Au reste, en raison de son origine et des faits dont il parle, ce livre ne peut sentir que l'encens et non le brûlé. Cette Bibliograhie clérico-galante est presque, ma foi! l'histoire littéraire d'un concile galant. Toute la hiérarchie cléricale, depuis l'humble minime à la tonsure modeste, jusqu'au pape à la tiare souveraine, apporte gaîment son œuvre à l'édification de ce monument de galanterie. On y trouve, à côté du livre mystique dans lequel l'imagination enflammée des ascètes épand, sous le couvert de Dieu, de Jésus, de Marie et des saints, ses rêveries charnelles les plus érotiques, le roman sensuel de l'abbé libertin et la débauche d'esprit d'un évêque ou d'un pape en belle humeur. D'après cet axiome de la sagesse populaire : *Dis-moi qui tu hantes, et je te dirai qui tu es,* ce livre ne peut donc être jugé galant jusqu'aux témérités ni hardi jusqu'aux bêtises. Il est en trop bonne compagnie pour être de mauvaise société.

Ceci dit, expliquons le *pourquoi* et le *comment* de la paternité d'un chanoine et d'un journaliste. Ce sera moins obscur qu'un dogme, v. g. celui de l'Incarnation, et plus moral que n'importe quel égarement de mains ou tout autre agissement clérical bien connu.

LE POURQUOI ET LE COMMENT

DE LA NAISSANCE DE LA *Bibliographie clérico-galante* D'UN CHANOINE ET D'UN JOURNALISTE

LE POURQUOI

Prenons dès l'œuf, *ab ovo*. Le 20 août 1872, les abonnés du journal *l'Univers* et le parquet de Paris lisaient étalé à la première page, l'article suivant bien et dûment signé du nom et profession de V. P***, et contresigné des initiales magistrales L. V***, la griffe du lion ultramontain :

« Nous signalons à ceux qui prennent quelque souci des bonnes mœurs le développement de plus en plus accentué de la littérature obscène. Les livres licencieux et ultra-licencieux jouissent de franchises étranges. Il y a sans doute des lois qui atteignent les productions contraires à la morale; mais, d'une part, ce qui échappe sous ce rapport à l'œil peu exercé et peu attentif de la police est considérable; et d'autre part si, après poursuites et condamnations, le livre proscrit peut se réfugier dans l'officine d'un bouquiniste, il entre aussitôt dans l'ordre des curiosités bibliographiques, il y trouve un asile assuré et quelquefois les honneurs de la réimpression.

« Ensuite, sous prétexte d'érudition, d'études sur la langue française, on exhume tous les jours de vieux manuscrits dont la publication est absolument sans intérêt au point de vue indiqué, attendu que les types ne manquent pas d'ailleurs; manuscrits qui, dans la réalité, ne peuvent servir qu'à défrayer les appétits les plus bas, les goûts les plus immondes. La police, sans scrupule aucun, laisse passer impressions et réimpressions. A ses yeux, ce sont des ouvrages techniques et spéciaux qui ne s'adressent qu'à une classe restreinte de lecteurs. En fait, les éditeurs déclarent ne tirer qu'à petit nombre, sauf à tenir en réserve les exemplaires dissimulés, qui s'écoulent d'autant mieux qu'on ne manque pas de mettre sur les catalogues que le livre est épuisé. Il peut l'être officiellement, mais il ne l'est pas véritablement. Encore serait-il vraiment épuisé qu'une nouvelle édition ne tarderait pas à paraître.

« De plus, un homme du métier nous disait naguère que, depuis le 4 septembre, autrement depuis l'avènement de la République, la Belgique expédie chez nous sans encombre, en fait de livres immoraux, tout ce qui est à la fantaisie des spéculateurs belges ou même français. Pour des importations de ce genre la surveillance à la frontière est absolument nulle.

« Nous n'exagérons rien. Nous n'ignorons pas que dans l'art le nu et l'obscène ne sont pas toujours et nécessairement *indentiques* (*sic*).

« Tout dépend du but que se propose l'auteur, peintre, sculpteur ou écrivain, et des circonstances dans lesquelles il se place et il place en même temps ceux qui voient ou lisent son œuvre. Mais nous maintenons que les productions dont il s'agit, fussent-elles qualifiées de littéraires, sont de leur nature malsaines et repoussantes, qu'elles dépassent de beaucoup le genre communément appelé gaulois et qu'elles ne peuvent être, conformément aux règles de l'Église, que vouées à la destruction. — Depuis longues années, nous manions des catalogues, spécialement les catalogues destinés aux bibliophiles. Nous constatons que, en ce moment, il y a rivalité parmi les *industriels* qui *travaillent* dans le *malpropre,* et qu'ils font des efforts inusités pour attirer la pratique, efforts qui, selon nous, vont jusqu'au scandale.

« Une certaine pudeur existait encore. On laissait au lecteur des catalogues, à ses informations particulières, à son flair surtout, le soin de discerner, sous un titre souvent inoffensif, le fruit gâté et partant défendu. Mais aujourd'hui les rédacteurs des catalogues viennent en aide à l'ignorance. *Heureuse ignorance pourtant!* Les ouvrages annoncés sont au besoin munis d'une enseigne, c'est-à-dire d'une note qui en révèle toute la saveur. De cette façon, l'amateur n'est pas trompé ; il achète à coup sûr.

« Ces réflexions nous sont suggérées par la lecture d'un catalogue récemment sorti d'une officine parisienne. Cette officine, nous ne la *nommerons pas;* nous ne citerons pas davantage les productions graveleuses particulièrement recommandées. Nous ne voulons rien ajouter à une publicité déjà trop largement acquise, mais nous désirons mettre le lecteur à même de juger le procédé. Voici des annotations-réclames extraites *textuellement* du catalogue sus-indiqué :

<table>
<tr><td>

L'UNIVERS.

302.

Le héros de ces aventures graveleuses (*sic*) s'est trouvé dans les situations les plus libertines et les plus originales.

310.

Charmante édition reproduisant les chansons et passages condamnés.

315.

Bien que, dans la préface, on dise aux nobles, vertueuses et gracieuses dames que ce livre n'a point imaginé pour les induire à aimer, ou suivre les tromperies de l'amour, mais pour leur apprendre à fuir ses lascivetés, les amours de ... trouveront plus d'imitateurs dans leurs entraînements que dans leurs remords.

348.

Quelques - uns de ces contes sont, non seulement facétieux mais croustillants.

</td><td>

LE CATALOGUE.

302. Aventures de l'abbé de Choisy habillé en femme, avec un avant-propos. Paris, 1870, in-18.   45 fr.

Ex. sur papier de Holl. dit colombier, tiré à 7 exempl., épuisé. Sous ce costume peu habituel à un homme et surtout à un abbé, le héros de ces aventures graveleuses s'est trouvé dans les situations les plus libertines et les plus originales.

310. Béranger. Ses chansons. Paris, Baudouin, et Procès faits aux chansons de Béranger, 1828. 2 tom. en 1 vol. in-18.   3 fr. 50

Charmante édition elzévirienne reproduisant les chansons et les passages condamnés.

315. Boccace. La Fiammette amoureuse, contenant d'une invention gentile, toutes les plainctes et passions d'amour, faicte françoise et italienne (trad. de Chapuys). Paris, L. Angelier, 1858, in-12.   10 fr.

Bien que la traduction de cette œuvre, dans sa préface aux nobles, vertueuses et gracieuses dames, leur dise que ce livre n'ait point été imprimé pour les induire à aymer, ou suivre les fallaces et tromperies de l'amour pipeur et flateur, mais pour leur aprendre à fuir ses lascivetez, les amours de Fiamette trouveront plus d'imitateurs dans leurs entraînements que dans leurs remords, etc.

348. Contes (les) facécieux du sieur Gaulard-gentilh. de la Franche-Comté Bourguignotte, Paris, Richer, 1608, in-12, port.   6 fr.

Quelques-uns de ces contes sont, non seulement facétieux mais croustillants.

</td></tr>
</table>

L'UNIVERS.	LE CATALOGUE.

349.

349. Cosmopolite (le), ou le Citoyen du monde (par Fougeret de Montbron), aux dépens de l'auteur, 1751, in-12.   **4 fr.**

Espèce de voyage à travers l'Europe dans lequel l'auteur a le soin de semer les anecdotes les plus croustillantes.

360.

360. Déjeuné (le) de la Rapée, ou Discours des halles et des ports. Édit. augm. de quatre bouquets poissards, et d'un extrait de l'inventaire des meubles et effets trouvés dans le magasin d'une des harangères de là halle. La Grenouillère, s. d., appr. par les bateliers, in-18.   **10 fr.**

Recueil de pièces poissardes très difficiles à réunir.

Dans le même vol. : Lettres de la Grenouillière entre Jérosme Dubois, pêcheur du Gros-Caillou, et Mᵘᵉ Nanette Dubut, blanchisseuse de linge fin. — A la Grenouillère, bouquets poissards, par Vadé, avec 12 nouv. bouquets, 1759. — Vadé à la Grenouillère, folie poissarde en un acte et en prose, par Gouffé et Duval, an VIII, musique.

Recueil de pièces poissardes très difficiles à réunir.

383.

383. Fond (le) du sac, ou Recueil de contes en vers et en prose et de pièces fugitives. Paris, Leclerc, 1866, in-8, fig. d'Eisen.   **35 fr.**

Recueil de contes les plus légers.

Ex. sur papier de Holl. Recueil de contes les plus légers : Point de Lendemain. — La Main chaude. — L'origine de l'éventail, etc.

384.

384. Le même.   **42 fr.**

Ouvrage épuisé contenant des pièces fort lestes.

Ouvrage épuisé contenant des pièces fort lestes : le Délice bachique. — La Main chaude, etc.

399.

399. Hambrelin, serviteur de maistre Aliborum, cousin germain de Facolet. s. l. n. d., petit. in-8, goth.   **4 fr.**

Drôlerie impossible avec deux chansons égrillardes à la *fois.*

Réimpr. sur papier de Holl. Drôlerie impossible, avec deux chansons égrillardes à la fin.

401.

401. Henrici-Corn. Agrippæ ab Nettesheym de incertitudine et vanitate scientiarum declamatio. Anno 1537, in-8, portr.   **15 fr.**

Ouvrage en latin. Il y a des passages et même des chapitres d'une telle crudité, l'Art de se prostituer par exemple, que c'est à peine si le latin voile cet érotisme.

Bel exempl. d'un ouvrage rare. Il y a des passages et même des chapitres d'une telle crudité : l'Art de se prostituer, que c'est à peine si le latin voile cet érotisme.

L'UNIVERS.   LE CATALOGUE.

404.

404. Hexameron rustique, ou les Six journées passées à la campagne entre des personnes studieuses (La Mothe Le Vayer). Amst., J. Le Jeune, 1671, in-12.   8 fr.

Lire les chapitres, etc.

Recherché. Lire les chapitres des parties honteuses aux hommes et aux femmes ; de l'antre des nymphes, etc.

405.

405. Histoire du prince Apprius et Extraits des fastes du monde, depuis sa création, etc., par Esprit de Beauchamps. Constantinople, 1729, in-12.   5 fr.

Cet ouvrage trop leste valut à un imprimeur de Lyon le bannissement et une forte amende.

Cet ouvrage trop leste valut à un imprimeur de Lyon le bannissement et une forte amende.

450.

450. Lettres d'Aspasie, trad. du grec (comp. par de Méhégen). Amst., 1756, in-8.

Lettres galantes et graveleuses. Le nom de la célèbre courtisane ne devait pas faire mentir l'auteur de cette œuvre.

Lettres galantes et graveleuses, le nom de la célèbre courtisane ne devait pas faire mentir l'auteur de cette œuvre.

478.

478. Meursii (J.). Elegantiæ latini sermonis, seu aloisia sigœa toletana de arcanis amoris et veneris, adjunctis quibusdam fragmentis eroticis. Lugd. batav., ex typ. elzev., 1774 (Londres, 1781), petit in-12, frontisp. et fig.   35 fr.

Ouvrage érotique très recherché. On a ajouté dans cette édition des fragments érotiques qu'on ne trouve pas dans les autres.

Bel exempl., nombr. témoins d'un ouvr. érot. très recherché. On a ajouté dans cette édit., parfait. impr. en caract. elzév., des fragments érotiques qu'on ne trouve pas dans les autres éditions.

493.

493. On peut tout dire quand on dit vrai, ou les Ecclésiastiques devenus enfin citoyens et les religieux détruits. Paris, 1790, in-12.   15 fr.

Gravure très libre.

Gravure très libre.

519.

519. Recueil de Chansons légères et érotiques, avec musique, manuscrit in-8 du commenc. du XVIIIᵉ siècle.   35 fr.

On a ajouté 47 figures. Ces figures, très belles d'épreuves et de la plus grande rareté, sont d'un érotique qui interdit toute description.

On a ajouté à la suite des chansons, 47 fig., genre médaillon sur bois du XVIᵉ siècle. Ces figures, très belles d'épreuves et de la plus grande rareté sont d'un érotisme qui interdit toute description.

L'UNIVERS.

LE CATALOGUE.

521.

521. Réflexions sur les grands hommes qui sont morts en plaisantant, avec des poésies diverses, par M. D*** (Deslandes). Rochefort, Jacques Le Noir, 1743, in-18.　　6 fr.

Pièces très graveleuses : Prière d'une vieille courtisane, etc.

Unique en cet état. Pièces très graveleuses : Prière d'une vieille courtisane. — Le pantagruélisme, etc.

Et non 526.

626. Robert-Macaire, pièce en quatre actes et en six tableaux, par Saint-Amand, Antier et Frédéric Lemaître. Paris, 1835, gr. in-8.　15 fr.

Pièce interdite, saisie, et par conséquent très rare.

Pièce interdite, saisie, et par conséquent très rare. Dans le même vol. : L'Auberge des Adrets, drame en trois actes, à spectacle, etc.

548.

548. Tahureau (Jacques). Les dialogues non moins profitables que facétieus, où les Vices d'un chacun sont repris fort aprement, etc. Paris, Gabr. Buon, 1572, in-12.　　36 fr.

Ouvrage curieux où l'auteur digresse sur les sujets érotiques les plus lestes avec la verve la plus originale.

Édit. rare et ouvrage curieux où l'auteur disserte sur les sujets érotiques les plus lestes avec la verve la plus originale.

560.

560. Voisenon. Romans et contes. Londres, 1785, 2 tom. in-18, fig.　　4 fr.

Ces contes sont plus que galants, et la fable, si habile qu'elle soit, ne voile guère la lubricité du sujet et des détails.

Ces contes (d'un abbé) sont plus que galants et la fable, si habile qu'elle soit, ne voile guère la lubricité du sujet et des détails.

575.

575. Regnier. Ses Œuvres. Genève, 1777. 2 vol. in-18, frontisp. grav.　　6 fr.

Charmante édition avec les passages libres.

Charmante édition Cazin avec les passages libres.

577.

577. Amours et aventures du vicomte de Barras avec Mesd. J. de B*** (Beauharnais, impératrice Joséphine), Tallien, Sophie Arnoult, etc., par M. le baron de B*** (Charles Doris de Bourges). Paris, Mathiot, 1816-17, 3 vol. in-12.　12 fr.

Ouvrage historique, où l'auteur, sans s'écarter de la vérité, nous initie à des débauches si déplorables qu'on croirait lire des fantaisies obscènes.

Les Supercheries littéraires désignent à tort deux volumes. Ouvrage historique où l'auteur, sans s'écarter de la vérité, nous initie à des débauches si déplorables qu'on croirait lire des fantaisies obscènes.

578.

578. Casanova de Seingalt. Ses mémoires ex-

<table>
<tr><td>L'UNIVERS.</td><td>LE CATALOGUE.</td></tr>
</table>

traits de ses écrits originaux. Paris, Tourna-
chon-Molin, 1825, 14 vol. in-12.   40 fr.

L'UNIVERS.	LE CATALOGUE.
Édition rare où l'éditeur n'a point gazé comme dans les suivantes les passages libres et même obscènes.	Édit. rare où l'éditeur n'a point gazé, comme dans les suivantes, les passages libres et mêmes obscènes qu'on trouve dans cet ouvrage. Ces mémoires curieux et spirituels sont la peinture la plus fidèle des mœurs de cette époque de relâchement général. Il y a plus que l'attrait de l'érotisme, il y a l'attrait de l'histoire.

« L'échantillon suffit, ajoute le chanoine. Comment expliquer maintenant la tolérance de l'autorité? Peut-elle prétendre cause d'ignorance? Les catalogues ne sont-ils pas assujettis au dépôt légal? La jeunesse affriandée par de pareilles réclames ne va-t-elle point se disputer cette horrible pâture? On parle d'enseignement obligatoire, il faudrait surtout parler de *surveillance,* de *censure obligatoire* et en donner l'exemple. Singulière condition que la nôtre! Nous condamnons les outrages à la pudeur, mais l'*école* où on les apprend demeure ouverte; nous réprouvons la *libre action,* mais nous protégeons la libre pensée qui l'engendre; nous prétendons proscrire l'effet, mais nous maintenons soigneusement la cause. Si ce jeu-là continue, c'en est fait parmi *nous* de la morale, de la vertu et de l'honneur, et en même temps de la santé, de la virilité et du courage; une décadence définitive et irrémédiable sera notre châtiment. »

Victor PELLETIER,
Chanoine de l'église d'Orléans.

Nota. Nous ajouterons un détail à ce que l'on vient de lire, et qui *caractérise* encore mieux l'esprit administratif. On remarque dans les musées un certain soin de mélanger le sacré et le profane. Ceux qui font ces arrangements prennent un plaisir manifeste à mettre, par exemple, une Madone entre deux Dianes au bain, une déesse ou une dame du même genre, entre deux crucifiements, etc. Dans la collection des faïences, particulièrement visitée du peuple qu'elle amuse, il y a des assiettes qui seraient capables de scandaliser un marchand de gravures. Nous avons vu, dans une vitrine de la collection Sauvageot, une *Léda* des plus dégoûtantes, côte à côte avec des ivoires sculptés pour les oratoires et pour les livres d'heures. On pourrait sans nul dommage, mettre à part, ou les ivoires ou la *Léda ;* mais il faut croire que messieurs les administrateurs qui composent ces contrastes s'amuseraient moins.

Nous sommes un peuple gai et ami du plaisir, et ces revanches contre la morale nous consolent de celles que nous ne pouvons pas prendre contre les Prussiens.

Et puis, peut-être que monsieur Sauvageot, dont on garde là le buste en bonnet turc, l'a ordonné de la sorte, et il faut sans doute respecter le testament de Sauvageot, avant le testament de Jésus-Christ.   L. V.

Si vous-même, vous eussiez respecté et observé ce testament, en n'ouvrant pas vos colonnes à un mauvais coup sacerdotal, et en veillant de plus près à la propreté du goupillon de votre complice en délation, le chanoine d'Orléans, vous n'auriez pas aujourd'hui l'ennui de subir ce livre, et moi je n'aurais pas eu la fatigue de l'écrire. Un bonnet turc peut être drôle, ridicule même, c'est affaire de goût ; mais ce qui n'est ni drôle, ni ridicule, ni risible, ce qu'on nomme toujours, dans le monde des honnêtes gens, une lâcheté, c'est une dénonciation, quel qu'en soit le prétexte et d'où qu'elle vienne, du bedeau ou de son curé. On ne se permet de ces choses-là nulle part ; le criminel même, qui a bu de toutes les hontes, n'oserait mettre cette boue sur ses lèvres. Tant de fiel moralisateur ne peut donc cuire que dans la bile d'un dévôt, et tant de venin si savamment semé, ne sortir que d'une plume cléricale. Relisez ce factum, l'intention de nuire, le besoin d'être malveillant, font craquer toutes les phrases et trouent tous les mots : cette sacrée prose, sous le prétexte de morale, suinte la calomnie la plus perfide.

« La littérature la plus obscène et la plus accentuée échappe à l'œil peu exercé et peu attentif de la police. La police, sans scrupule aucun, depuis le 4 septembre, *autrement depuis l'avènement de la République*, laisse passer ou se réfugier dans l'officine d'un bouquiniste, les livres licencieux et ultra-licencieux avec des franchises étranges. Nous n'exagérons rien, elle laisse affriander les appétits les plus bas, les goûts les plus immondes et travailler dans le malpropre, les industriels des catalogues, avec une rivalité et des efforts qui, selon *nous*, vont jusqu'au scandale. Ces réflexions nous sont suggérées par la lecture d'un catalogue récemment sorti d'une officine parisienne. Cette officine nous ne la *nommerons pas* (et le lendemain un commissaire de police envahissait cette officine parisienne si charitablement cachée sous le rochet du chanoine et dans le tonneau du journaliste.) Comment expliquer la tolérance de l'autorité. Peut-elle prétendre cause d'ignorance? les catalogues ne sont-ils pas assujettis au dépôt légal? On parle d'enseignement obligatoire, il faudrait surtout parler de *surveillance, de censure obligatoire*. Singulière condition que la nôtre! Nous condamnons les outrages à la pudeur (?), mais l'école où on les apprend demeure ouverte; ... nous protégeons la libre pensée.

« Les rédacteurs des catalogues viennent en aide à l'ignorance. Heureuse ignorance pourtant! Si ce jeu-là continue, c'en est fait parmi *nous* de la morale, de la vertu et de l'honneur. »

Si la lecture de ce morceau achevé en tartuferie, ne vous prouve pas, ô le plus bienveillant admirateur des V. P*** et des L. V***, que pour travailler ainsi *proprement* une malpropre action et pratiquer si saintement, si onctueusement, si charitablement la délation de son prochain, il faut être un clérical doublé d'un chanoine... je livre cette Bibliographie à toutes les bénédictions veuillotines. Hélas! nous l'avons éprouvé, il est impossible de professer mieux l'art de faire un mauvais coup et de pousser plus loin la science d'une vilaine action. Il ne se dit pas, ce voisin de Jeanne la pucelle, en tendant son piège à bouquiniste et en plaçant sa mine à poudre sous une officine parisienne : Mais enfin c'est peut-être un honnête homme ce rédacteur de catalogues; qui sait, un passable catholique; sa maison n'est pas tout à fait malpropre, il la balaye parfois, si nous allions voir... Lui, honnête! lui catholique! sa maison propre! a préféré dire le chanoine. Allons donc, il a catalogué les aventures de l'abbé de Choisy habillé en femme, racontées par lui-même et confirmées par son successeur à l'Académie française, l'abbé d'Olivet, dans la Vie de son galant prédécesseur; si encore ces aventures libertines étaient fausses, mais non, elles sont vraies, on pourrait ne pas les dénoncer. Mais il a l'audace de dire la vérité, quand si souvent nous la veuillotons. Ne le nommons pas, mais pour qu'on ne le manque pas, attachons à son officine les annotations-réclames de son catalogue, et pour lui prouver que nous savons mettre la vérité et la justice avec nous, arrangeons ses notes à la façon cléricale, la nôtre.

Et voilà pourquoi, selon l'heureuse expression du chanoine catalophile, les enseignes sont présentées sans la marchandise. On montre l'étiquette, mais sans la chose, afin de donner plus de force et de saveur et surtout de mordant à la délation. Je ne veux pas toucher davantage à cette prose, elle laisserait trop de boue sur ma plume. L'échantillon doit suffire pour permettre au public de juger le procédé.

Que pensèrent de cette croisade bibliographique et de cette officine parisienne *qu'on ne nomme pas*, tous les abonnés de l'*Univers*, nous avons la chance de l'ignorer. Nous devons pourtant humblement confesser, que si tous pensèrent ce que plusieurs nous écrivirent, il nous est impossible de conserver l'illusion d'être près d'eux en odeur cléricale. Plusieurs, *illic sedimus et flevimus*, nous écrivirent avec ce style fraternel et poli pratiqué par eux : *Que ne voulant rien avoir de commun avec un mangeur de prêtres, ils nous défendaient de leur envoyer à l'avenir notre organe prêtrophobe*, hélas! notre catalogue. Nous! nous! manger les prêtres et juste au moment où nous avions la naïveté de nous croire mangé et déjà pas mal digéré par eux! C'est *ainsi* ; nous conservons ces précieux témoignages de la charité et de la bonne foi cléricales. Si vous lisez toujours le rival malheureux du *Figaro*, anciens fossiles de l'*Univers* et dévots béats du chanoine orléanais, et que vous ayez la ferveur d'en faire autant pour ces pages bondées d'abbés, de chanoines, de religieux, d'évêques... nous comptons que vous nous ferez, cierge en main et corde au cou, amende honorable. Vous le voyez, loin de manger les prêtres, nous leur élevons un gai monument de joyeuse et galante mémoire. Si nous ne savons ce que pensèrent ou firent tous les abonnés de l'*Univers*, nous savons ce que fit le parquet si vivement sollicité et si fortement aiguillonné. Un commissaire aux délégations judiciaires, armé de cette feuille pie qui, saintement, pour le bien de l'âme et de la caisse de son rédacteur et la plus grande édification de ses quelques fidèles, dénonce les pêcheurs hardis, qui pèchent hors d'elle et *autrement qu'elle*, nous demanda à voir notre officine parisienne et à examiner, et au besoin saisir, nos outils d'immoralité. Malgré notre désir de ne pas faire mentir l'infaillibilité d'un chanoine et de ne pas contrarier le zèle de ce nouveau saint Paul-journaliste que la grâce a tombé net un jour, en pleine impiété, sur le chemin de Rome, nous eûmes le courage de prouver à l'autorité que notre officine parisienne ne travaillait pas dans le malpropre; qu'elle était placée en plein soleil, sans coins obscurs; qu'elle ne sentait que ces bonnes et chaudes odeurs du maroquin, du veau et des vieux papiers; qu'en fait d'outils d'immoralité, s'il y en avait quelqu'un, ce ne pouvait être que le *Cantique des Cantiques*, le *Deutéronome*... un peu la *Mœchialogie* de Debreyne, le *Traité de mariage* de Bouvier, par hasard des cantiques spirituels; que là et là, et plus loin, étaient l'abbé de Choisy, sous le nom de la comtesse des Barres, l'abbé de Chavigny, l'auteur de *Vénus dans le cloître*, l'abbé de Voisenon, le faiseur gaulois de romans plus gaulois encore, le chanoine de Grécourt, l'égrillard conteur, le cardinal de Boisgelin, avec ses poésies érotiques, le pape Pie II avec *Le Remède d'amour;* encore celui-ci et puis cet autre.... mais qu'en tous cas, on ne pouvait suspecter leurs mœurs, puisque j'étais *veuf* et sans *enfants*. J'ajoutais même, en rougissant, que je ne tenais pas, dans mon officine estampillée si malpropre, cette feuille indiscrète et peu chaste, la *Gazette des Tribunaux* pour ne pas la nommer, qui périodiquement fait confidence au publique des... expériences du clergé, *in partibus fidelium*. — Une année plus tard, une dénonciation plus directe et plus prudente (elle était anonyme) mais probablement sortie du même coin que la première, fit recommencer l'expérience des perquisitions et nous valut la constatation que notre officine n'était pas plus malpropre. Seulement, on nous trouva beaucoup trop de galants abbés, de chanoines sémillants et d'ascétiques religieux; cela se comprend, nous étions dans le laborieux allaitement de cette Bibliographie clérico-galante. Sans le dire, on doit deviner qu'un pareil nourrissage ne se fait ni sans peine, ni sans instruments. Ce poupard, joyeux et gaillard (né, vous le savez, par l'opération d'un chanoine et d'un journaliste) portait dans ses flancs notre justification et notre revanche morale, jugez si nous tenions à ce qu'il vienne à point. Ne te plains pas, poupard cléri-

cal nourri de notre lait, s'il te manque quelque chose, c'est
bien malgré nous. — Donc une dénonciation en règle, à grand
ran, rrran, tan, plan, sur le tonneau veuillotin, organe du cléricalisme, voilà le pourquoi de cette naissance bibliographique
clérico-galante. Les considérations suivantes en feront saisir

LE COMMENT.

Devant une délation, si peu mystique et aussi *accentuée*, il
n'y a pas jugement téméraire à penser que mes délateurs, tout
catholiques qu'ils se prétendent, eussent hésité, en pareil cas,
à m'infliger un gros et productif procès en diffamation. Bien
que peu riche et malhonnêtement frappé dans le commerce qui
me faisait vivre, je résistai pendant quelques jours, difficilement je l'avoue, à la tentation de faire aux pauvres l'aumône de
ce procès. Il me souriait de forcer ces prêcheurs de charité, à la
pratiquer, un peu malgré eux, dans cette circonstance. Si leur
morale, toutes les fois qu'ils la soutiennent si malencontreuse-
ment, leur coûtait l'aumône de quelques cents francs, il est probable qu'ils la prodigueraient moins ou qu'ils l'enseigneraient
plus honnêtement. Insulteurs et calomniateurs par dessus le
marché, n'ont-ils pas pour compléter le genre du malpropre fait
le pire du métier, *dénoncé* avec le parti pris de nuire et de nuire
en abusant de ce qu'il y a de plus sacré: l'honneur et la morale? Qu'aviez-vous donc contre moi, chanoine V. P****?
Que vous ai-je donc fait, journaliste L. V****? Je ne vous
ai jamais tant connu, ni tant lu, que le jour où vous avez
chargé le parquet de me forcer à vous connaître, et ce qui est
autant désagréable, à vous lire. Vous n'étiez dans ma vie, ni
grands ni petits, ni sots ni spirituels... vous avez voulu m'être
dangereux et nuisibles, pourquoi? Je ne demandais qu'à vous
ignorer. Il ne m'était jamais venu la curiosité de savoir, L. V****,
si, dans l'égoût, où vous remuez tant de drôles de choses, vous
étiez un ouvrier pour le bon motif, ou un ouvrier pour l'argent;
si, en un mot, c'était pour le ciel ou pour la terre que vous vous
donniez tant de mal, et que parfois, vous en faisiez tant. Pourquoi, un jour, m'avez-vous attendu au coin de cette sentine et
m'avez-vous traîtreusement jeté dans toute cette boue? Sous le

prétexte spécieux et trop élastique de nettoyage, vous m'avez sali de la pire façon. Je vous le dis, si vous voulez qu'on croie à votre vertu, à votre honneur et à votre morale, faites-en les actes. Comment nommeriez-vous, vous qui *ne nommez pas,* mais qui *attachez* des *enseignes* au cou des gens, l'individu qui, le pied dans le ruisseau le plus fangeux, attendrait un passant inoffensif, et d'un coup bien calculé le couvrant d'immondices, crierait alors : Défiez-vous, prenez garde, c'est un malpropre, il va vous salir ; — ou cet autre qui, ayant sa maison pleine de livres friands, très appétissants... et dans les coins, des camarades et des collègues qui font sur enfants et petites filles des choses, qu'on ne fait guère que là, dirait à un juge : Vous savez, vous êtes aveugle ou sourd, ou vous ne devez pas ignorer, qu'à tel endroit, à cette enseigne... je ne *nomme* pas la *personne,* il se passe des abominations... C'est là, vous entendez, mais je ne *nomme pas* ... Le juge remercie... (comment le nommeriez-vous ? en attendant que vous m'indiquiez le mot propre, mettons le clérical) et l'on tombe chez l'innocent, qui a bien du mal à prouver qu'il n'est pas coupable ? Voilà mon cas, vous me dénoncez comme vendeur d'obscénités, de livres licencieux et ultra-licencieux... et jamais mon officine, n'a abrité la centième partie des ouvrages clérico-galants décrits dans cette bibliographie, et jamais je n'en ai vendu, ayant autant de saveur érotique, que *Vénus dans le cloître,* de l'abbé de Chavigny, les *Jésuites mis sur l'eschafaut pour plusieurs crimes capitaux commis par eux,* pas le P. Jarrige, jésuite ; etc. Vous avez tiré librement sur moi, à plein goupillon et à pleine plume, tout le venin de la délation cléricale la plus savante et la plus habile, et vous trouveriez bon que j'étouffe sous toutes ces ordures, sans vous les rendre ? Un certain écrivain de votre connaissance, Déodat, était-il aussi diffamé et autant dénoncé que moi, quand il écrivait ces lignes : « Ils calomnient comme s'ils n'avaient fait autre métier toute leur vie. Ils ont tort. Premièrement, c'est sot ; secondement, ce n'est pas honnête ; troisièmement, c'est périlleux. Je les avertis que je trouve qu'ils sont allés trop loin sur mon compte. Qu'ils n'y reviennent pas. Une autre fois, je les enverrai aux juges qui les feront taire. » Giboyer doit se souvenir de cet avis, mais Déodat qui l'a donné pour lui, le pratique bien lestement pour les autres.

Dans ma situation, on n'a pas toujours le droit de se laisser dénoncer et d'incliner à l'indulgence, ni le temps de croiser un manche à balai avec un manche à procession ; il faut être journaliste clérical et chanoine prébendé pour se donner ce luxe de diffamation ; donc, ne pouvant tous les jours me défendre, ne recommencez plus à m'insulter, ce ne serait ni spirituel, ni honnête et cela deviendrait périlleux. Cette fois, convaincu que toute largesse faite aux pauvres, en tant qu'involontaire et forcée, serait inutile et peut-être nuisible au salut de votre âme, je me contente pour toute satisfaction de vous appliquer ce livre sur la *conscience*. Oui, la conscience, car c'est votre faute si je l'ai fait. Sans les réflexions que vous a suggérées le catalogue sorti de mon officine, je n'eusse jamais songé à commettre cette revanche morale. Je vends des livres et je n'en fais pas, bien que parfois il y ait plus de profit et moins de danger à les faire qu'à les vendre. — La naïveté de ma foi s'accommode assez bien avec ma profession nouvelle d'auteur, j'ai l'espérance (c'est peut-être une illusion catholique, mais à ce titre elle a droit à votre indulgence, sinon à vos respects), j'ai l'espérance que ce livre clérico-galant sur l'amour et sur les femmes, sera plus profitable à votre avancement dans la perfection divine, plus que n'importe quel ouvrage traitant de la charité, de l'amour du prochain, de la pénitence, etc. Il vous apprendra surtout, mes frères V. P*** et L. V***, que le silence et l'humilité sont deux vertus catholiques, qu'il est bon quelquefois de ne pas négliger. Au reste, quand le démon de la colère et celui plus perfide et plus rusé du faux zèle, vous conseilleront de sacrifier un bouquiniste à la morale cultivée, arrangée, embellie... par le clergé galant, et pratiquée par monsignor le curé ***, le frère ***, etc...., avant de les écouter, lisez une ou deux pages de cette Bibliographie, selon la trop grande démangeaison de la tentation, et j'ose vous promettre qu'elle calmera... vos ardeurs cléricales.

Il est bon que la brebis surveille le berger et que le simple fidèle prêche le chanoine, c'est lorsque tous deux oublient leur métier ou leur mission. Tant pis pour eux s'ils rendent ce changement de rôle nécessaire. Pour moi, je n'ai qu'un souci, c'est d'être moins bête que la brebis que l'on mange sous le prétexte d'eau troublée par elle, son frère ou son cousin... et plus catholique que le chanoine et son frère qui travaillent si *littérairement* la dénonciation cléricale.

Comme il faut vraiment être absorbé par le maniement des catalogues pour si canoniquement ignorer et si heureusement ne pas voir, que des confrères y occupent, par les œuvres les plus faisandées en ribaulderie, la meilleure place, et que d'autres, par leurs faits et gestes immoraux, défient toute concurrence, se réservant, pour eux seuls, la spécialité de *travailler dans le malpropre*. Des bouquinistes *démoraliser* et *affriander, par une horrible pâture, la jeunesse?* Singulière condition que la nôtre! Des prêtres écrivent des ouvrages obscènes, d'autres les mettent en pratique par des agissements non encore assez réprimés par la loi, et un journaliste et un chanoine n'auront de plume et de voix que pour crier et écrire contre des rédacteurs de catalogues: « Si ce jeu-là continue, c'en est fait parmi *nous* de la morale, de la vertu et de l'honneur!...» Je ne veux pas croire que vous ne brûlez la maison du prochain que pour sauver la vôtre; que vous ne prêtez à des innocents des agissements imaginaires, que pour cacher les délits de vos coupables; que vous ne tombez, en un mot, sur tout et sur tous: République, police, enseignement, bouquinistes, catalogues, livres, Léda, statue, bonnet turc... que pour fixer et user l'attention et la curiosité du public et de la justice, sur une victime cléricale, et la détourner de son vrai but; et qu'enfin, tout le secret de vos tartines sur la morale offensée, la jeunesse affriandée par des catalogues, gît peut-être en ceci: que rarement on suspecte l'innocence de celui qui accuse, mais que, presque toujours, l'on croit à la culpabilité de celui qui est accusé. Je ne veux pas croire à tant d'infamie et pourtant en relisant, en tassant... votre factum, j'ai au moins des doutes... Qui sait; je jouais dans votre article, il se peut, un rôle de diversion. — S'il y a des mauvais prêtres chez vous, tous ne le sont pas (je suis heureux même de dire que j'en connais d'excellents), mais enfin ils sont hommes, et à moins qu'ils ne soient devenus Auvergnats, la Sagesse dit: *Omnis homo mendax,* c'est-à-dire, tu étais tellement inconnu de la veille, et jugé si inoffensif, mon pauvre bouquiniste, qu'il se pourrait bien qu'un chanoine, le lendemain, t'ai sacrifié dans les colonnes d'un journal à crucifiements, aux besoins de son cléricalisme. Pourquoi, en effet, me choisir, moi tout à fait perdu dans la foule des vendeurs de livres, pour cette immolation *morale*, plutôt que tout autre plus en vue, sinon parce qu'on a pensé qu'il y avait moins de dangers à m'immoler ? Vous voulez bien une victime, mais il vous la faut sûre, il vous la faut silencieuse. — Je m'arrête, il m'est impossible de sortir quelque chose de bon, de digne, d'honnête et de propre de cette prose... Plus je remue et je creuse, et plus je suis forcé de me serrer le nez.

De grâce, prouvez-moi honnêtement, loyalement, en gens d'esprit et de cœur, que j'ai tort de vous juger ainsi ou d'avoir des doutes, et il me sera moins pénible de reconnaître que je me suis trompé, que de garder la conviction que vous êtes si cruellement, si indélicatement coupables.

Et nunc intelligite et erudimini..., et maintenant, ô Paul non L. V*** échappé du tonneau paternel, pour recevoir votre coup de soleil de la grâce et aussi de la fortune, cultivez davantage, il en est temps, votre salut personnel et un peu moins l'éreintement de votre prochain. Ne le sauvez pas malgré lui, s'il ne veut pas être sauvé, ou au moins laissez-lui le temps de choisir son moyen de salut. Qui connaît les voies de la Providence ? S'il est damné comme bouquiniste, il sera peut-être sauvé comme tonnelier, laissez-lui apprendre ce nouveau métier.

Et vous, Monsignor Victor Pelletier, chanoine de l'église d'Orléans, apprenez d'un libraire, que pour diriger des pénitentes et faire son salut, il n'est pas absolument indispensable de manier des catalogues et de dénoncer leurs rédacteurs à toutes les sévérités de la police, ou si la chaire et le confessional vous font des loisirs, daignez au moins ne pas ignorer que vos confrères, que vos supérieurs hiérarchiques, y remplissent la place la plus fréquentée par les amateurs: celle des gauloiseries.

Je vous dirai bien comme la voix, à saint Augustin: *Tolle et lege ;* mais m'écouterez-vous, vous qui écoutez si peu l'Évangile, qui vous recommande d'aimer votre prochain comme vousmême et de ne lui faire que ce que vous voudriez qui vous fût fait. — Vous liriez pourtant ce livre, V. P*** et L. V*** que vous n'accompliriez d'abord, qu'un acte de bon père qui s'occupe de son enfant, et ensuite, qu'un acte de prudence, en veillant sur ses mœurs, si elles sont légères, et en n'en *faisant* pas un autre, si

elles vous paraissent mauvaises. Vous avez tout le mérite de
l'*idée*, de la naissance de cette bibliographie, c'est prouvé; si
elle réussit, vous aurez toute la gloire de son succès, c'est ce que
je vous souhaite. Pour ma part, je n'ambitionne qu'un honneur,
c'est celui d'avoir présenté avec soin, pour votre instruction
morale, le côté propre et gracieux du clergé, le revers galant
de sa médaille littéraire. Je ne parle pas de ses mœurs, je com-
mets avec plaisir le jugement téméraire de croire qu'elles sont
moins galantes que ses écrits.

J'ai la confiance que tous les porteurs de longues ou courtes
robes plus ou moins consacrées, édifiés par ce premier ouvrage,
m'épargneront la honte d'étudier le côté malpropre du cléricalisme, l'autre revers de la médaille... celui des mœurs... et
d'en extraire la matière d'un nouveau volume : la Biographie
des désertions et des condamnations cléricales. Quoiqu'ait dit,
sur mon officine, le chanoine Don Quichotte orléanais, je n'aime
pas à affriander la pratique sur les choses sales, sur la pâture
horrible, et la meilleure de toutes les preuves, c'est que je le
prie, lui et les siens, de m'épargner cet écrit biographique trop
intéressant. Je ne tiens pas à abuser de leur féconde paternité.

Santeuil, le chanoine ivrogne et colère, mais poète autant
spirituel que fin gourmet, se souvenant en plein sermon d'un
dîner auquel il craignait d'arriver trop tard, s'empressa de
prendre congé de ses auditeurs, en leur disant : « Mes frères,
j'avais bien des choses encore à vous dire, mais il est inutile
de vous prêcher davantage, vous n'en seriez pas meilleurs. »
Je ne saurais mieux finir. Si, en lisant cette bibliographie, plus
intéressante encore, comme histoire galante du clergé écrivain,
qu'alléchante par son titre, qui semble être une amorce commerciale, et qui pourtant n'est que l'annonce loyale du sujet qu'elle
traite, vous reconnaissiez qu'il y a danger parfois à diffamer un
bouquiniste et que vous ne recommenciez plus, tant mieux !
Mais si, comme le dit votre collègue Santeuil, vous n'en devenez
pas meilleurs, pourquoi vous prêcher davantage.

Avant de clore, néanmoins, cette histoire de la naissance de
la Bibliographie clérico-galante, je tiens à signaler que ses *pères*
avaient d'autres titres qu'une dénonciation pour y figurer. Le
premier, le chanoine, n'est pas un inconnu ou un premier venu
en bibliographie, il a fait plus que de manier des catalogues,

il a collaboré à leur façon. Il a donné, dans le *Bulletin du Bouquiniste*, en 1859, page 693, un article pertinemment traité sur : *La Maison réglée et l'art de diriger la maison d'un grand seigneur et autres, tant à la ville qu'à la campagne,* par Audiger, *Paris*, Mich. Brunet, 1692, in-12.

Importante étude pour les lettres et surtout précieuse découverte pour la cuisine, car le catalophile orléanais a soin de nous faire remarquer que Brunet, Barbier, et même Michaud, ne citent pas cette illustration culinaire remise sur le fourneau par lui. Il faut voir avec quel art il assaisonne la gloire de ce chef Audiger, *digne d'être officier dans les deux sens, aussi brave au feu que devant ses fourneaux;* et avec quel intérêt et quelle sollicitude de la bibliographie, le savant chanoine énumère, d'après son double officier, les qualités et les vertus que doit avoir la demoiselle suivante d'une grande dame! Lire la page 696. Quel homme que ce prêtre! Si, d'un côté, il signale, à la vérité des lois, des industriels qui travaillent dans le malpropre et qui affriandent la jeunesse par une horrible pâture, de l'autre, il remet en lumière ces officiers de bouche, qui travaillent dans les liqueurs et les confitures et font en perfection toutes sortes d'eaux, tant que de fleurs, que de fruits, glacées ou non glacées, sorbets, crèmes, orgeat, eau de pistaches, de pignon, de coriandre, d'anis, de fenouil. A la bonne heure! voilà de la pâture et de la douce, tout au sucre, et par dessus le marché, l'énumération des qualités d'une jeune suivante! Je ne pouvais pas vous rêver plus réussi, co-père de ma Bibliographie clérico-galante, savant Christophe Colomb des Audigers, officiers de bouche. Merci. — L'autre, le compère en délation, L. V***, le Samson clérical revu et corrigé par le Saint-Esprit, est plus méritant encore; voir, à son nom, son article.

BIBLIOGRAPHIE

CLÉRICO-GALANTE

———— ✳ ————

A

ABAILARD (Pierre), né en 1079, près de Nantes, mort au monastère de Saint-Marcel, près de Chalon-sur-Saône, en 1142, et enterré au Paraclet dans un tombeau où fut déposée Héloïse, son épouse, abbesse et fondatrice de ce couvent de femmes.

ABÆLARDI ET HELOISSÆ conjugis ejus, opera nunc primum edita.
— *Paris*, 1616, in-4 (Peignot, n° 2094, 11 fr. 50 ; La Bédoyère, n° 1242, 35 fr.). — *Londres*, 1718, in-8. — *Oxonii*, 1728, in-8. — *Turici*, 1841, in-4.

Traductions françaises :

LETTRES D'ABAILARD ET D'HÉLOÏSE, en latin et en franç. *Paris*, Fournier, impr. Didot, 1796, 3 vol. in-4, fig. de Moreau (La Bédoyère, n° 1243, 101 fr. ; Van der Helle, 50 fr., avec les dessins originaux, 1,405 fr.).
— Trad. d'Oddoul, avec essai historique de M. et Mme Guizot. *Paris*, Houdaille, 1839, 2 vol. gr. in-8, fig. de Gigoux.

Ces lettres passionnées, plus célèbres depuis longtemps que les œuvres théologiques du rival de saint Bernard, ont eu de nombreuses traductions et de remarquables imitations ; nous ne les citerons pas, il faudrait une bibliographie spéciale. Mais nous ne pouvions pas ne pas indiquer ces témoignages de la passion la plus ardente et de l'amour le plus vrai. Loin d'éteindre ces flammes, la sévérité du cloître n'a fait que leur donner plus de force et d'énergie. Quelle éloquence, en effet, dans cette lutte de l'amour divin et de l'amour de la chair, de la créature et du Créateur !...

1

ABEILLE (l'abbé Gaspard), prieur de Notre-Dame de la Mercy, né à Riez, en Provence, en 1648, mort à Paris en 1718.

— Argélie, reyne de Thessalie, tragédie (5 a. v.). *La Haye*, Adr. Moeljens, 1682, in-12.
— Coriolan, tragédie (5 a. v.). *La Haye*, Adr. Moeljens, 1682, in-12.
— Lincéey, tragédie (5 a. v.). *La Haye*, Adr. Moeljens, 1681, in-12.

Il a fait paraître sous le nom du comédien La Thuillerie, son ami, trois autres pièces : *Crispin bel esprit, Hercule* et *Soliman*. Tout ce bagage dramatique est aujourd'hui bien oublié et pourtant il y a parfois quelques bons vers, quelques effets scéniques assez brillants et surtout pas mal à prendre comme étude de mœurs du temps.

AGRÉDA (Marie de), née à Agreda, en Espagne, en 1602, supérieure du couvent de l'Immaculée-Conception. Son nom de famille était Coronel. Elle mourut le 24 mai 1665.

— Mistica ciudad de Dios, o Historia divina y vida de la Virgen Maria Madre de Dios, manifestada en estos ultimos siglos por la misma señora á su esclava sor Maria de Jesus, abadesa de Agreda. *Perpignan*, Vigo, 1690, 4 vol. in-4 (cat. d'Hoym, 6 fr.).

Traductions françaises :

— La mystique cité de Dieu, miracle de sa Toute-puissance, abîme de la grâce, Histoire divine et la Vie de la B. Vierge, Marie Mère de Dieu, manifestée dans ces derniers siècles à la sœur Marie de Jésus, abesse d'Agreda... traduit de l'espagnol par le P. Thomas Croset, recollet. *Marseille*, Martel, 1695, in-8.
— *Brusselles,* 1713, 3 vol. in-4 (Gomel, 1803, 9 fr.). — *Bruxelles,* 1715, 3 vol. in-4 (cat. Basset, 1753, 44 fr. ; comte d'Hoym, 18 fr.). — *Brusselles,* Foppens, 1717, 3 vol. in-4 (cat. Luzarche, nº 234, 5 fr. 50). — *Bruxelles*, 1717, 8 vol. in-8 (cat. Basset, 1753, 12 liv. 10 sous).
— Abrégé de la cité mistique de Dieu, ou de la Vie de la Très Sainte Vierge, s. n. *Nancy,* Nicol. Balthazard, 1728, petit in-8 (cat. Giraud, nº 218, 6 fr. 50).

Malgré sa mysticité, cet ouvrage prétendu révélé par la Sainte Vierge à l'abbesse d'Agreda, fut défendu par Rome et censuré par la Sorbonne. Si l'Église, toujours indulgente pour les excentricités ascétiques, a condamné celles-ci, il faut que la révélation dépasse la mesure. Le chapitre xv surtout contient, dit la Biographie Michaud, une foule de détails indécents qui offensent la pudeur. Bossuet a écrit sur cet ouvrage ridicule et en a relevé les indécences.

ALBERT LE GRAND, dominicain, né à Lauingen, en Souabe, en 1205, évêque de Ratisbonne, mourut humble moine à Cologne en 1280.

— De Secretis mulierum. *Amst.*, 1548, in-12 (Falconet, n° 7919).
— Secreta mulierum et virorum. *Parisiis*, Dionysius Roce, s. d. in-4 (Bull. bibl., 1843, 15 fr.). — *Francfort*, 1615, in-12 (cette édit. a paru sous le nom d'H. de Saxe, disciple d'Albert le Grand. — *Argentorati*, 1625, in-12 (cat. de l'abbé Margeret, 1748, n° 1059). — *Amstelod.*, 1648, petit in-12 frontisp. grav. (Archives du bibl., 1860, 2 fr. 50). — *Amst.*, 1702, in-12. — — *Lyon*, chez les héritiers de Béringos, 1788, petit in-12 (Arch. du bibl., 1860, 5 fr.).
— Les admirables secrets des femmes. *Cologne* (Holl. ou Trévoux), 1706, 1715, 1722, petit in-12, fig. — *Cologne,* 1707, in-12, frontisp. grav. et fig. (Van der Helle, 35 fr.). — *Paris,* s. d., in-12 (cat. Falconet, n° 7920). — *Lyon,* 1729, 1743, 1753, 1758, in-12, fig. (Van der Helle, édit. 1758, 12 fr.).
— Biblia Mariæ, opus ab Alb. Magno, conscriptum. *Coloniæ,* 1625, in-8.

ALCAFORADA (Marianne), religieuse portugaise de Béja, eut occasion de voir et d'aimer le comte de Chamilly. Les lettres suivantes, les cinq premières surtout, méritent par la vérité de la passion, la chaleur du style et l'élévation des idées d'être, comparées à celles d'Héloïse.

— Lettres portugaises (5) traduites en françois. *Paris,* Cl. Barbin, 1669, petit in-12, 3 ff. prélim., 182 pp. et 1 f. pour le privilège (cat. Giraud, 25 fr.; Walckenaer, 30 fr.; Techener, 1858, 40 fr.).
— Réponse aux Lettres portugaises (5) traduites en françois. *Paris,* J. B. Loyson, 1669, 2 part. petit in-12, 2 ff. limin., 62 et 64 pp. — *Amst.*, Is. Van Dyck, 1660, petit in-12 (cat. Giraud, 69 fr.). — *Paris,* Cl. Barbin, 1670, 2 part. petit in-12 (Techener, 1858, 15 fr.). — *Paris,* Cl. Barbin, 1672, 2 part. petit in-12 (Techener, 1858, 18 fr.). — *Paris,* Cl. Barbin, 1673, 2° partie (7 lettres), petit in-12, 2 ff. limin., 151 pp. — *Cologne,* P. Marteau, s. d. (elzévir), petit in-12. — *Amsterdam,* 1677, petit in-12, 186 pp. (Techener, 1858, 28 fr.). — *La Haye,* Corneille de Graef, 1682, petit in-12 (Walckenaer, 3 fr. ; Techener, 1858, 18 fr.). — *La Haye,* A. de Hondt, 1691, petit in-12, fig. — *La Haye,* 1697, petit in-12, frontisp. grav. de Harrevyn, 309 pp. (Techener, 1858, 28 fr.). — *Paris,* Delance, 1806, in-8 cat. Giraud, 9 fr.;

Walckenaer, 5 fr.). — *Paris*, Didot, 1824, in-12 pap. vélin (Giraud, 7 fr. 50; Walckenaer, 6 fr. 50; Techener, 1858, 10 fr.). — *Paris*, Jannet, 1853, in-16, 96 pp.

Souza, qui a donné l'édit. de Didot, 1824, n'acceptait comme authentiques que les cinq premières lettres.

ALEXIS (frère Guillaume), religieux de Lyre, surnommé le *Bon Moine*, vivait vers la fin du xve siècle et était prieur de Bussy en Perche.

— LE BLASON des faulces amours. *Paris*, P. Levet, 1486, in-4 goth., 16 ff. — *Paris*, P. Levet, 1489, in-4 goth., 15 ff. — *Paris*, Jeh. Lambert, 1493, petit in-4 goth., 26 ff. (Bertin, 92). — *Paris*, P. le Caron (1495), petit in-4 goth., 25 ff. — s. l. n. d., gr. in-8 goth., 16 ff. (Yemenitz, 400 fr.). — s. l. n. d., in-4 goth.. 28 ff., fig. (cat. Pichon, 100 fr.). — *Lyon*, 1497, in-4, 27 ff. — *Paris*, Mich. le Noir, 1501, in-4. — *Lyon*, 1506, in-4. — *Paris*, s. d., petit in-8 goth., 28 ff. (Soleinne, 699, 42 fr.). — *Paris*, J. Nyverd (vers 1530), petit in-8 goth., fig. sur bois. — *Rouen*, Jeh. Bruges (vers 1525), petit in-8 goth., 16 ff. — *Paris*, R. Macé, s. d., petit in-8 goth., 16 ff. — *Paris*, s. d., in-16 goth. — *Lyon*, Cl. Nourry, 1529, petit in-8 goth., 33 ff. — *Genève*, Gay, 1867, petit in-12, 60 pp. (cat. Laporte, 1873, 10 fr.).

C'est un dialogue sur l'amour entre un gentilhomme et un moine, le premier vante les joies, les satisfactions... de l'amour, le second en démontre les dangers, les faiblesses et les perfidies.

> Soit un amant
> Frais et plaisant,
> Soit diligent
> Soit plus luisant
> Qu'un diamant;
> Joli et gent,
> Soit plus prudent
> Que Burident
> Parlant aussi bien qu'un romant;
> S'il n'a de l'or et de l'argent;
> On lui dit : à Dieu vous command.

Cette pièce naïve a été imprimée à la suite des *Quinze Joyes de Mariage*. *La Haye*, 1726 et 1731.

— LE DÉBAT de l'homme et de la femme. — Cy fine le debat de lhomme et de la femme fait et compose par frère Guillaume Alexis. — Impr. à *Paris* par Jeh. Trepperel lan mil quatre cent quatre vingt et treize. In-4 goth., 6 ff.

— Impr. à *Paris* par Jehā Trepperel, s. d., in-4 goth., 4 ff., 1 fig. s. bois (Yemenitz, 360 fr.).

> Quant jeune pigeon femme englue,
> Elle le fait devenir grue
> Et croire *impossibilia*;
> Bienheureux est qui rien n'y a.

— Le Martilloge des faulces langues tenu ou temple de Denger.
— Cy finist le martilloge des faulces langues tenu ou temple de
Dangier. — Impr. par Jeh. Lambert le ix jour de juillet mil
cccc quatre-vingtz et treize , petit in-4 goth., m. de l'impr. s/ le
titre (cat. Pichon, 405 fr.).

— Le Passetemps de tout homme et de toute femme. *Paris,* Ant.
Vérard , s. d. (1505), petit in-8 goth., 126 ff. (La Vall. Nyon,
n. 2789). — *Paris,* Jeh. Sainct-Denys, s. d., petit in-4 goth.,
110 ff., fig. s/ bois (Yemenitz, 430 fr. ; Aubry, 1869, 455 fr.). —
s. l. n. d. , in-4 caract. goth. , 105 ff., fig. s/ bois. — *Paris,*
P. Sergent, s. d. vers 1540, petit in-8 goth., 151 ff., fig. s/ bois.

Sermon rimé qu'on croit être la traduction d'un ouvrage latin du pape Innocent III.
Cet écrit, recherché dans les ventes, n'a d'autre intérêt qu'un style naïf, souvent
ridicule et des boutades du *bon moine* sur les femmes.

ALLAINVAL (l'abbé Léonor-Jean-Christine Soulas d'), né à Chartres, mort à Paris en 1753.

— ..... Ana , ou bigarrures calotines , s. n. *Paris,* de Lamesle,
1730-33, 4 part. in-12 (cat. Lancelot, 1741).

— L'École des bourgeois , coméd. en 3 act. prol. (en pr.). *Paris,*
Vᵛᵉ P. Ribou, 1729, in-12.

— Éloge de la méchante femme dédié à Mˡˡᵒ Honesta, s. n. *Paris,*
Ant. de Heuqueville, 1732, in-12.

— L'Embarras des richesses, com. (3 act. prol. pr.). *Paris,* Pissot,
1726, in-12.

— L'Hiver, coméd. 1 act. en vers. *Paris,* Briasson, 1733, in-12.

— Le Mari curieux, coméd. 1 act. en pr. *Paris,* Briasson, 1731,
in-12.

— Mémoires sur Molière et sur Mᵐᵉ Guérin sa veuve, suivis des
mémoires sur Baron et sur Mˡˡᵒ Lecouvreur. *Paris,* 1822, in-8.

— Le Temple du goust, coméd. (1 act. en vers). *La Haye,* 1733,
in-12.

— Le Tour de carnaval, coméd. 1 act. (en pr.). *Paris,* Briasson,
s. d., in-12.

— Lettres à Milord *** au sujet de Baron et de la demoiselle Le
Couvreur. 1730, in-12.

Cet abbé, qui souvent n'avait d'autre asile pour passer les nuits que les chaises
à porteurs qui se tenaient au coin des rues, et qui mourut à l'Hôtel-Dieu, peut-être
dans le lit que devait illustrer plus tard Gilbert, n'était ni sans esprit, ni sans
talent. Il y a du naturel et du bon comique dans ses pièces, et un trait fin et caustique
dans ses anecdotes.

ALVA Y ASTORGA (Pierre de), franciscain espagnol, mort dans les Pays-Bas en 1667.

— FUNICULI nodi indissolubilis de conceptu mentis et conceptu ventris, inter immunitatem ab omni defectu et præservationem ab omni culpa et macula purissimæ animæ Virginis Mariæ, etc., ac de utriusque approbationibus; ex cortice, virga, nodo, doctrina et puritate ligati, a Petro de Alva et Astorga. *Bruxelles*, Vleugaert, 1663, in-4 (cat. du comte de Hoym, n° 382, 3 fr.). — *Bruxelles*, 1661, in-8 (Biogr. Michaud, t. I, p. 649).

Cet ouvrage est aussi absurde, sinon plus, que celui de Schroer : *De sanctificatione seminis B. Mariæ Virginis*, c'est la même thèse discutée avec une crudité d'expressions et de mots que ne peut excuser même la foi la plus naïve. Il a écrit aussi l'*Arsenal séraphique*, in-folio ; la *Rose séraphique ;* la *Milice de l'Immaculée-Conception;* l'*Abécédaire de Marie*, dont les 3 vol. in-fol., seuls parus, ne contiennent que la lettre A. Il se disposait à porter son *Abécédaire* à 18 vol. in-fol., à donner une *Bibliothèque de la Conception* en 6 vol. in-fol., l'*Arsenal des Anges* et la *Vie de J. C. dans le ventre de Marie*, lorsque la mort le surprit et arrêta cette infatigable fécondité. C'est l'écrivain par excellence de Marie et surtout de son immaculée conception. Il est impossible de pousser les recherches et les indiscrétions théologiques plus loin. Lire, pour plus de détails, Antonio, *Bibliot. hisp.*

AMBROISE (Saint), né vers l'an 340 à Rome, archevêque de Milan, mort en 397.

— Ses ŒUVRES sur la virginité, trad. par le P. Duranty de Bon Recueil. *Paris*, 1729, in-12 (cat. de M. Basset, 1753, n° 95).

Cet ouvrage avait déjà paru sous le titre : *Les trois Discours intitulés : les Vierges*, avec la sévère réprimande que fait Saint Ambroise à une religieuse qui avait forfait à son honneur, trad. en franç. avec des annotations par J. Bertaut, abbé de N. D. d'Aunay, 1604, in-12.

AMERVAL (Éloi d'), prêtre, né à Béthune.

— SENSUIT la grāt diablerie. — Impr. à *Paris* par la veufve feu Jehan Trepperel et Jehan Jehannot, s. d., petit in-4 goth. à 2 col., fig. s/ bois, 149 ff. (Yemenitz, 425 fr. ; Soleinne, 50 fr.). Vve Jehan Trepperel, s. d., petit in-8 goth., fig. s/ bois (3), 52 ff. non chiff. (Pichon, 720 fr.).

— SENSUYT la grant diablerie (en vers). Nouvell. ïprimée à *Paris* par Alain Loctrian, s. d., in-4 goth. à 2 col. sans chiffres ni réclames , titre rouge et noir, 6 ff., fig. s/ bois s/ le titre et au verso du 6e f. (Yemenitz, 400 fr). — *Paris*, 1508, in-fol. — et *Paris*, 1531, in-4.

Peignot dans sa Biographie, t. Ier, p. 72, indique : *le Livre de la Diablerie*, en rime et par personnages; Paris, 1508, in-fol. goth., en 1531, in-4. — C'est une espèce de roman rimé dramatique où Lucifer et Satan rapportent tout au long et sans rien requérir, les abuz, faultes et péchiez que font journellement les hommes.

Ouvrage curieux, l'auteur dit que les joueurs et les fabricants de dés, de cartes... commettent un péché plus grand que la femme qui s'est toute sa vie livrée à la débauche. « Seigneur Dieu, dictes si il vous plaist duquel de ces deux avez vous esté

plus offencé, de la paillarderie de cette truande, ou des dez et des cartes faictes par
cet homme ici. — Je croy s'il lui plaisoit de parler que il diroit : vous le pouvez
connoistre par le fruit qui en est sorty... Je ne veuil pas confondre l'opération de
cette paillarde à l'opération de ce cartier... mais il a esté moins offencé de la luxure
de cette paillarde pour quatre raisons... »

AMYOT (Jacques), né à Melun en 1513, précepteur
de Charles IX et de Henri III, grand aumônier de
France et évêque d'Auxerre, mourut en 1593.

— Les Amours pastorales de Daphnis et Chloé. *Paris*, Vincent
Sertenas, 1559, petit in-8, 84 ff. (cat. Guichard, 1811, n° 878).
— *Paris*, 1578, in-16. — *Amst.* et *Paris*, 1717, 1722, 1731 (cat.
Pichon, 48 fr.), 1745, in-12, fig. de Scotin (8) vignettes (4). —
s. l. (*Paris*, Quillau), 1718, petit in-8 frontisp. et fig. d'après le
Régent, grav. par Audran (28 et quelquefois une 29° dite aux
petits pieds grav. par Caylus en 1728 : cat. Giraud, 80 fr. ; La
Bédoyère, 50 fr.). — *Paris*, 1731, 1745 (cat. Luzarche, 29 fr. ;
Potier, 1870, 180 fr.), 1764, 1772, 1779, 1780, 1792, petit in-8,
frontisp. et fig. du Régent (29). — *Paris*, 1757, in-4, fig. d'Audran. — *Paris*, Lamy, impr. Monsieur, 1787, 2 part. gr. in-4,
fig. (La Bédoyère, 151 fr.). — *Paris*, Didot, 1800, gr. in-4 pap.
vélin, fig. de Moreau (La Bédoyère, 27 fr.).

Cette traduction naïve rend avec franchise et une grande fraîcheur de naturel ces
mœurs simples et champêtres, ces amours ignorantes et ces chastes impudeurs :
« Amour et les nymphes, dit la rusée Lycœnion, cette nuict me sont venuz en
dormant conter pourquoi tu plorois hier... et si m'ont commandé te monstrer
comment il faut faire le jeu d'amours, qui n'est pas seulement baiser et accoler, n'y
faire comme beliers et boucz, c'est bien autre chose et bien plus plaisante et plus
doulce que tout cela.... Lui commanda de la baiser et l'embrasser le plus estroitement
qu'il lui seroit possible... et se mettre de son long par terre avec elle. Lycœnion le
trouvant en estat, le souleva un peu, et se glissa adroitement dessoubz luy, puis elle
le mit dans le chemin qu'il avoit jusques là cherché. Tout se passa à l'ordinaire. Finy
cet apprentissage, Daphnys voulut courir devers Chloé, mais Lycœnion dit : sçache
cecy, tu ne m'as point fait mal à ce coup, pour ce qu'autant que je estois femme,
qu'un autre me monstra le mestier et en eust mon pucel... pour son loyer, mais
Chloé quand lutera cette lute avecques toy, elle sentira du mal et criera et si sei-
gnera comme qui l'auroit tuée... »

— Les Amours de Théagène et Chariclée, histoire éthiopique d'Hé-
liodore, trad. nouv. *Paris*, Samuel Thiboust, 1623, in-8, fig. de
Michel Lasne, Crispin de Pas, etc. (54) (cat. Giraud, 49 fr. ;
Bertin, 100 fr.). — *Paris*, Samuel Thiboust, 1626, in-8, fig. de
Michel Lasne, etc.
— L'Histoire éthiopique de Heliodorus, cont. dix livres traictant
des loyales et pudicques amours de Théagène et de Chariclée.
Rouen, 1538, petit in-8. — *Paris*, Sertenas, 1547 (Techener,
1853, 250 fr. ; Techener, 1855, 280 fr.), 1549, 1559, in-folio. —
Paris, 1553, in-8. — *Paris*, 1560, 1570, 1575, 1584, 1588, 1589,
1612, 1616, in-16. — *Lyon*, Huguetan, 1589, in-16 (Techener,

1855, 10 fr.). — *Paris*, 1823, texte revu par P. L. Courier, 4 vol. in-16.

Cet ouvrage dont la légende amoureuse est de la même famille que les *Amours de Daphnis et Chloé* offre les mêmes qualités de style naïf et pur. Vaugelas disait : « que seul il avait le mieux et le génie et le caractère de notre langue, que tous ses magasins et tous ses trésors sont dans les œuvres de ce grand homme ».

ANDRÉ (Yves-Marie), jésuite, né en 1675, à Châteaulin, mort en 1764 chez les chanoines réguliers de Caen.

— Discours sur les Grâces... paru dans l'Essai sur le Beau. *Paris*, 1741, in-12, et dans les Grâces. *Paris*, 1769, 1771, 1774 et 1775, in-8, frontispice de Boucher et fig. de Moreau le jeune.

Ce discours agréablement écrit traite des Grâces du corps et des Grâces de l'esprit On y admire une philosophie douce et tolérante, ornée des fleurs de la littérature la plus exquise. Le style est digne du sujet.

ANDREÆ (Capellani Innocent. IV), chapelain d'une reine de France, dit Fauriel, de Philippe-Auguste, prétendent d'autres.

— De Amore et amoris remedio, s. l. n. d. (*Argent.*, ante 1467), petit in-fol. goth., 77 ff.
— ou : Tractatus amoris, s. l. n. d., petit in-fol., 38 ff.
— ou : Erotica, seu amatoria Andreæ capellani regii, vetust. script. nunc primum in publicum emissa a Detmaro Mulhero. *Dorpmundæ*, s. d. (1610), in-8.

Ouvrage singulier et hardi contre les femmes, si l'on n'était pas fils d'Adam il serait difficile de les écouter après une diatribe aussi virulente contre elles : « mulier est invida, — mulier est maledica, — mulier est ventris obsequio dedita, — mulier est mendax, — mulier est linguosa, — mulier nimis est luxuriosa, — etc. » et ainsi de suite pendant trente-huit chapitres, car un vice fait presque toujours l'objet d'un chapitre entier.

ANQUETIN, curé de Lyon-la-Forêt, près des Andelys, dans la haute Normandie.

— Dissertation sur sainte Marie Magdeleine, pour prouver que Marie Magdeleine, Marie, sœur de Marthe, et la femme pécheresse sont trois femmes différentes. *Rouen* et *Paris*, 1699, in-12 (cat. Luzarche, 3 fr. 75).

Ouvrage curieux et peu commun.

ANSART (And.-Jos.), bénédictin, né dans l'Artois en 1723, mourut vers 1790.

— Exposition sur le Cantique des Cantiques de Salomon, 1770,
in-12.

ANSQUER DE PONÇOL (abbé).

Traduction en pr. et en vers d'un anc. hymne sur les fêtes de
Vénus, intit. Privilegium Veneris (Catulle), s. n. *Londres* et
Paris, 1766, in-8, — et sous le titre : Fêtes de Vénus. *Paris*,
1825, in-8, 20 pp.

Hymne anacréontique en l'honneur de Vénus.

ARCHANGE (le frère), religieux du tiers-ordre de Saint-François.

— Lettres chrestiennes sur la Prophanation des Églises, par les
irrévérences que les hommes, les femmes et les filles y commettent ; par le frère Archange. *Paris*, J. Bapt. Coignard,
1688, in-12 (cat. La Vall., 1767, n° 534).

Ouvrage peu commun. Si l'on prenait au pied de la lettre les récriminations du
frère Archange ce serait plus que des irrévérences, que commettraient les filles, les
femmes et les hommes dans les églises.

ARLOTTO MAINARDO, prete Fiorentino, né en 1395, curé de S. Cresci di Maciuoli, dans l'évêché de Fiesole, mourut en 1483.

— Facetie piaceroli, fabule et motti del Piovano Arlotto, prete
Fiorentino. *Venise*, 1520, in-8 (Biogr. Peignot, t. I, p. 114). —
Milan, 1523, in-8. — *Venise*, 1525, in-8. — s. l. n. d., in-4. —
Venise, 1538, in-8. — *Vinegia*, Fr. Bindini et Maph. Pasini,
1548, in-8 ; titre goth. roug. et n., texte à 2 col. caractère ro-
main, 88 ff., 25 grav. s/ bois fort cur. (Bull. bibl., 1847, 115 fr.).

Nos palais aujourd'hui trop délicats s'habitueraient difficilement à la saveur un
peu forte de ce sel italien. Il y a de la saillie et du trait, mais le joyeux curé riant un
peu partout et de tout, ses sujets gais le sont parfois beaucoup trop.

ARNOUX, chanôine de l'église de Riez, en Pro-vence.

— Merveilles de l'autre monde, contenant les horribles tour-
mens de l'enfer, les admirables joies du Paradis. *Rouen*, 1624,
in-12 (cat. Laporte, 1873, 8 fr.).

Ouvrage curieux dans lequel, comme nombre d'écrivains religieux, l'auteur se
complaît dans des descriptions *mystiques* qu'on condamnerait dans une œuvre littéraire et qu'on admire et *vénère* dans un livre que le mot élastique d'ascétisme encou
rage à toutes les licences religieuses.

— LA POSTE royale du Paradis , très utile à chacun pour heureusement s'y rendre ; recueillie des sacrez Docteurs qui curieuse-
ment en ont traicté , par Arnoulx , chanoine. *Lyon,* Nic. Gay,
1635, in-12 (Bull. bibl., août 1834). — S. l. (*Lyon*), 1634, in-12
(cat. L'Escalopier, n° 1741).

Rare : « Poste dressée en ce monde par Satan, pour aller en enfer ; — La poste
pour aller en Purgatoire qui est faubourg du ciel et la basse-cour du Paradis ; etc. »

AUBERT (l'abbé).

— PSICHÉ, poëme, et pièces fugitives du même. *Paris,* Moutard,
1769, in-12 (La Vall., n° 15229).

— LA MORT d'Abel, drame en 3 actes en v. (et prol. en v. l.), suivi
du Vœu de Jepthé, poëme (à plus. pers. v. l.), par l'abbé Au-
bert. *Paris,* Duchesne, 1765, in-8 (cat. Soleinne, n° 2078).

AUNILLON (l'abbé Pierre-Charles, Fabiot).

— LES AMANTS déguisez, coméd. en 3 act. (prose), par M. L. C.
Dové. *Paris,* L. Den. Delatour, 1728, in-8, 4 ff. et 80 pp. (M^ise de
Pompadour, n° 1136 ; Soleinne, 4 fr. 25).

L'abbé ne voulant pas risquer sa robe sur la scène, donna cette pièce, qui n'est pas
sans mérite, au nom de son valet de chambre Dové.

— AZOR ou le prince enchanté, histoire nouvelle pour servir de
chronique à celle de la terre des perroquets , trad. de l'anglais
du savant Popiniay, s. n. *Londres* (Paris), Vaillant, 1750, 2 vol.
in-12 (M^ise de Pompadour, 1 l. 17 s.).

Roman satirique et traduction supposée. Popiniay en anglais veut dire espèce de
perroquet, ainsi le perroquet ou l'auteur n'est pas autre que l'abbé Aunillon.

AUREOL (frère Pierre), de l'ordre des Minimes.

— TRACTATUS de conceptione Mariæ Virginis, editus a fratre Petro
Aureoli ord. min. , s. l. n. d. (*Moguntiæ*, Petrus Schœffer,
circa 1480), petit in-4 goth.

— ..... Ista scripsit et complect. Petrus de Verberya , s. l. n. d.
(imprimé à *Mayence* par P. Schœffer), petit in-4 goth. (cat. de
l'abbé de Bearzi, n° 455).

C'est probablement la même édition que la précédente.

AURIOL (Blaise d'), chanoine de l'église collégiale de Castelnaudary, mourut en 1539.

— Le Départ d'Amour.... *Paris*, 1509, in-f. — *Paris*, 1533, in-4. — *Paris*, s. d., in-4 goth.

Cette pièce, qu'on attribue souvent à Octavien de Saint-Gelais, est toujours réimprimée à la suite de sa *Chasse d'Amour*.

AVENELLES (Aubin des), chanoine de Soissons, né vers 1480.

— Ovide, de arte amandi, translaté de latin en françois, avec le Chief d'amour et les sept Arts libéraux. *Genève*, s. d. (vers 1509), in-4 gothique.— *Paris*, Nicolas Bonfons, s. d., in-16 (citée par La Croix du Maine). — *Paris*, Est. Groulleau, 1548, petit in-8. — *Anvers*, Gérard Spelman, 1556, in-16, 116 ff.

Le *Chief d'amour*, les *Sept Arts libéraux d'amour*... sont des pièces de vers fort libres dues à la muse légère et naïve du gai chanoine de Soissons, les autres sont des traductions ou d'Ovide ou du pape Pie II.

— Le Remède d'amour, translaté du latin de Pie II, en vers françois. *Paris*, J. Longis, petit in-4 gothique, 14 ff. — *Paris*, Al. Lotrian, s. d., petit in-4 goth., 12 ff. — *Paris*, J. Trépperel, s. d. (vers 1505), in-4 goth., fig. s/ le titre, 12 ff. — *Paris*, Vve Janot, s. d. (vers 1520), in-4 goth., fig. s/ le titre, 12 ff.

Ces différentes éditions sont toujours suivies de : La Complainte d'Aeneas Silvius sur la description par lui faite des amours d'Eurialus et Lucresse — et de la : Déclamation morale de l'amant renonçant à la folle amour. La Monnoye, Barbier et Du Verdier, presque un contemporain de Des Avenelles, s'accordent à lui attribuer ces pièces dont le titre annonce assez les richesses galantes.

AVRE (François d'), docteur en théologie et prêtre.

— Le Cantique des Cantiques expliqué dans son sens littéral. *Lyon*, 1693, petit in-8, iv-70 pp.

— Dipné, infante d'Irlande, tragéd. (5 act. en vers, s. n.). Dédié à Mad. Éléonor de Roham, abbesse de l'abbaye royale de Malnoüe. *Montargis*, J. B. Bottier, 1668, in-12, 12 ff. et 95 pp. (cat. Soleinne, nº 1425, 4 fr. 25).

Dans sa préface, le bon théologien, dans une Censure chrestienne du Théâtre moderne, nous apprend qu'il a voulu chrétiennement amuser en imitant la nature dans ses naïfs attraits. Voilà un spécimen *nature* qui fera juger le parti qu'il tire du naïf. Pour dire qu'il dormait près de son ami, Trophime Argente s'exprime ainsi :

> Tu ne dis pas aussi qu'auprès de cette grotte
> Je faisois de la grue et toy de la marmotte...

Veut-il feindre de partager l'avis de Moyale, Luglace dira :

> Sur sa démangeaison je m'en vais le gratter.

La morale même a ses naïvetés, le roi énamouré de sa fille qui, devenue chrétienne, a rejeté le train qui suivait ses appas, veut l'épouser et, comme elle refuse, il la poignarde et s'écrie aussitôt, saisi d'un beau repentir :

> Mes gardes, arrestez, si vous pouvez cette âme.

— Geneviève, ou l'Innocence reconnuë , trag. (5 ac. v.). Dédiée à M^mo la duchesse de Roanez, par Fr. d'Avre: *Montargis, J.* Bottier, 1670, in-12, 6 ff., 90 pp. (Soleinne, 5 fr. 50). — *Paris,* Et. Loyson, 1679, in-12.

La naïveté joue le même rôle toujours dans cette nouvelle pièce. La conversation de Geneviève avec la Vierge est un vrai chef-d'œuvre de burlesque ; elle est si joyeuse qu'elle demande la permission de chanter, et Marie lui dit :

> Chante, ma Geneviève, entonne...

et après la chanson, la Vierge, pour la récompenser, lui explique la Trinité :

> Par le Salut de l'Ange et l'aveu que je fis,
> Des trois *œuvrants en moi*, l'un fut homme et mon fils,
> Et la grâce du ciel qui sans cesse m'arrouse
> Me fit *fille* du ciel, sa *mère* et son *épouse*...

En voilà de la théologie ! aussi Geneviève répond qu'elle le croit, mais ne l'entend pas...

B

BANCAREL (l'abbé).

— Les Bijoux des neuf Sœurs, ou mélanges de pièces fugitives (recueillies par l'abbé Bancarel). *Paris,* Didot le jeune , 1796, in-18 pp. vélin, figures (cat. Renouard, 7 fr. 25). — *Paris,* 1790, 2 vol. petit in-12 fig. (de St-Albin, 1850, 2 fr.).

BANDELLO (Vincent de), général de l'ordre de Saint-Dominique, mort en 1506.

— De Singulari puritate conceptionis J. C. *Bologne,* 1481, in-4 (cat. Libri, n° 250, 113 fr. 75).

— De Veritate conceptionis beatæ Mariæ. *Milan,* 1475, in-4.

Une foi naïve et simple peut seule excuser la hardiesse des pensées et la crudité d'expressions de ces inutiles questions théologiques.

BANDELLO (Mathieu), neveu du précédent, dominicain, né en 1480, évêque d'Agen en 1550, mort au château de Bezens en 1561.

— Canti xi composti dal Bandello di le lodi de la S. Lucretia Gonzaga di Gazuolo, e del vero amore, col tempio di pudicitia. In *Guienna,* ne la citta de *Agen,* per Ant. Reboglio, 1545, in-4 (cat. Libri, 1847, 176 fr. ; vente Lauragais, 320 fr. ; Gaignat, 600 fr.).

— La Prima (la seconda et la terza) parte de le novelle. *Lucca,* 1554, 3 vol. in-4. — Quarto parte. *Lyon,* 1573, in-8 (cat. d'Our-ches, n° 1048, 308 fr.). — *Milan,* 1560, 3 vol. in-8. — *Venise,* 1566, 3 vol. petit in-4 (cat. card. de Loménie, 28 fr.). — *Lon-dres,* Harding, 1740, 4 tom. in-4. — *Londres* (Livourne), 1791-93, 9 vol. in-8. — *Milan,* Silvestri, 1813, 9 vol. grand in-16.

Traductions françaises :

— Histoires tragiques extraictes des œuvres italiennes de Bandel et mises en langue françoise, les six premières par P. Boisteau, et les suivantes par Fr. de Belle-Forest. *Paris,* 1568-1603, 7 tom. in-16. — *Lyon,* 1574-1616, 8 tom. in-18 (le 8° excessive-mént rare contient 28 nouvelles fort libres ; cat. Chedeau, 195 fr.). — *Rouen,* P. Calles, 1603-1604, 7 vol. in-16 (Fontaine, 1870, 600 fr.). — Par Feutry, *Paris,* 1779, 2 vol. petit in-12.

« La liberté, dit Aposto Zeno, avec laquelle ces nouvelles sont écrites, ne fait pas plus d'honneur au moine qui les a composées qu'à l'évêque qui les a publiées. » Tirasboschi pense que Bandello a pris dans Boccace les obscénités, sans en imiter l'élégance. Certes, ces nouvelles, peintures trop fidèles des mœurs des moines et des seigneurs dissolus de cette époque, sont loin d'être des modèles de pudeur, mais l'histoire a tellement à s'enrichir de caractères pris sur vif, de figures taillées en pleine orgie, qu'on pardonne presqu'à l'évêque d'être un conteur trop vrai. Au reste, pour purifier sa plume et venger la morale, il tue ou empoisonne au dénouement, tant de héros lubriques de ces scènes scandaleuses, qu'on peut considérer son honneur *littéraire* comme sauf. Je pardonne moins aux éditeurs qui, sous prétexte de pudibondicité, ont mutilé le texte et livré à la publicité un évêque trop revu et corrigé. En édition, c'est tout ou rien.

BALINGHEM (le Père Ant. de).

— Après-dînées et Propos de table contre l'excès de boire et au manger, pour vivre longuement, par le P. Ant. de Balinghem. *Saint-Omer,* 1624, in-8 (cat. Falconet, n° 1108).

BANIER (l'abbé Antoine), né à Dalet, en Auvergne, en 1673, mourut à Paris le 2 novembre 1741.

— Les Métamorphoses d'Ovide en latin avec la traduct. en franç. et des remarques. *Amsterdam,* Welstein, in-32, 2 vol. gr. in-fol., figures de Bern. Picart (à la p. 264 doivent se trouver 3 g^des pl. tirées à part ; cat. Gouttard, n° 690, 800 fr. ; Van der Helle, 140 fr. ; M^ise de Pompadour, 150 fr.). — *Amsterd.,* Wets-tein et Smith, 1732, 3 vol. in-12, fig. d'après Bern. Picart. — *Paris,* Prault, 1737, 3 vol. in-12, fig. (M^ise de Pompadour, 6 l. 13 s.). — *Paris,* Leclerc, 1767-71, 4 vol. in-4, figures (141) de Basan, Le Mire d'après Boucher, Choffard, Eisen, Monnet. (Les fig. 19, 27, 41, 56, 80, 43, 52, 116 et 134 sont découvertes. Vente Le Vavasseur, 1789, 180 fr. ; Potier, 1870, 350 fr. ; Van der

Helle, 430 fr.). — *Paris,* 1767-70, 4 vol. in-4, figures. (2ᵉ tirage des précédentes figures en épreuves bien inférieures et sur papier moins beau. [Le 4ᵉ vol. de la 2ᵉ édition porte 1770 au lieu de 1771 sur le 4ᵉ vol. de la 1ʳᵉ. Cat. Gouttard, 100 fr.). — *Paris,* Didot, 1787, 4 tom. in-8, fig. de Regnault, grav. par Coiny (52). — *Paris,* Desray, 1807, 2 vol. gr. in-8, fig. de Le Mire, Basan, moins les bordures qu'on a supprimées.

Cet ouvrage se passe de commentaires, il suffit de dire que l'abbé Banier a reproduit fidèlement le texte et en a quelquefois relevé la saveur par une glose païenne.

BARLETTA (Gabriel), prédicateur dominicain, né au xvᵉ siècle à Barletta, près de Naples. Sa réputation était si grande qu'elle avait fait naître ce proverbe : *Nescit prædicare qui nescit Barlettare.*

— Sᴇʀᴍᴏɴᴇs de sanctis et quadragesimale. *Brixiæ,* 1498, petit in-4 goth. — *Rouen,* 1515, petit in-8 goth. — *Lugduni,* Sim. Berelaqua, 1516, 2 tom. in-4 goth. — *Haguenau,* H. Gran, 1518, in-4 goth. (cat. Giraud, nᵒ 174, 50 fr.). — *Paris,* 1518, in-8 goth. (La Bédoyère, 15 fr. 50). — *Lugd.,* Jac. Myt, 1524, 2 vol. in-8 goth. (cat. Gaillard, nᵒ 79). — *Paris,* 1527, in-8 (cat. Sandras, nᵒ 201). — *Lugd.,* Ant. Vincent, 1536, 2 tom. in-8 goth. (Techener, 1855, 15 fr.). — *Venetiis,* J. B. Somaschi, 1571, 2 tom. in-8, litteris quadratis. — *Venise,* 1577, 2 vol. in-8.

Les quolibets, jeux de mots et les bouffonneries obscènes dont surabondent ces sermons, prêtent plus au scandale qu'à l'édification. Barlette est resté avec Menot et Maillard le modèle du genre burlesque. Voir des citations dans l'*Apologie d'Hérodote* d'H. Estienne, chap. xv, xxix et xxxi ; *Dictionnaire* de Bayle, article *Barletta* et *Mémoires de Nicéron,* tom. III.

BARRE (Fr. Poulain de la), né à Paris en 1647, docteur en théologie et curé de la Flamangrie, diocèse de Laon, se retira à Genève, où il se maria en 1690 et mourut en 1723.

— Dᴇ ʟ'Éᴅᴜᴄᴀᴛɪᴏɴ des dames, 1679, in-12.
— Dᴇ ʟ'Éɢᴀʟɪᴛé des deux sexes, 1673, in-12. *Paris,* 1690, in-12. — *Paris,* Du Puis, 1691, in-12.
— Dᴇ ʟ'Exᴄᴇʟʟᴇɴᴄᴇ des hommes contre l'égalité des sexes. *Paris,* 1675, 2 tom. petit in-8. — *Paris,* Du Puis, 1692, in-12.

La date de l'impression de ces ouvrages sur les femmes indique qu'ils ont été écrits quand il était encore curé de la Flamangrie, et qu'ils ont, par conséquent, précédé sa désertion sacerdotale. Il a commencé par plaider la cause des femmes et il a fini par la leur faire gagner en se mariant avec une.

BARRIN (l'abbé Jean), vicaire général du diocèse de Nantes et grand-chantre de la cathédrale.

— Epistres et Élégies d'Ovide (parues souvent sous le titre d'Œuvres galantes et amoureuses d'Ovide, traduct. en vers françois). *Paris,* 1676. — *La Haye,* 1692. — *Paris,* 1701, in-12. — *Cythère,* aux dépens du loisir, 1756, 1757, 1763 (Techener, 28 fr.), 1767, in-12. — *Londres* (Cazin), 1771, 1774, 1785, 2 vol. in-18, portr. — *Paris,* Caille, 1810, 2 vol. in-8.

Richelet, *Dictionnaire,* Amsterd., 1709, t. Ier, liste des auteurs, dit : « qu'il scroit à souhaiter que l'auteur se fût, dans ses *Épistres et Élégies d'Ovide,* un peu plus renfermé dans les règles de la bienséance et de la pudeur. Il faut lire cet écrivain avec précaution, de peur que sa trop grande licence ne gâte les mœurs. » Je cite ce jugement de préférence à tout autre, parce que Richelet est loin lui-même d'être un modèle de chaste réserve dans la définition de certains mots. Qu'eût-il dit pourtant si, comme certains bibliographes, il lui avait attribué *Vénus dans le cloître* ou la *Religieuse en chemise,* publiée sous le nom de l'abbé Duprat ? Ce ne serait plus en ce cas de la galanterie, mais de l'*infamie,* comme le dit l'abbé Dufresnoy dans l'*Usage des Romans,* tom. II, p. 267. On attribue pourtant à ce même abbé Dufresnoy la réimpression de *Vénus* de 1739. Qu'en penser ? Peu de chose, sinon que de 1734, époque où parut son *Usage des romans* jusqu'en 1739, où il donna cette réimpression, il s'apprivoisa peut-être avec cette *infamie.*

BARRY (le Père Paul de), né à Leucate, diocèse de Narbonne, en 1585, jésuite et provincial de la province de Lyon, mort à Avignon le 28 juillet 1661.

— La Dévotion à la glorieuse saincte Ursule, la toute aymable mère des Ursulines, avec la merveilleuse assistance qu'elle et les unze millé vierges et martyres ses compagnes rendent à leurs dévots... par le R. P. Paul de Barry de la Cⁱᵉ de Jésus. *Lyon,* Rigaud, 1645, petit in-12 (cat. Pessac, nº 282, 5 fr.).

— La Mort de Paulin et d'Alexis, illustres amans de la mère de Dieu. *Paris,* Borde, 1568, in-8 (cat. La Vall., nº 10190).

Ce mystique n'est recherché que pour la singularité des titres de ses ouvrages et le juste ridicule dont l'a frappé Pascal dans ses *Lettres provinciales.* Lire, si l'on peut : les *Cent illustres de la maison de Dieu;* le *Paradis ouvert à Philagie par cent dévotions à la Mère de Dieu;* les *Saints accords de Philagie avec le Fils de Dieu;* les *Saintes résolutions de Philagie;* la *Riche alliance de Philagie avec les saints du Paradis;* la *Pédagogie céleste,* etc.

BARTHÉLEMY (l'abbé Jean-Jacques), né à Cassis, près Aubagne, en 1716, mort à Paris le 30 avril 1795.

— Les Amours de Carite et Polydore, trad. du grec, s. n. *Paris,* 1760, petit in-8 (cat. Giraud, nº 2019, 5 fr.). — *Lausanne* (Paris), 1796, in-12.

Ce roman de mœurs, souvent attribué à Castanier d'Auriac, élève de l'abbé Barthélemy, ne peut être que l'œuvre du maître. On retrouve, en effet, dans ce pastiche grec, cette science profonde des mœurs, des usages et du génie de la Grèce, surtout ce style clair, élégant, naturel, ce coloris plein de grâce, cette vérité de tableaux et cette scrupuleuse harmonie de tons antiques qu'on admire dans ses *Voyages d'Anacharsis*. Cette imitation des romans grecs a été traduite dans presque toutes les langues.

BARTHÉLÉMY (l'abbé), de Grenoble.

— La Cantatrice grammairienne, ou l'Art d'apprendre l'orthographe française par le moyen des chánsons érotiques. *Genève* et *Paris*, 1788, in-8, 432 pp.

On apprend à parler et encore plus à agir d'après ces chansons : Cœurs sensibles, cœurs fidèles... — Jupiter, prête-moi ta foudre. — Faut-il être tant volage ? — Agnès croyait qu'avant vingt ans. — Maman toujours me répète..... et cette autre :

> Je demande pardon aux belles,
> Si trop libre dans mes chansons,
> J'ose chanter ces bagatelles
> Qu'elles voilent sous leurs jupons, etc.

— Mémoires secrets de Mlle de Tencin, ses tendres liaisons avec Ganganelli, ou l'Heureuse découverte littéraire relativement à d'Alembert ; par M. l'abbé ... de Grenoble, s. l., 1772, 2 t., 1 vol. in-8. — *Grenoble,* 1790, 2 part. in-8.

Ce Ganganelli, l'heureux amant de cette maîtresse du Régent et d'autres, fut depuis le pape Clément XIV. D'Alembert, le célèbre encyclopédiste, étant le fils naturel de Mlle de Tencin, il est permis, sans grand jugement téméraire, d'accorder une part de paternité à ce pape galant. Un pape un peu père de l'encyclopédiste qui, avec Voltaire, a le plus frappé la religion, c'est presque un *rendu* pour un *prêté*.

BASILIO (R. P. D.).

— Trattato della virginitá è dello stato verginale... *Rome,* 1584, in-8.

Traité singulier sur la virginité et sur l'état virginal ou l'art de vivre vierge, comme qui dirait l'art d'avoir des rentes et de ne pas s'en servir.

BATTEUX (l'abbé Charles), né à Allend'huy, le 7 mai 1713, chanoine honoraire de Reims, mort le 14 juillet 1780.

— Œuvres d'Horace, trad. en fr. 1750, in-12 (cat. Crozat, 3 fr. 75; M^ise de Pompadour, 7 l. 2 s.). — *Paris,* 1760, 2 vol. in-12 (cat. Le Vavasseur, 4 l. 10 s.). — *Paris,* 1768, 2 vol. in-12. — *Paris,* 1803, 2 vol. in-12. — *Paris,* 1823, 3 vol. in-8, fig. (Walckenaer, 7 fr.).

Traduction sans grâce et sans chaleur, mais reproduisant assez fidèlement le texte, par conséquent les hardiesses, du peu chaste Horace.

BAZIN (Simon), dominicain.

— Agimée, ou l'Amour extravagant, tragi-comédie en 5 actes et en vers. *Paris*, Martin, 1629, in-8, 18 ff., 135 pp. (Bertin, 3 fr. 50).

Pièce qui, pour bien être jugée, doit retenir une partie de son titre : elle est extravagante et dans son style et dans l'enchaînement ridicule des événements et des personnages. « Il ne se trouve point, dit-il dans sa dédicace à Mme de Chalais, de belles pensées, que vous ne les ayez autrefois conçues. » Le bibliophile Jacob l'attribue crânement à Bridard, parce que le même libraire, en 1631, deux ans plus tard, a imprimé son *Uranie*. J'aime mieux l'explication de Barbier, l'attribuant au dominicain Simon Bazin, parce qu'il en a lu l'indication dans *Scriptores ordinis prædicatorum*, Paris, 1721, in-fol., t. II, p. 642. Que de bévues fantaisistes s'éviterait le trop fécond bibliophile P. Lacroix s'il remontait aux sources !...

BEAULXAMIS (frère Thomas), carme, né à Melun en 1524, mort à Paris en 1589.

— La Marmite renversée et fondue, de laquelle notre Dieu parle par les saincts Prophètes, où est prouvé que la secte Calvinique est la vraie marmite..... par F. Th. Beaulxamis. *Paris*, Guill. Chaudière, 1572, in-8 (La Vall., n° 846).

Ouvrage peu commun et plutôt polémique que mystique. Certains détails de mœurs assez libres nous l'ont fait pourtant admettre dans cette bibliographie.

BEAUVAIS (frère Fr. Rémy de), capucin, né probablement à Beauvais, dont il prit le nom en entrant dans l'ordre des Capucins.

— La Madeleine, poëme. *Tournay*, Ch. Martin, 1617, petit in-8, 746 pp., fig. (cat. d'Ourches, n° 728, 60 fr.; Bertin, 31 fr.; La Bédoyère, 25 fr. 50 ; Van der Helle, 25 fr. ; Techener, 1858, 24 fr. ; Bull. bibl., 1852, 18 fr.).

Ce poème, imprimé aux frais de Marie de Longueval, l'une des pénitentes de l'auteur, est l'œuvre la plus singulière et la plus burlesque qu'on puisse lire. Au commencement, son dialogue avec la sainte est du dernier comique. Il se dit petit novice en poésie et il a bien raison, mais il eut mieux fait de l'être autant en singularités et en bizarreries. Cette *Madeleine* a des naïvetés charmantes, des réminiscences de pécheresse admirables !...

BELLEGARDE (l'abbé J. B. Morvan de), né dans le diocèse de Nantes en 1648, mourut à Paris le 26 avril 1734.

— Les Métamorphoses d'Ovide, avec des explications à la fin de

chaque fable, traduct. de l'abbé de Bellegarde. *Paris,* 1701, 2 vol. in-8, frontisp. et fig. à mi-page d'Erlinger (cat. Basset, 1753, 6 l. 8 s.). — *Amsterd.,* 1716, 2 vol. in-12, fig. (cat. Basset, 3 l.).

— ODES et Epodes (d'Horace), non châtrées, trad. par l'abbé Bellegarde. *Paris,* 1704, in-12.

— RÉFLEXIONS sur ce qui peut plaire ou déplaire dans le commerce du monde. *Amsterdam,* 1708, in-12.

Cet ouvrage légèrement satirique vise la galanterie des femmes. Malgré ses négligences de style, il mérite mieux que d'être oublié.

BELONET (l'abbé), professeur de rhétorique.

— LA PITOÏADE, poëme héroï-comique en quatre chants, s. n. *Langres* (vers 1811), in-8.

Pasquinade rimée peu commune.

BEMBO (Pierre), né à Venise en 1470, évêque et cardinal, mourût le 18 janvier 1547. Les mœurs de ce prélat furent à l'avenant de la liberté lascive qu'on trouve dans la plupart de ses œuvres. Le grave et pieux Mazzuchelli, *Scritt. d'Ital.,* tom. IV, p. 740, dit : « Il vécut, pendant vingt-deux ans, dans la plus douce intelligence avec une jeune et jolie fille, Morosina, dont il eut deux garçons et une fille, qu'il éleva avec le plus grand soin, dans les bonnes mœurs et dans les lettres. Il avait eu avant trois autres maîtresses ; on ignore quelles furent les deux premières ; la troisième fut Lucrèce Borgia, duchesse d'Este (fille du pape Alexandre VI). »

— GLI ASOLANI di P. Bembo. *Venise,* Alde, 1505, petit in-4. (Il manque à presque tous les exempl. une épître dédicatoire à Lucrèce Borgia. (Cat. abbé de Bearzi, n° 2795 ; cat. Potier, 1870, 20 fr.). — *Firenze,* Ph. Giunta, 1505, in-8. — *Vinegia,* Asolano, 1515, petit in-8 (cat. Luzarche, 22 fr.). — *Florentia,* Ph. Giunta, 1515, in-8 (cat. d'Ourches, n° 1721). — *Venetia,* Alde, 1515, in-8. — *Venet.,* Ales. Paganino, 1515, in-32 (cat. abbé de Bearzi, n° 2799). — *Bologna,* Francesco, 1516, in-32. — *Venezia,* 1522, petit in-8. — *Venise,* 1530, in-4, 108 ff. — *Venetia,* 1540, in-8.

Traductions françaises :

— Les Asolains de Monseig. Bembo, de la nature d'amour, trad. de l'ital. par Jeh. Martin. *Paris*, 1545, petit in-8 (cat. Chedeau, 60 fr.). — *Paris*, 1547, petit in-8 (Potier, 1870, 74 fr.). — *Lyon*, 1551, 1552 et *Paris*, 1553, 1555, 1556, 1572 (cat. d'Ourches, n° 1722), 1576, in-16.

Ces *Asolains* sont des dialogues, mêlés de prose et de vers, entre six jeunes gens des deux sexes qui discutent sur la nature de l'amour, la jalousie, les ruses galantes, etc. C'est une espèce de code galant qui traite de toutes les questions et au delà ayant trait à la galanterie.

— Carmina. *Venise*, 1552, in-8.

Ces poésies latines, imprimées à la suite des poésies italiennes, *Bergame*, 1745 et *Vérone*, 1750, in-8, sont tellement libres que Bembo en supprimait avec soin tous les exemplaires. Il est heureux pour sa réputation littéraire, sinon pour son salut, qu'elles aient échappé à la destruction.

— Le Prose (rivedute da Varchi). *Fiorenza*, L. Torrentino, 1548, in-4 (cat. Giraud, 15 fr.). — s. l. n. d., in-8 (cat. abbé de Bearzi, n° 2801).

— Le Rime di P. Bembo. *Venise*, 1539, in-4. — *Roma*, per Val. Dorico et Luigi fratelli, 1548, in-4 (Yemenitz, 50 fr. ; Libri, 1847, 31 fr.). — *Vinegia*, Ant. Nicolini, 1535, in-4 (cat. Libri, 1847, 90 fr.). — *Bergamo*, Lancelloti, 1745, in-8 (cat. Libri, 25 fr.). — *Vinegia*, Gab. Giolito, 1562, 2 part. in-12 (cat. Libri, 1847, 17 fr.).

Ce recueil de sonnets et de canzoni amoureux est mis, pour l'élégance et la pureté de la langue, au premier rang après l'inimitable Pétrarque. Rien de plus harmonieux, de plus galant et de plus persuasif que ce style facile, souple et large. Ses *Lettere giovanili ed amoroso* peuvent seules lutter avec ses poésies galantes. On peut lui reprocher de chanter l'amour, mais il le fait si bien, que l'écrivain fait pardonner le cardinal.

BERNIS (Fr.-Joach. de Pierres), né à Saint-Marcel de l'Ardèche, le 22 mai 1715, archevêque d'Alby et cardinal, mourut à Rome le 2 novembre 1794.

— L'Amour et les fées, coméd. en 1 act. en v. libres, 1746, mss. in-fol. sur pap. (Soleinne, 19 fr.).

Bien qu'approuvée par Crébillon et autorisée par de Maryille, cette comédie n'a pas été imprimée.

— Ses Œuvres. *Genève*, 1752, 1753, in-12. — *Amst.* et *Paris*, 1759, 1761, in-12. — *La Haye* et *Paris*, 1767, 1773, in-12. — *Londres*, 1767, 1771, 1776, 1777, 1779, 1781, 2 vol. in-18, port. — *Londres*, 1767, t. tom. petit in-8. — *Paris*, P. Didot, 1797, in-8 port. et fig. (cat. Grésy, n° 363, 22 fr.).

Voltaire, son ami un peu caustique, l'avait surnommé, en raison de sa prolixité minaudière et fleurie : *Babet la Bouquetière*. C'est le meilleur et le plus fin jugement sur le talent et sur les mœurs du cardinal-poète; il écrivait comme une bouquetière bien élevée, et vivait — en femme de tempérament.

BEROALDE DE VERVILLE (François), né à Paris en 1558, passa sa jeunesse à Genève, où son père, ministre et professeur, l'éleva dans la religion réformée. Après la mort de son père en 1576, il rentra en France, se fit catholique, embrassa l'état ecclésiastique et fut nommé chanoine de Saint-Gatien de Tours. Il mourut vers 1612.

— APPRÉHENSIONS spirituelles , poëmes et autres œuvres. *Paris,* Thim. Jouan, 1583, in-12.

— LES AVANTURES de Floride, l'infante déterminée et le cabinet de Minerve, où on peut voir les différens événements d'amour, de fortune et d'honneur. *Tours* et *Rouen,* 1593, 1594, 1595, 1601, 5 parties in-12.

— LE CABINET de Minerve , auquel sont plusieurs singularitez , observations amoureuses, figures... *Paris* et *Tours,* 1596, 1597, in-12. — *Rouen,* 1597, petit in-12. — *Rouen,* 1601, in-12.

— L'HISTOIRE de Herodias ; icy se verront les essais de l'impudence effrénée après le vice , attirans les punitions divines sur les esprits de rébellion. *Tours,* Molin, 1600, in-12.

— LE MOYEN de parvenir contenant la raison de tout ce qui a été, est et sera. Imprimé cette année , s. d., petit in-12, 595 pp. (la paginat. saute de 168 à 179, de 391 à 402 et de 598 à 601; il faut donc 595 pp. et non 617, comme l'indique Brunet. Bull. bibl., 1852, 50 fr.). — Impr. cette année , s. d. (holl. elzév.), petit in-12, 439 pp. (Pixérécourt, 67 fr.). — *Chinon ,* s. d., petit in-12, 544 pp. — *Chinon ,* s. d. , petit in-12, 542 pp. — *Nullepart* (holl.), 1732 (Techener, 1848, 48 fr.), 1734, 1738 (card. de Loménie, 4 l. 10 s.; Luzarche, 5 fr.; Bull. bibl., 28 et 38 fr.), 1739 (Pixérécourt, 18 fr.), 1747, 1754, 2 vol. in-12. (Toutes ces éditions sont précédées d'une dissertation de La Monnoye.) — s. l. (Paris, Grangé), 1757 (Giraud, 78 fr.; Techener , 1858, 38 fr. ; Pixérécourt, 60 fr.), 1773 (Bull. bibl., 1851, 12 fr.; Techener, 1858, 18 fr.), 1783, 2 vol. petit in-12, frontisp. grav. — s. l. n. d., in-12, 623 pp. (Arch. du bibl., 1860, 10 fr.). — s. l. n. d., in-12, 432 pp. — s. l. n. d. ; in-12, 500 pp. — s. l. n. d., in-12, 972 pp. et non 672, gros caract. — s. l. n. d. , petit in-12, 348 pp. (au verso du dernier f. un catal. de quelques livres *galands* qui se vendent en holl. Techener, 1858, 70 fr.; Bull. bibl., 1852, 85 fr.). — *Chinon ,* impr. de Fr. Rabelais, rue du grand Braquemart, s.

d., 2 tom. petit in-12, beaux caract. elzév. (cat. Giraud, 100 fr.).
— *Londres* (Paris, Cazin), 1781, 1786 (Techener, 1858, 9 fr.), 3 vol.
in-18. — *Paris*, Gosselin, 1841, in-8. — Techener, 1841, 2 vol.
petit in-8 (Giraud, 21 fr.). — *Paris*, Willem, 1870-72, 2 vol. petit
in-8, fig. s/ bois, à mi-page. — Le même ouvrage a paru sous les
titres : Le Coupecu de la mélancolie, ou Vénus en belle humeur.
Paris (holl. à la sph.) et *Parme*, le Gaillard, 1698, petit in-12
(Giraud, 22 fr.; Bertin, 115 fr.; Bull. bibl., 1848, 78 fr.). — Le
Salmigondis, ou le Manège du genre humain. *Liège*, 1698, petit
in-12 (cat. Giraud, 22 fr.).

Ce dernier titre est celui qui rend le mieux l'esprit de l'ouvrage. Sous le prétexte
d'un dîner plantureux entre personnages anciens et modernes : Platon et Rabelais,
Plutarque et Ramus, Bèze et Pythagoras, Cicéron et Cardan, César et Mécénas,
Margot et Alcibiade, Arétin et Pierre l'Hermite, Sapho et Calvin, Chose et l'Autre,
Quelqu'un et l'Évêque, etc., c'est un ramassis, sans queue ni tête, à la diable, un
peu à la c....., de contes plaisants, de facéties licencieuses, de calembredaines singulières sur la philosophie, la religion, la vertu. C'est une critique à la Rabelais des
moines, des femmes, des écrivains, du mariage; des coups de fouet à nu, en pleine
chair, sur tous les membres de la société civile et religieuse. C'est un bavardage
intempéré entre gens spirituels et savants qui ont bien mangé, mais encore mieux
bu. S'ils cherchent le quolibet et tirent un peu le calembourg, ils ne cherchent pas
l'historiette faisandée, elle vient toute chaude, nue et éhontée, se placer entre les
verres. Un artiste de grand nom a mis sur un exemplaire longuement annoté par
lui, que nous possédons, cette note comme conclusion : « Bref, c'est surtout le
moyen de parvenir à être c....., car, de tous les savants, philosophes et écrivains qui
sont attablés à ce banquet, aucun ne parle selon son esprit, son caractère, ses
études, sa réputation, ses écrits, mais de femmes, d'amour, de religion, de société
comme ivrognes impudiques et effrontés. Ce n'est pas de la philosophie spirituelle,
sceptique ou chrétienne, c'est de la philosophie..... porcique. » C'est sévère, peut-
être, mais il y a du vrai. On l'attribue à Rabelais, on a tort; si c'est sa manière
indécente de présenter une critique sévère des mœurs de son temps, ce n'est plus ce
style si franc, si net, si prompt, si gauloisement scandé en un large et sonore rire
qu'on admire dans ses œuvres. On a pris son encrier un peu chargé d'ordures, mais
on a perdu sa plume et surtout la manière de s'en servir. D'autres, comme John
Blavignac, dans ses *Recherches sur le moyen de parvenir*, parus en 1865 dans le
Bulletin de l'Institut national genevois et dans un discours prononcé en 1867 dans
cet Institut, veulent prouver qu'Henri Estienne en est l'auteur. Ce littérateur base
ses principaux raisonnements sur ce que l'auteur place ses acteurs à Genève, parle
de ses rues, de ses usages et met en scène toutes sortes de personnages, excepté
Calvin... donc l'auteur habitait et connaissait Genève et redoutait le fanatique
Calvin, donc c'était le réfugié H. Estienne. Il serait moins ferme dans ses assertions
s'il savait que Mathieu Beroalde, père de notre auteur, adepte fervent de la religion
réformée, en faveur de laquelle il a écrit : *Chronicon scripturæ sacræ autoritate
constitutum*, Genève, 1575, in-fol., persécuté pour ses convictions, quitta la France
et se retira à Genève où il fut ministre et professeur de philosophie. François, qui
avait suivi son père dans cette ville, fut élevé dans les principes de Luther et il est
probable que, jeune encore, il commença en vers ce salmigondis, que devenu catholique et chanoine, il remania sans changer entièrement. Ce qui le prouve, c'est que
protestants et catholiques ne sont guère mieux traités, mais si quelques-uns sont un
peu ménagés, ce sont plutôt les catholiques. Or, Estienne exilé et persécuté par les
catholiques ne les ménageait point, ses écrits le prouvent. Beroalde ayant habité,
enfant et jeune homme, Genève, il n'est pas étonnant qu'il la connût dans ses quar-
tiers les plus reculés mieux qu'Estienne, déjà homme mûr et forcé pour vivre et
pour soutenir son parti de travailler sans cesse et sans repos. Au reste, le *Moyen de
parvenir* offre souvent des détails de mœurs et des locutions de Touraine... Comment
les expliquer ? Estienne ne connaissait pas cette province. La limite de cette bibliographie ne nous permet pas de pousser plus loin cette digression bibliographique,

mais un critique sérieux, en examinant le caractère des deux personnages, leurs études, leurs convictions religieuses, leur style, le genre de leurs ouvrages... n'hésitera pas à reconnaître, que l'auteur indiscutable de cet écrit est Beroalde de Verville.

— LE RÉTABLISSEMENT de Troyes, où se voyent les amours d'Asionne. *Tours,* 1597, in-12. — Les Amours d'Esionne, où se voyent les hazards des armes. *Paris,* 1597, in-12. — Les Amours d'Asionne, s. n. *Paris,* 1598, in-12, 475 pp.

— LES SOUPIRS amoureux... avec un discours satyrique de ceux qui écrivent d'amour , par Le Digne. *Paris* ou *Rouen,* 1583, 1584, 1597, 1598, 1606, petit in-8 de 60 ff.

Quelques-unes de ces poésies sont fort libres. Les chanoines de Tours, l'histoire le prouve, ont la muse égrillarde.

— LE TABLEAU des riches inventions couvertes du voile des feintes amours, qui sont représentées dans le songe de Poliphile (trad. de l'ital. de Columna (s. n.). *Paris,* 1600, in-4, 180 fig. s. bois. — *Paris,* 1620, in-4, mêmes figures.

BERTAUT (Jean), évêque de Séez, né en 1552 à Condé, dans le Perche, et mort à Séez le 8 juin 1611.

— ŒUVRES poétiques. *Paris ,* Mamert-Patisson , 1651 , in-8. — *Paris,* A. l'Angelier, s. d., in-8, 8 ff. et 344 pages. — *Paris,* A. l'Angelier, 1605, in-8 (La Bédoyère , 30 fr.). — *Paris ,* du Bray, 1620, in-8, 692 pp (Bertin, 40 fr.). — *Paris,* Touss. Quinet, 1620, in-8 (Giraud, 50 fr.). — *Paris,* Touss. Quinet, 1623, in-8, 692 pp. — *Paris ,* Touss. Quinet, 1633 (Bachelin, 1869, 28 fr.). — *Paris,* R. Bertault, 1663, in-8 (Chedeau, 81 fr. ; Téchener, 1858, 45 fr.; Aubry, 1865, 180 fr.).

Ces poésies galantes, parfois érotiques, sont charmantes de naturel, de simplicité et d'un sentiment plein de douceur; elles n'ont pas ce maniéré prétentieux et fade des poésies de Ronsard, dont l'évêque de Séez est l'élève, sinon supérieur par le génie, mais au moins par le style.

— RECUEIL de quelques vers amoureux. *Paris,* Mamert-Patisson, 1601, 1602, petit in-8, 91 ff. (Giraud, 70 fr.; Potier, 1870, 141 fr.). — *Paris ,* Patisson, 1605 , in-8 (cat. Grenoble , nᵒ 16091). — *Paris,* Lucas Breyel, 1605, in-8 (Potier, 1870, 132 fr.). — *Paris,* Ph. Patisson, 1606, in-8, 6 ff. prél. (La Bédoyère, 30 fr.; Aubry, 1869, 30 fr.). — *Paris,* du Bray, 1620, in-8.

Éditions peu communes et toujours recherchées dans les ventes.

BESSE (Pierre de), prédicateur, né au village de Rosiers, près Égletons (Corrèze), mort à Paris en 1639.

Ce prédicateur limousin était aumônier du prince de Condé et prédicateur du roi Louis XIII.

— Le Démocrite chrétien, c'est-à-dire le mespris et mocquerie des vanités du monde, par P. de Besse, Lymosin. *Paris*, 1615, in-12, frontisp. et fig. de Démocrite, grav. par L. Gaultier (Techener, 1855, 50 fr.; et 1858, 12 fr.).

Ouvrage rare et très curieux, ce Démocrite baptisé se moque avec un certain esprit gaulois des mœurs et des ridicules du siècle. de cet intelligent lymosin-prédicateur.

— Conceptions théologiques (sermons). *Paris*, 1606 et 1608, 6 vol. in-8 (Techener, 1858, édit. 1606 , avec frontisp. gravé de L. Gaultier).

Le mot *rural* n'est pas nouveau, car dans la préface d'un de ses ouvrages dont il n'en demeuroit point en la boutique de libraire, de Besse dit : « que c'est un Limousin qui a bâti cet édifice et non un courtisan; ce n'est pas un citadin, mais un rural qui parle. » Il a écrit aussi : *Des Qualités et bonnes mœurs des prêtres;* la *Royale prêtrise;* le *Triomphe des saintes et dévotes confrairies;* etc.

BIBBIENA (Bernard Dovizi ou Dovizio da). De domestique du cardinal Jean de Médicis, il devint lui-même cardinal quand son maître fut nommé pape sous le nom de Léon X. Il fut enlevé par une mort imprévue le 9 novembre 1520 ; quelques historiens pensent qu'il fut empoisonné.

— La Calandra, comed. nobillissima e ridiculosa in 5 atti (prose). *Sienne*, 1521, 1522, in-8. — *Rome*, 1524, in-8. — *Venise*, 1526, 58 ff., fig. s. bois (cat. Soleinne, n° 4068). — 1533 (Libri, 1847, 80 fr.). — 1536, in-8, 47 ff. — *Venise*, 1554, in-8. — *Florence*, Junti , 1558, 42 ff. chiff. et 1 fr.; 1559, in-8. — *Venise*, 1562, petit in-12, 60 ff., 1569, 1586, 1600, in-8. — s. l., 1526, in-12, 58 ff., fig. s. bois.

Première et admirable pièce de théâtre écrite en prose italienne, mais la plus licencieuse probablement. Bien que l'italien comme le latin voile de son honnêteté les impudeurs les plus nues, la hardiesse de la pensée déchire ou troue effrontément ce voile et défie le traducteur le plus habile. Muret qui, dans le *Théâtre européen*, a cherché à en donner une analyse, dit : « Nous avons dû modifier en plus d'un passage une gaîté de détails poussée trop loin et il nous a fallu supprimer entièrement quelques plaisanteries. » Guinguenée, *Histoire littéraire d'Italie*, t. IV, p. 171, l'analyse avec beaucoup de tact et de réserve, il admire surtout le style plein d'une élégance facile et de ces tournures vraiment toscanes qui ressemblent à l'atticisme des Grecs et à l'urbanité romaine. On se demande, étonné, comment le pape Léon X put faire représenter cette pièce, si largement obscène, devant lui et devant Isabelle d'Este, princesse de Mantoue.

BIGNON (l'abbé Jean-Paul), né à Paris en 1662, abbé de Saint-Quentin, bibliothécaire du roi, académicien, mort à l'Isle-Belle, près Melun, en 1743.

— LES AVENTURES d'Abdalla, fils d'Hanif, par M. Sandisson (pseudonyme de Bignon). *Paris*, Witte, 1712, 1714, 2 vol. in-12. — *La Haye*, E. de Voys, 1713, 2 vol. in-12 (Bull. bibl., 1843, 12 fr.). — *Paris*, 1743, 1745, 2 vol. in-12. — *La Haye* et *Paris*, Musier, 1773, 2 vol. in-12, fig. (cat. d'Hangard, 9 l. 2 s.). .

Aventures galantes qui n'ont une conclusion que dans l'édition de 1773, conclusion due à Colson, rédact. principal de l'*Histoire générale de Chine*. Pourquoi cet abbé, qui n'est mort qu'en 1743, a-t-il laissé inachevé ce roman imprimé en 1712? probablement que le caractère galant qui domine dans cet ouvrage, l'a fait reculer devant un dénouement *ejusdem farinæ*.

BILLARD (l'abbé Pierre), né dans le Maine en 1653, oratorien, mort à Charenton en 1726. L'ouvrage suivant lui valut les honneurs de la Bastille.

— BESTE à sept têtes ou beste jesuitique, conférences entre Théophile et Dorothée, où l'on fait voir... s. n. *Cologne* (Tours) 1693, 2 part. in-12.

Ouvrage détruit avec soin par les jésuites, par conséquent peu commun; il révèle nettement leurs mœurs, leur esprit, leurs tendances, etc.

BINET (Le R. P. Estienne), jésuite, né à Dijon en 1569, mort recteur du collège de Clermont à Paris en 1639.

— MÉDITATIONS affectueuses sur la vie de la très-sainte Vierge, Mère de Dieu. *Anvers*, aux dépens de Th. Galle, 1632, in-12, figures de Mallery, 33 fr. (cat. Van der Helle, 30 fr.; Renouard, 35 fr.).

— LES SAINCTES faveurs du petit Jésus, au cœur qu'il ayme et qui l'ayme. *Paris*, J. Messager, 1626, in-12, gravures (17) (cat. Van der Helle, 7 fr. 50; Renouard, 7 fr. 50).

Ces ouvrages ascétiques sont peu communs, et comme tous ceux du même genre surchargés d'expressions burlesques et à double entente. Tous ces livres mystiques peuvent servir à deux fins, ou de lettres d'amour... *humain*, ou de viatique pour l'amour divin.

BLANC (le P. Th. le), jésuite.

— LA DIRECTION et la consolation des personnes mariées, ou les Moyens infaillibles de faire un mariage heureux d'un qui seroit

malheureux ;... par le P. le Blanc, jés. *Paris*, J. de la Caille,
petit in-12 (cat. L'Escalopier, n° 1526).

Curieux, car pour ne pas dire plus, l'auteur entre souvent dans de singulières
minuties conjugales.

BOILEAU (l'abbé Jacques), né à Paris en 1635, docteur en théologie, doyen et grand-vicaire de Sens,
chanoine de la Sainte-Chapelle, mourut en 1716. Plusieurs de ses ouvrages sont anonymes ou voilés sous
les pseudonymes de Marcellus, Ancyranus, Claudius
Fonteius, Jacques Barnabé, etc.

— DE L'ABUS des nudités de gorge, s. n. *Bruxelles,* 1674, in-12. —
    Bruxelles, 1675, in-12 (Techener, 1855, 4 fr.). — *Paris,* 1677,
    in-12 (Giraud, n° 140, 23 fr. ; Chedeau, 35 fr. ; Techener, 1855,
    10 fr.). — *Bruxelles,* 1680, in-12. — *Gand,* Duquesne, 1857,
    in-16 (Bull. bouq., 1872, 7 fr.). — *Paris,* Delahays, 1858, in-16
    (Luzarche, 3 fr. 50 ; cat. Laporte, 1873, 6 fr.).

Malgré l'austérité de son titre, cet ouvrage est écrit avec élégance et une certaine
galanterie. Le moralisateur blâme juste assez cette nudité de gorge, pour qu'on ne
l'accuse pas de féliciter presque les femmes de ne pas trop la cacher. Ce n'est pas
bien, semble-t-il dire, de montrer cela, mais vraiment... on vous absout.

— HISTORIA flagellantium, sive de recto et perverso flagellorum
    usu apud christianos. *Paris*, Anisson, 1700, in-12.

— HISTOIRE des flagellants, trad. en fr., s. n. *Amsterd.,* 1701,
    in-12. — *Amsterd.,* du Sauzet, 1732, in-12 (Luzarche, 3 fr. 50).

— MEMORIALS of human superstition, imit. frem the hist. Flagel-
    lant. of the abbé Boileau. *London,* 1785, in-8 fig.

Cette histoire des Flagellants, surtout la trad. fr, de 1701, offre des détails tellement indécents, qu'on serait même surpris de les trouver dans un traité de chirurgie.
L'abbé Boileau, se fiant au latin qu'on lit peu, a décrit, sans gêne, les indécences
des disciplines, à nu, entre gens du même sexe et souvent de sexe différent et leurs
inconvénients pour la santé et les mœurs.

— MARCELLI ANCYRANI, disquisitiones duæ de residentiâ canonico-
    rum ; quibus accessit tertia de tactibus impudicis, an sint pec-
    cata mortalia vel venialia ?... *Paris,* Couterot, 1695, in-8
    (d'Hoym, n° 401, 6 fr.).

— TRAITÉ des empêchemens dirimants du mariage. *Cologne* (Sens),
    1691, in-12.

Homme de beaucoup d'esprit et d'une vaste érudition, il a écrit un grand nombre
d'ouvrages, mais peu volumineux, sur des questions curieuses et quelquefois singulières de théologie. Voltaire disait que c'est un esprit bizarre qui fait des livres
bizarres, le mot singulier serait plus juste.

BOISGELIN DE CUCÉ (Jean-de-Dieu-Raymond de), né à Rennes le 27 février 1732, évêque de Lavaur en 1765, archevêque d'Aix en 1770, archevêque de Tours en 1802, cardinal la même année, mourut à Angervillers, près Paris, le 22 août 1804.

— LES HÉROÏDES d'Ovide, trad. en v. fr., s. n. *Philadelphie* (Paris, Pierres), 1784, in-8 (Potier, 1870, 70 fr. ; Château-Giron, 30 fr.).

Ces poésies passablement gaillardes ont été réimpr. dans les Œuvres d'Ovide publ. en 1823-24, 10 vol. in-8 par Michaud.

— ŒUVRES. *Paris*, Guitel, 1818, in-8, pap. vél. (La Bédoyère, 1862, 4 fr.).

— RECUEIL de pièces diverses , s. n. *Philadelphie* (Paris) , 1783, in-8, 172 pp.

Ces poésies fort érotiques ont été éditées à 12 exempl., dit-on, par l'abbé Garnier, historiographe de France. Si c'était un recueil utile, c'est trop peu ; comme ce n'est qu'une impureté, c'est trop.

— LE TEMPLE de Gnide (poëme en vers imité de Montesquieu (*Londres*, s. d., in-8, fig. (1) vignettes (9), Van der Helle, 5 fr. 50).

BOISMORAND (Claude-Joseph Chéron de), né à Quimper vers 1680, se fit jésuite et, bien que prêtre, les quitta pour vivre, jouer et jurer dans un monde de joueurs, où il était plus connu sous le nom de l'abbé Sacredieu, son juron favori, que sous son nom propre. Il mourut en 1740 sous la haire et le cilice.

— HISTOIRE amoureuse et tragique des princesses de Bourgogne. *La Haye* (Rouen), 1710, 2 vol. in-12. — *La Haye,* 1720, 2 tom. in-12.

Quelques biographes l'accusent aussi d'avoir écrit les *Anecdotes de la cour de Philippe-Auguste*, Paris, 1733 et 1738, 6 vol. in-12 ; laissons-en la responsabilité et peut-être le mérite à Mlle de Lussan. Ce dernier ouvrage est d'un meilleur style que le premier.

BORDELON (l'abbé Laurent), né à Bourges en 1653, mort à Paris le 6 avril 1730. Cet abbé trop fécond a produit tellement de livres, ses péchés mortels comme il les nommait, que la pénitence serait trop dure s'il fallait les lire.

— Almanach terrestre, ou Prédictions criti-comiques pour l'année suivante, s. n. *Paris*, Prault, 1713, in-12.

Anecdotes comiques, parfois un peu lestes.

— Arlequin comédien aux Champs-Élysées, nouvelle hist. et comiq., s. n. *Amsterd.*, Adr. Brackman, 1691, petit in-12, fig. de Erlinger (Soleinne, 3 fr.). — *Amsterd.*, 1694, petit in-12, fig.

Cet ouvrage peu commun renferme 3 p. : la *Baguette*, les *Intrigues d'Arlequin* et *Arlequin Roland furieux.*

— Les Aventures de ***, ou les effets surprenants de la sympathie, s. n. *Paris*, Prault, 1713 et 1714, 5 vol. in-12. — *Amst.*, 1715, 1716, 1719, 5 tom. in-12, fig. (Le cat. de la Bibl. de Limoges indique les t. III et IV de l'édit. de 1714 portant seuls le nom de Prault et les autres celui de P. Huet).

— Béquilles du Diable boîteux, s. n., in-12 de 20 pp., réimpr. presque toujours à la suite du Diable boîteux de Le Sage.

— La Coterie des antifaçonniers établie dans C. I. D. B. L. F., s. n. *Amst.*, 1716, in-12 (M^ise de Pompadour, 3 l. 19 s.). — *Bruxelles*, 1719, in-12.

Critique ingénieuse et gaie des divers états et professions de la vie.

— Les Coudées franches, s. n. *Paris*, 1712, in-12 — augment. d'une mandragore pour garantir de la pauvreté. *Paris*, 1713, 2 part. in-12 (Peignot, 3 fr. 75).

— Diversitez curieuses pour servir de récréation à l'esprit, s. n. *Paris*, 1698, 3 vol. in-12. — *Amst.*, 1699, 12 vol. in-12 (Bull. bibl., 1857, 48 fr.).

Ramassis de toutes sortes d'anecdotes, vrai fouillis d'un peu de tout. Les 3 premiers vol. portent le titre : de *Diversités*; le 4ᵉ de *Bigarrures ingénieuses*; le 5ᵉ de *Livre à la mode*; le 6ᵉ des *Malades en belle humeur*; 7ᵉ et 8ᵉ, *Lettres curieuses*; 9ᵉ et 10ᵉ, *Histoire critique des personnes les plus remarquables de tous les siècles*; 11 et 12ᵉ, *Lettres curieuses de M. B***.*

— Entretiens sérieux et comiques des cheminées, s. n. *Paris*, Prault, 1712, in-12. — *La Haye*, P. de Hondt, 1716, in-8, 120 pp.

— Gongam, ou l'homme prodigieux transporté dans l'air, sur la terre et sous les eaux, s. n. *Paris*, Saugrain, 1711, in-12. — *Paris*, Prault, 1712, 2 vol. in-12, fig. (La Bédoyère, 1862, 29 fr.). — *Paris*, Prault, 1713, 2 vol. in-12, fig. (M^ise de Pompadour, 6 l. 3 s.).

— Histoire des imaginations de M. Ouffle. *Paris*, N. Gosselin, 1710, 2 vol. in-12, fig. (10) grav. par Crespy (Pichon, 12 fr.; Techener, 1858, 15 fr.; Grésy, 50 fr.). — *Paris*, Prault, 1753 et 1754, 4 part. in-12, fig. (Bull. bibl., 1853, 25 fr. La figure du sabbat manque souvent).

Cet ouvrage spirituel, mais diffus, a été réimpr. dans la *Collection des voyages imaginaires*, tome XXXVI ; l'édit. in-8, 1781, est un tirage de ce vol. avec un titre spécial.

— LA LANGUE, s. n. *Rotterdam*, 1705, in-12 (Peignot, n° 1838). — *Paris*, Ch. Le Clerc, 1708, in-12, frontisp. gr. (Pichon, 52 fr.).

Dissertation spirituelle sur les avantages et les inconvénients de la langue.

— LIVRE sans nom, divisé en cinq dialogues, s. n. *Paris*, Mich. Brunet, 1695, in-12, frontisp. grav. — *Amsterd.*, 1711, 2 vol. in-12.

— LES MALADES en belle humeur, ou Lettres divertissantes écrites de Chaudray, s. n. *Paris*, Brunet, 1697, in-12. — *Paris*, Brunet, 1698, in-12, fig. (Libri, cat. 1857 ; Mise de Pompadour, 4 fr.).

— MITAL, ou les Aventures incroyables, s. n. *Paris*, le Clerc, 1708, in-12 (les scènes du Clam et du Coram et des grands et des petits manq. dans beaucoup d'exempl. Soleinne, 3 fr. ; Mise de Pompadour, 2 l. 15 s.).

— MOLIÈRE coméd. aux Champs-Élysées, nouvelle hist. all. et comiq. *Amsterdam*, Braakman, 1697, in-12, fig. (Soleinne, 4 fr. 25).

— LE MONDE renversé, ou Dialogues (4) des génies différents qui renversent le monde, par le chevalier..... *Villefranche*, 1712, 3 ff. et 190 pp. (Soleinne, n° 3765).

Cet ouvrage traite des femmes : les dévotes, les coquettes, les précieuses, les dissolues... L'auteur dit que tous ses portraits sont tirés d'après nature.

— MONSIEUR de Mortentrousse, coméd. (1 ac. pr.), 1725, in-12 (Soleinne, 1 fr. 25).

— NOUVEAUTÉS dédiées à gens de différents états, depuis la charrue jusqu'au sceptre, s. n. *Paris*, 1724, 2 vol. in-12 (Techener, 1858, 18 fr.).

Macédoine gaie et facétieuse où l'on trouve un peu de tout : épigrammes, épîtres, pensées, saillies, réflexions singulières...

— LES PHILOSOPHES à l'encan, dialogues, s. n. *Paris*, Musier, 1690, in-12 (Techener, 1858, 4 fr. 50).

— POISSON coméd. aux Champs-Élysées, nouvelle hist. all. et comiq., où l'on voit les plus célèbres orateurs représenter une coméd. (3 ac. prol. épil. en pr.) intit. la Comédie sans femme, par M. D. C. *Paris*, le Clerc, 1710, in-12 (Soleinne, n° 1554).

— LE SUPPLÉMENT de Tasse-Rouzi Friou-Tivate aux femmes. *Paris*, 1713, in-12 (Yemenitz, 9 fr.). — *Paris*, s. d., in-12 (cat. Picart, 1780, n° 789, 3 l. 10 s.).

— THÉATRE philosophique sur lequel on représente par des dialogues dans les Champs-Élisées les philosophes anciens et modernes... augment. des femmes philosophes. *Paris*, J. Musier, 1693, in-12, fig. (Soleinne, 8 fr.).

— Les Tours de maître Gonin, s. n. *Paris*, le Clerc, 1713, in-12, fig. (cat. By, 8 fr.). — 1714, 2 vol. in-12, fig.

— Voyage forcé de Bécafort hypocondriaque... s. n. *Paris*, Musier, 1709, in-12 (Bull. du bibl., 1852, 5 fr.).

L'auteur se croit, dit-il, obligé de dire ou d'écrire, sans aucun égard, tout ce qu'il pense des autres et de lui-même, sur quelque matière que ce soit.

BORROMÉE (Saint Charles), cardinal-archevêque de Milan, né en 1530, mort en 1584.

— Traité contre les danses et les comédies. *Paris*, Soly, 1664, petit in-12, 7 ff. et 198 pp. (cat. Soleinne, 2 fr. 75).

On trouve dans ses *Œuvres dogmatiques et morales*, Milan, 1747, 5 vol. in-folio, les questions sur le mariage, l'impureté, la sodomie, etc., traitées avec une liberté d'expressions qu'excuse seule la hardiesse du sujet et de la pensée.

BOSC (le Père Jacques du), cordelier, né en Normandie.

— L'Honneste femme. *Paris*, 1632, in-8 (Techener, 1858, 10 fr.). *Paris*, 1633-36, 3 vol. in-12 (Claudin, 1861, 6 fr.). — *Paris*, 1640, 3 part. in-4 (La Jarrie, n° 3569). — *Tolose*, 1645, in-8. — *Paris*, Legras, 1658. — *Trabouillet*, 1662 (Bachelier, 1869, 4 fr.). — 1665, 3 part. in-12, frontisp. grav. — *Paris*, Guill. de Luyne, 1676, in-12 (cat. du Grand-Conseil, n° 1224).

— La Femme héroïque. *Paris*, de Sommeville, 1645, 2 vol. in-4, fig. de Chauveau (Bull. bibl., 1852, 27 fr.).

Ces deux ouvrages du P. Cordelier sont tellement acerbes contre les femmes, qu'ils sont plutôt un réquisitoire sévère contre leurs défauts trop complaisamment dépeints, qu'une pieuse exhortation à la vertu.

BOSQUIER (frère Philippes), récollet, né à Mons en 1561 et mort à Avesnes en 1636.

— Tragœdie nouvelle dicte le petit razoir des ornemens mondains (5 ac. en vers). *Mons*, Charles Michel, 1589, in-8, 58 ff.

— Tragœdie nouvelle dicte le petit razoir des ornemens mondains en laquelle toutes les miseres de nostre tems sont attribuées tant aux hœresies qu'aux ornemens superflus du corps. *Coloniæ Agrippinæ*, J. Crithius, 1621, in-fol., 13 ff.

La 1re édit. est rarissime, la 2e édit. fait partie dans le t. Ier des Œuvres sous cette date en 3 vol. in-fol. Cette pièce satirique contient de curieux détails sur les mœurs et sur les modes du temps, il demande des *édits* ou aultres moyens contre un tas de mondains pour qu'ils retranchent leurs ornemens et parades du corps trop superflus, maquerelles et couratières de mille paillardises...

— L'Académie des pécheurs, bastie sur la parabole du prodigue évangélic... *Mons,* ch. Michel, 1596, in-8 (cat. La Vall., 2° part., n° 989).

— Le Fouet de l'académie des pécheurs , bastie sur la famine du prodigue évangélic... *Amsterd.,* Guill. de la Rivière, in-8.

Ce dernier ouvrage est le même que le précédent sous le titre de *Fouet.* Tout cela est écrit avec les meilleures intentions, mais enveloppé dans un style tellement ridicule, qu'il est impossible de ne pas en rire.

BOUCHET (L.), curé de Nogent-le-Roi.

— Recueil de pièces en vers. *Paris,* Jolybois, 1666, in-4 (La Vallière, n° 14288).

Ouvrage très rare, sinon très remarquable comme poésie. Citons : *Dialogue de deux illustres bergères qui vont adorer Jésus en Bethléem. — Dialogue moral. ou la Victoire du monde par dessus le cloître. — Sonnets sacrés sur les principales fêtes de la Vierge. — La Prosopopée virginale, ou l'Exhortation de sainte Ursule à ses compagnes,* etc.

BOUGEANT (le P. Guill.-Hyac.), jésuite, né à Quimper en 1690, mourut à Paris le 7 janvier 1743.

— Amusement philosophique sur le langage des bêtes. *Paris,* 1739, in-12. — *Paris* (Née de la Rochelle), 1783, in-12.

Ce badinage spirituel scandalisa quelques fanatiques et valut à son auteur un exil immérité. Il ne se fit pardonner cette bagatelle littéraire qu'en publiant, la même année, une espèce de rétractation.

— La Femme docteur, ou la Théologie tombée en quenouille, com. (en pr.), s. n. *Liège,* Vve Procureur, 1730, in-12, 7 ff. prél., 162 pp. (Giraud, 10 fr. 50 ; Chedeau, 15 fr.). — *Douai,* fr. Roujot, 1731, in-8, 7 ff., 160 pp. — *Amsterd.,* Ledet, 1731, in-8. — *La Haye,* Moetjens, 1731, in-12 fig. — *Liège,* 1731, in-8, 118 pp. — *Avignon,* P. Sincère, s. d., in-12, xiv-151 pp.

— Les Quakers français, ou les Nouveaux trembleurs, coméd. en pr. *Utrecht,* 1732, in-12. 1 f. non chiff., 66 pp., fig. s. bois.

— Le Saint déniché , ou la Banqueroute des miracles, coméd. en pr. *La Haye,* 1732, in-12, 168 pp. — *La Haye,* P. l'Orloge, 1732, in-12, 144 pp. fig. — *Bruxelles,* P. Prudent, s. d., in-12, 146 pp.

Dans ces pièces, il y a de la gaîté, des scènes plaisantes et de l'ironie fine et spiri-tuelle.

— Le Nouveau Tarquin , coméd. en 3 act. v., s. l. n. d. (Holl. 1730), petit in-8, 48 pp. — *Cologne,* 1731, in-8. — *Amst.,* 1732, in-8. — s. l. n. d., in-12 (Techener, 1855, 18 fr.).

C'est une espèce de vaudeville, qui a pour sujet l'aventure scandaleuse du P. Girard et de la demoiselle Cadière, sous les noms de Tarquin et de Lucrèce. Scarpinello dit que s'il ne réussit pas près d'une jeune fille, c'est que peut-être, il ne sait comment s'y prendre :

> Suivez la route ordinaire
> Que tint le premier amant.
> Par ce moyen, sûr de plaire,
> Vous pourriez plus aisément
> Faire lan la landerirette
> Faire lon la landerira...

> TARQUIN.

> Auprès de toi, ma mignonne,
> Mon cœur est comme l'aimant,
> Et mon aiguille, friponne,
> Cherche le pôle charmant
> De ton mirliton...

— Voyage merveilleux du prince Fan-Férédin dans la Romancie, s. n. *Paris,* Le Mercier, 1735, in-12 (cat. Peignot, n° 1736). — Réimpr. dans les *Voyages imaginaires.*

Critique ingénieuse de l'ouvrage : *l'Usage des romans* de l'abbé Lenglet-Dufresnoy. Il lui fait sentir avec esprit les dangers qu'il y a à citer et à analyser des romans licencieux et lui prouve, que le titre d'infâme et autres épithètes données à un écrit, loin d'en détourner les lecteurs, ne fait que les animer à les lire.

BOURDIGNÉ (Ch. de), prêtre, né dans l'Anjou, vivait encore vers 1531.

— La Légende joyeuse de maistre Pierre Faifeu contenante plu-sieurs singularitez et veritez. La gentillesse et subtilité de son esprit avecques les passetems qu'il a faitz en ce monde, etc., s. n. s. l., 1526, in-4 goth. — *Angers,* 1531, petit in-4 goth. — *An-gers,* 1532, petit in-4 goth. (Bertin, 100 fr.). — *Paris,* Couste-lier, 1723, petit in-8 (Luzarche, 5 fr.).

Légende en vers naïfs pleins d'une délectable gaillardise dans le goût des *Repues franches* de Villon. Ce sont des contes souvent indécents, mais égayés de traits si plaisants qu'on oublie vite le prêtre pour lire le poëte.

BOURDON (le R. P. F. Roland).

— Les Beautez et richesses de la ceinture, principalement de celle de cuir portée en l'honneur du glorieux saint Augustin et de sainte Monique, sa dévote mère. *Angers*, Ant. Hernault, 1613, in-12 (Arch. du bibl., 1860, 18 fr.).

Ce singulier ouvrage traite de l'origine, de l'usage et de la vertu des ceintures mystiques et de l'histoire des confréries qui portent la ceinture et le cordon.

BOUSSARD (Geoff.-Math.), recteur de l'Université et chancelier de l'église de Paris, né au Mans en 1439 et mort vers 1522.

— DE CONTINENTIA sacerdotum. *Paris,* 1505, in-4. — *Rouen,* 1513, in-4 (Biogr. Peignot, t. 1, p. 370).

Ouvrage fort rare et curieux en documents sur les mœurs du clergé. A cette époque de foi naïve, elles n'étaient guère meilleures qu'aujourd'hui. Les prêtres d'alors étaient plus franchement, plus ouvertement incontinents, voilà l'avantage en leur faveur, si c'en est un. On y trouve surtout cette curieuse question, qu'il résout affirmativement, si le pape a le droit de dispenser un prêtre du célibat.

BOUVIER (J. B.), né à Saint-Charles-la-Forêt en 1783, évêque du Mans en 1834, mourut le 29 décembre 1854.

— DISSERTATIO in sextum decalogi præceptum et supplementum ad tractatum de matrimonio. *Mans,* 1827, in-12 (cat. L'Escalopier, nᵇ 1514, 1ʳᵉ édit.). — *Paris,* Méquignon, 1843. — 1845, in-12, 212 pp. — *Paris,* 1846, in-12 (cat. Libri, 1858, n° 83).

Le titre latin n'est là que comme un de ces immenses épouvantails, à longs bras, qu'on met dans les cerisiers pour éloigner les moineaux des cerises ; de loin, on a peur de ce latin, et de près, on trouve un français bonhomme qui vous explique la bestia- lité, la sodomie, la pollution et les diverses espèces de luxure consommées ou non contre nature... Abritez au moins tout ça et bien autre chose, dans cette langue barbare, faite pour l'église, que vous nommez naïvement latin... Horace et Cicéron auraient bien du mal à comprendre ce latin, mais enfin vous l'avez, servez-vous en.

BOUVIGNES (le Père Louis de), prédicateur capucin.

— MIROIR de la vanité des femmes mondaines. *Namur,* Ad. de la Fabrique, 1675, in-12. — *Namur,* 1696, petit in-12.

Ouvrage singulier par ses naïvetés : « Voici donc une jeune enjouée, toute farcie de vanité, qui emploie régulièrement deux ou trois heures d'horloge chaque jour, pour affiler les traits de sa beauté, pour ajuster sa tête, pour polir et blanchir ses dents, pour friser et poudrer ses cheveux, pour se faire grosse d'un côté et menue de l'autre et pour paraître d'un beau corsage... or çà, mademoiselle la pimpante, quand je vous contemple, je vois qu'il ne reste plus rien pour achever de peindre une par- faite mondaine... vous avez autant de grain de vanité dans l'esprit que de poils dans la tête... envisageons les appas trompeurs de votre chevelure achetée au marché et qui a peut-être appartenue à quelque teigneuse... etc. »

BOYER (l'abbé Claude), académicien, né à Alby en 1618, mort à Paris en 1698.

— LES AMOURS de Jupiter et de Sémélé, trag. en 5 act. et prol. v. *Paris*, 1666, in-12. — *Amsterd.*, 1676, in-12 (Soleinne, n° 1226).

— ARISTODÈME, trag. (5 act.). *Paris*, A. Courbé, 1649, in-4.

— ARTAXERCE, trag. (5 act. v.). *Paris*, Blageard, 1683, in-12.

— CLOTILDE, trag. (5 act. v.). *Paris*, Ch. de Sercy, 1659, in-12.

— LE COMTE d'Essex, trag. (5 act. v.). *Paris*, Ch. Osmont, 1678, in-12.

— FÉDÉRIC, trag. com. (5 act. v.). *Paris*, A. Courbé, 1660, in-12.

— LA FESTE de Vénus, coméd. (5 act. v.). *Paris*, Gab. Quinet, 1669, in-12.

— LE FILS supposé, trag. (5 act. v.). *Paris*, P. Lemonnier, 1672, in-12.

— JEPHTÉ, trag. (3 act. v.). *Paris*, J. B. Coignard, in-4, fig. grav. par Mariette.

— Le JEUNE Marius, trag. (5 act. v.). *Paris*, G. Quinet, 1670, in-12.

— JUDITH, trag. (5 act. v.). *Paris*, J. B. Coignard, 1695, in-12.

— LISIMÈNE, ou la Jeune Bergère, past. *Paris*, P. Lemonnier, 1672, in-12.

— LA MORT de Démétrius ou le Rétablissement d'Alexandre, roy d'Épire, trag. (5 act. v.). *Paris*, Ant. Courbé, 1661, in-12.

— OROPASTE ou le faux Tonaxare, trag. (5 act. v.). *Paris*, Ch. de Sercy, 1663, in-12.

— POLICRATE, coméd. hér. *Paris*, Cl. Barbin, 1670, in-12.

— LA PORCIE romaine, trag. (5 act. v.). *Paris*, A. Courbé, 1646, in-4.

— PORUS ou la Générosité d'Alexandre, trag. (5 act. v.). *Paris*, A. Courbé, 1648, in-4.

— POLICRITE, trag. coméd. *Amsterd.*, H. Scheltc, 1705, in-12.

— LA SŒUR généreuse, trag. coméd. (5 act. v.). *Paris*, A. Courbé, 1647, in-4.

— TYRIDATE, trag. (5 act. v.). *Paris*, A. Courbé, 1649, in-4.

— ULYSSE dans l'isle de Circé ou Euriloche foudroyé, trag. coméd. (5 act. v.). *Paris*, A. Courbé, 1650, in-4.

On lui attribue encore *Agamemnon* et *Antigone*, pièces parues sous le nom de Pader d'Assezan; il est possible qu'elles soient de lui, mais en tous cas, si son bagage dramatique est plus lourd, sa gloire n'en sera pas plus grande. Ses insuccès littéraires ont fait mentir le proverbe: *fit faber fabricando.* Si l'amour, largement exploité au théâtre, est un viatique de succès, le pauvre abbé, qui s'en est servi jusqu'à le rendre fourbu, aurait dû trouver plus de bienveillance près de ses contemporains. Peut-être aussi que le public né malin, et l'amour né espiègle, s'entendaient pour se moquer de ce peu chanceux Boyer, qui n'eut pas même, dit l'abbé Furetière, la bonne fortune de faire dormir quelqu'un à ses sermons, puisque, ajoute-t-il, il ne put trouver un endroit pour prêcher.

BRANTOME (Pierre de Bourdeilles, seigneur abbé de), 1527-1614.

— DIALOGUES, ou Entretiens des femmes savantes. *Amst.*, Foppens, 1709, 2 tom. in-12 (Chedeau, 11 fr.).

Cet ouvrage obscène n'est autre que l'*Académie des dames*, faussement attribuée sous ce titre à Brantôme.

— MÉMOIRES de messire P. de Bourdeilles... cont. les vies des dames galantes de son temps. *Leyde,* Sambix, 1665 (Elz. impr. à Bruxelles par Foppens), 2 vol. petit in-12. — *Leyde,* J. Sambix, 1666, 2 vol. petit in-12 (cat. de l'abbé de Bearzi, n° 2836). — 1666-1692, 1693, 1699, *Amst.*, 2 vol. petit in-12. — *Amst.*, 1721, 3 vol. in-12. — *Londres*, 1739, 2 vol. in-12.
Et sous le titre de : Vies des dames galantes. *Paris*, Ledoux, 1834, 2 vol. in-8. — *Paris*, Garnier, 1841, 1848, 1849, 1852, 1868, etc., 394 pp. — *Paris*, Delahays, 1852, 1857, etc., in-12.
— ŒUVRES, *Leyde* (Trévoux), 1722, 8 vol. in-12 (Lancelot, 1741). — *La Haye*, 1740, 1743, 15 vol. petit in-12, fig. (Bertin, 300 fr.). — *Paris*, Bastien, 1787-90, 10 vol. in-8 (cat. Le Vavasseur, 1789, 30 fr.). — *Paris*, 1822-24, 8 vol. gr. in-8. — *Paris*, 1838, 2 vol. gr. in-8. — *Paris*, Jannet, 1858, 2 vol. in-16; Pagnerre, 1860, et Mme Renouard, 1870, 3 et 4 vol. in-16.

Castelnaud, dans ses *Mémoires*, dit des *Dames galantes* : je ne parle point de cet ouvrage pour ne point condamner sa mémoire; j'en répands le crime sur la dissolution de la Cour de son tems, dont on pourroit faire de plus terribles histoires que celles qu'il rapporte.

BRETIN (l'abbé Claude), aumônier de Louis XVIII, mort en 1807.

— CONTES en vers et quelques pièces fugitives, s. n. *Paris*, an v-1797, petit in-8, 248 pp., fig. (6) de Legrand (Van der Helle, 46 fr.). — *Paris*, Gueffier J^ne, 1799, petit in-8, fig., pap. vél. (cat. By, n° 1389, 7 fr.).

Malgré l'indulgence de la censure à cette époque un peu décolletée, la liberté trop grande de certains contes a nécessité des cartons aux pp. 43, 57 et 137. Ces 84 contes troussés gaillardement, la calotte sur l'oreille et la robe peu fermée, sont écrits avec facilité et verve gauloise.

BREVIO (Jean), prélat vénitien.

— Rime et prose volgari. *Roma*, 1545, in-8 (cat. Riva, 138 fr.).

Cet ouvrage contient six nouvelles fort libres, pour ne pas dire licencieuses, entre autres, le *Belphégor de Machiavel* qui ne parut qu'en 1549 sous le vrai nom de son auteur. Ces nouvelles et d'autres sont ordinairement imprimées dans les Œuvres de Sansovino.

BRIVES (le R. P. Martial de), capucin, né à Brives, son nom de famille était Dumas, mort en 1656.

— Le Parnasse séraphique et les derniers souspirs de la muse du R. P. Martial de Brives, capucin. Contenant les Grandeurs de Dieu, les Grandeurs de N. S. Jésus-Christ, les Grandeurs de la saincte Vierge... *Lyon*, Fr. Demasso, 1660, in-8, figures (Potier, 1870, 212 fr.).

Pièce aussi singulière que rare et peignant, comme toutes les pièces et tous les ouvrages mystiques, l'amour divin avec les expressions et les images de l'amour charnel. On dirait que moines et sœurs veulent tromper leur besoin d'aimer, en lui donnant autant que possible les ardeurs et le langage de l'amour de Dieu. Marthe dit de sa sœur Marie agenouillée devant Jésus :

> C'est aymer en statue et faire mal le bien
> Que de vouloir servir à ne servir de rien,
> Et de s'imaginer qu'on est bien amoureuse
> Quand on sçait bien tenir la posture d'oyseuse...
> . . . . elle a voulu choisir
> De n'avoir pas la peine et d'avoir le plaisir.
> Bien loing de vous offrir les fruits de ses services,
> Elle a voulu gouster celuy de vos délices.

— Les Œuvres poétiques et sainctes du R. P. Martial de Brives, capucin, augmentées de nouveau et recueillies par le sieur Dupuis. *Lyon*, Alexandre Fumeux, 1655, in-4 (Aubry, 1869, 32 fr.).

BROSSE (Dom Gabriel), bénédictin.

— Triomphe de la Grâce sur la nature dans la vie de sainte Euphrosine. *Paris*, Coignard, 1672, in-4.

Poème dans lequel le mot et la pensée tiennent plus de l'amour charnel que de la Grâce.

— La Vie de très illustre Vierge et Martyre sainte Marguerite, nouvellement mise en vers ; avec les riches anagrammes tirés du nom de la Reyne, sans changement d'aucune lettre, suivis des sonnets... *Paris*, Léonard, 1669, in-12.

BROSSE DE SAINT-LAURENT (l'abbé).

— Lettre du docteur Pancrace, orateur et bibliothécaire des

Petites-Maisons, à la signora Vittoria, sur la prééminence de l'homme sur la femme, s. n. *Bross.* (Paris), 1755, in-8.

— RÉPONSE de la signora Vittoria au docteur Pancrace, contenant le sexe vengé, ou la prééminence de la femme sur l'homme, s. n. *Bross.*, 1755, in-8 (cat. Mar.-J. Chénier, n° 693).

BRUNOY (le Père Pierre), jésuite, né à Rouen en 1688 et mort en 1742. Un de ses meilleurs ouvrages est le *Théâtre des Grecs.* Paris, 1730. 3 vol. in-4 et 1789, 13 vol. in-8.

— RECUEIL de divers ouvrages en prose et en vers, par le P. Br., de la C. de J. *Paris,* Rollin fils, 1741, 4 vol. in-8 (Soleinne, 4 fr. 25).

Ce recueil contient : *la Boëte de Pandore,* ou *la Curiosité punie,* com. (3 act. v. l.) ; *le Couronnement du jeune David,* past. (4 act. v. l.) ; *Isac,* trag. (5 act. v.) ; *Jonatas,* ou *le Triomphe de l'amitié,* trag. (3 act. et prol. v.) ; *Plutus,* coméd. (3 act. v. l.).

— THÉATRE du R. P. Brumoy. *La Haye,* Jean Neaulme, 1743, petit in-12 (Soleinne, 3 fr.).

Mêmes pièces que dans le Recueil précédent, avec un titre et une pagination particulières.

BRUNETTO (del R. Pier Giovanni), frate di S. Francesco osservante.

— DAVID sconsolato, trag. spirituale (5 act., prol. en v.) del R. P. Giov. Brunetto, Fiorenza, Giorg. Marescotti, 1586, in-8, 8 ff. prél., 141 pp., fig. s/ b. (Cat. Soleinne, n° 4034).

L'ombre du fils adultérin de David débite le prologue. Au reste, la liberté des mœurs italiennes explique les libertés de la pièce. Il y en a plusieurs autres édit., une en 1556 et l'autre en 1606.

BRUYS (Fr.), d'abord moine, se réfugia en Hollande où, après avoir abjuré le catholicisme et le protestantisme, il finit par se marier.

— L'ART de connoître les femmes, avec une dissertation sur l'adultère, par le chevalier de Plante-Amour (jovial pseudonyme de Fr. Bruys). *La Haye,* 1729, in-8. — *La Haye,* 1730, in-8 (Techener, 1858, 28 fr.). — *Amst.,* 1749, in-12, 252 pp. (Fontaine, 1870, 40 fr.). — *Paris,* 1820, 1821, in-12. — *Paris,* 1860, in-8, 2 colonn., fig.

Cet ouvrage, poivre et sel, ni absolument immoral, ni suffisamment moral, est un recueil d'histoires galantes mais souvent véritables, sous des noms empruntés de personnages de son époque. C'est spirituel mais trop fréquemment mordant. Il se venge contre les femmes de son célibat religieux et peut-être plus encore de son mariage.

— Les Vertus du beau-sexe, par M. F*** D*** C***. *La Haye*, 1733, in-12 (Bull. bibl., 1859, 9 fr.).

BULLAT (l'abbé).

— Entretiens sur les danses et sur les bals. *Limoges,* 1825, in-12 (Pressac, n° 219, 1 fr. 50).

BURCHARD (Jean), né à Strasbourg et mort le 6 mai 1505, maître des cérémonies pontificales et évêque de Cità-di-Castello, a donné l'ouvrage suivant dont le titre plus exact devrait être : *Chronica scandalosa Alexandri. VI, papæ.*

— Specimen historiæ arcanæ sive Anecdotæ de Vita Alexandri VI, papæ, seu Excerpta ex diario Joh. Buchardi, Capellæ Alexandri VI ceremoniarum magistri. Edenti G. G. L. (God.-Guill. Leibniz). *Hanoveræ,* 1686, in-4 (Bull. bibl., 1864, n° 129, 30 fr.). — *Hanoveræ,* sumtibus Nic. Forsten, 1686, petit in-4 (L'Escalopier, n° 3118 ; Falconet, n° 13864, 3 l. 19 s.) :

Histoire très rare et incontestable, étant l'œuvre d'un évêque et d'un maître de cérémonies qui raconte de *visu*. L'échantillon latin que nous donnons, et que nous ne traduisons pas pour *cause*, fera juger du livre et des personnages : « Dominica ultima mensis octobris in sero, fecerunt cœnam cum duce Valentinensi in camerâ suâ, in palatio *Apostolico*, quinquaginta meretrices *honestæ*, cortegianæ nuncupatæ, quæ post cœnam chorearunt cum servitoribus et aliis ibidem existentibus, primo in *vestibus suis*, deinde *nudæ*. Post cœnam, posita fuerunt candelabra communia mensæ cum candelis ardentibus et projectæ ante candelabra per terram castanæ, quas meretrices ipsæ super *manibus* et *pedibus*, *nudæ*, candelabra pertranseuntes, colligebant, *Papa, Duce* et *Lucretia*, sorore suâ, præsentibus et *aspicientibus*, etc. » Est-ce régence, non pontifical ? Un pape, le père, le duc de Valentinois, le fils et le frère, Lucrèce, la fille et la sœur, qui regardent (aspicientibus) cueillir (colligebant), des châtaignes, par cinquante courtisanes *honnêtes*, nues, qui dans leurs danses sur les pieds et les mains se livrent à cette voltige voluptueuse de la cueillette des *châtaignes*, etc. Les détails sont trop précis et trop scandaleux pour n'être pas *vrais*. Cet ouvrage est un extrait du *Diarium*, ou *Journal d'Alexandre VI*, de Burchard. Eccard en a publié une grande partie dans les *Scriptores medii œvi*, t. II.

BURLUGUAY (Jean), théologal de Sens, où il mourut en 1624.

— Toilette de l'archevesque de Sens, ou Réponse au factum des Filles Sainte-Catherine-lès-Provins, contre les pères Cordeliers,

s. n. s. l., 1669, petit in-12 (cat. Luzarche, 2 fr.; La Bédoyère, 15 fr. 50 ; La Bédoyère, 1862, 17 fr. 50).

Ouvrage satirique en réponse au :

— Factum pour les religieuses de Sainte-Catherine-lès-Provins contre les pères cordeliers. 1679, in-12 (cat. La Bédoyère, 8 fr. 95 et même 1862, 5 fr.). — s. l., l'an de Notre Seigneur, 1669, in-4 (Bull. bibl., 1848, n° 1124, 28 fr., 1re édit.).

BUSCHEY (frère Henri), de l'ordre de Saint-François de l'Observance, né à Bastoigné en Ardenne.

— Le Mystère de là saincte incarnation de nostre rédempteur et sauveur Jésus-Christ : par personnages, accommodé sur certains passages au vieil et nouveau testament (en vers). *Anvers*, Christ. Plantin, 1587, in-8, 116 ff., non-compris le f. du privil., fig. s/ bois (Soleinne, 405 fr.; revendu Potier 1871, 400 fr.).

La plupart des mystères ont été écrit par des prêtres, des évêques ou des religieux; il serait trop long de les citer. Nous donnons celui-ci comme point de départ ou de comparaison pour les autres. Dans tous, on rencontre des naïvetés qui vont jusqu'à l'indécence.

Ainsi Marie demande à Gabriel :

> Or di moy donc, en vérité,
> Comment observant chasteté
> Seroys mère d'ûn tel enfant ?

et Gabriel répond :

> Cela n'entend homme vivant,
> Mais pour parler très clairement
> Il se fera divinement :
> L'esprit saint y besoignera,
> Car d'en haut en toy surviendera :
> Et la vertu du souverain
> T'obrombrera et tout soudain
> Lors de ton sang qui est très pur
> Il formera l'enfant tout pur, etc.

C

CAFFIAUX (Dom Ph.-Jos.), bénédictin, né à Valenciennes en 1712, mort en 1777 à Saint-Germain-des-Prés.

— Défenses du beau sexe, ou Mémoires historiques et critiques pour servir d'apologie aux femmes, s. n. *Amsterd.*, aux dépens de la comp. (Paris), 1753, 4 part. in-12 (La Bédoy., 1862, 7 fr.;

Labitte, 1843, n° 905, 15 fr.; Bull. bibl., 1859, 16 fr. ; Pixérécourt, 20 fr.).

Curieux et rare. Dom Tassin, effrayé par ce titre, ne le mentionne pas dans l'*Histoire littér. de la Congrégation de Saint-Maur*. Jugeant le livre trop profane : la
défense du beau sexe, il lui a nettement refusé l'hospitalité. Il n'en est pas moins
l'enfant et l'enfant légitime d'un de vos collègues, trop pudique historiographe des
bénédictins.

CAMPÈGE (Thomas), évêque de Feltré, mort le 11 janvier 1564.

— Thomæ Campegii de cœlibatu sacerdotum non abrogando. *Venetiis,* 1554, petit in-8.

Curieux pour les détails.

CAMUS (Jean-Pierre), né à Paris en 1582, fut sacré

évêque de Belley par saint François de Sales, son ami.
Il a beaucoup écrit contre les moines, dont il détestait
la mollesse et l'oisiveté ; il les comparait à des *cruches*
qui se baissent pour se remplir. Il mourut en 1652 à
Paris, à l'hôpital des Incurables, qu'il habitait depuis
longtemps, après avoir renoncé à sa dignité épiscopale.
Écrivain d'une imagination et d'une fécondité inépui-
sables, il a produit plus de deux cents volumes de
romans mystiques ou de spiritualité. Il a voulu oppo-
ser, aux romans de chevalerie et d'amour, en vogue à
cette époque, des romans pieux et chastes ; mais son
style, sa pensée et ses héros ressemblent plus à des
amis qu'à des adversaires des écrits qu'il combat. On
voit, en lisant ses romans, moitié moraux, moitié burlesques, semés de métaphores singulières et d'images
gigantesques, qu'il a beaucoup lu et pas assez oublié
les productions amoureuses de Boccace, de l'*Heptamé-
ron,* du *Roman de la Rose,* etc. Rien de plus étrange,
de plus amusant que ce mélange d'amour charnel,
d'amour mystique, d'aventures pieuses et scabreuses,
de caractères religieux et profanes, d'expressions
chastes et risquées, de style sobre et intempérant... Il

n'est pas absolument mauvais, mais il serait bien drôle si, sous ce style baroque et de tous morceaux, on ne sentait palpiter un cœur à conscience droite et digne. Son intention est plus chaste que sa plume. Je ne cite qu'une phrase prise au hasard pour donner une idée de son faire : « C'étoit un bourgeois adultère, qui estant demeuré veuf, entretenoit à pot et à feu une concubine sous la qualité de servante. »

— AGATHE à Lucie... s. n. *Paris,* Chappelet, 1622, in-12.

— AGATHOMPHILE où les Martyrs siciliens, où se découvre l'art de bien aymer... et où la saincte amour du martyre triomphe du martyre de la mauvaise amour. *Paris,* Chappelet, 1623, in-8.

— ALCIME. *Paris,* Lasnier, 1625, in-12.

— ALEXIS. *Paris,* 1622, 1623, 6 vol. in-8.

— ALOPH. *Lyon,* Travers, 1626, in-12.

— ARISTANDRE. *Lyon,* Gaudion, 1624, in-12.

— LE BOUQUET d'Assuére. *Paris,* Soubron, 1638, in-8.

— BOUQUET d'histoires agréables. *Paris,* Alliot, 1630, in-8.

— LE CABINET historique, rempli d'hist. vérit. arrivées tant dedans que dehors le royaume. *Paris,* Loyson, 1668, in-8.

— LA CARITÉE... *Paris,* Alliot, 1641, in-8.

— CLÉARQUE, ou la Cruauté monstrueuse... *Rouen,* du Petit-Val, 1629, in-12.

— LE CLEORISTE, représent. le tableau d'une parfaite amitié. *Lyon,* Chard, 1626, 2 vol. in-8.

— DAMARIS, ou la Marastre implacable. *Lyon,* Travers, 1626, in-12.

— DAPHNIDE, ou l'Intégrité vertueuse. *Lyon,* Chard, 1625, in-12.

— LES DÉCADES historiques. *Douay,* Wyon, 1632, in-8.

— DIOTREPHE, histoire valentine. *Lyon,* Chard, 1626, in-12.

— LES DIVERSITÉS... *Paris,* Chappelet, 1609 et 1618, 11 vol. in-8.

— DIVERTISSEMENT historique. *Rouen,* Vaultier, 1643, in-8.

— DOROTHÉE, ou Récit de la pitoyable issue d'une volonté violentée. *Paris,* Chappelet, 1621, in-8.

— ÉLISE ou l'Innocence coulpable. *Paris,* Chappelet, 1621, in-8.

— LES ÉVÉNEMENTS singuliers. *Paris,* Savreux, 1660, in-8.

— EUGÈNE, histoire grenadine. *Paris,* Chappelet, 1623, in-8.

— FLAMINIO et Colman, deux miroirs... *Lyon,* Chard, 1626, in-8.

— HELLENIN et son heureux malheur. *Lyon,* Chard, 1628, in-8.

— HERMIANTE. *Rouen,* de la Marre, 1639, in-8.

— L'Hiacinte où se voit la différence d'entre l'amour et l'amitié. *Paris,* Billaine, 1627, in-8.

— Histoires considérables... *Rouen,* Petit-Val, 1630, in-12.

— L'Iphigene, ou l'Union de la générosité avec l'honnêteté... *Lyon,* Chard, 1625, 2 vol. in-8.

— Les Leçons exemplaires. *Paris,* Bertault, 1632, in-8.

— Marianne, ou l'Innocente victime. *Paris*, Cottereau, 1629, in-12.

— La Mémoire de Darie. *Paris,* Chappelet, 1620, in-12.

— Mémoriaux historiques. *Paris,* Villery, 1643, in-8.

— Observations historiques. *Rouen,* Dumesnil, 1632, in-12.

— Les Occurrences remarquables. *Paris,* Vaultier, 1642, in-8.

— Palombe, ou la Femme honorable. *Paris,* Chappelet, 1625, in-8.

— Parthenice, peinture d'une invincible chasteté. *Paris,* 1624, 2 vol. in-8.

— Le Pentagone historique, monstrant en cinq façades autant d'accidents signalés. *Paris,* de Sommaville, 1631, in-8.

— Petronille, accident pitoyable. *Paris,* Dehors, 1632, in-8.

— La pieuse Julie. *Paris,* Lasnier, 1625, in-8.

— Les Récits historiques, ou Histoires divertissantes, entremêlées de plusieurs agréables rencontres et belles réparties. *Paris,* Clousier, 1643, in-8.

— Régule, histoire belgique. *Lyon,* Lautret, 1627, in-12.

— Les Relations morales. *Paris,* Cottereau, 1631, in-8. — *Rouen,* Malassis, 1638, in-8.

— Les Rencontres funestes, ou Fortunes infortunées de notre temps. *Paris,* Alliot, 1644, in-8.

— Roselis ou l'Histoire de sainte Susanne. *Paris,* Chappelet, 1623, in-8.

— Le saint Désespoir d'Oleastre. *Lyon,* Gaudion, 1624, in-12.

— Les Spectacles d'horreur. *Paris,* Soubron, 1630, in-8.

— Spéculations historiques. *Paris,* Alliot, 1643, in-8.

— Spiridion... *Paris,* Chappelet, 1623, in-12.

— Les Succès différens. *Paris,* Cottereau, 1630, in-8.

— Les Tapisseries historiques. *Paris,* Durand, 1644, in-8.

— La Tour des miroirs. (*Paris*), Bertault, 1631, in-8.

— Variétés historiques. *Rouen,* Malassis, 1641, in-8.

— Le Verger historique. *Paris,* Sevestre, 1644, in-8.

— Le Voyageur inconnu... *Paris,* Cottereau, 1630, in-8. — *Paris,* Bessin, 1640, in-8.

— Rabat-Joye du triomphe monacal, par de Saint-Hilaire (pseudonyme de Camus). *Lille*, 1634, 2 vol. in-8 (Techener, 1855, 18 fr.).

— Traité de la désappropriation claustrale. *Besançon*, Jehan Thomas, 1634, in-8 (cat. Luzarche, 6 fr. 50).

— Les Triomphes des vertus remportés sur les vices, composé par M. Mathieu Plés de Raynonvil (pseud. de Camus, évêq. de Belley). *Paris*, Alliot, 1633, in-8 (L'Escalopier, n° 3155).

Très rare. Cet ouvrage, approuvé par les docteurs Le Paige et H. de Ponteville le 14 mars 1633, fut défendu d'être imprimé, par arrest du conseil privé du roy, sous peine de vie, comme contenant plusieurs impiétés et une infinité de calomnies, injures, impostures et faussetés contre les ordres religieux, reçus et approuvés par l'Église, en faveur de laquelle ils travaillent utilement.

CANGIAMILA (Fr.-Emman.), né en 1702, inquisiteur général en Sicile, mort en 1764.

— Emrryologia sacra. *Palermie*, libri IV, 1745, in-4. — *Milan*, 1751, in-4. — *Panormi*, Valenza, 1758, in-fol., fig.

Ouvrage médico-théologique dans lequel on trouve les questions les plus scabreuses et les plus inutiles. La curiosité indiscrète ou malsaine d'un théologien peut seule remuer des insanités comme celles-ci : l'âme est-elle dans le semen ou attend-elle la fermentation de l'embryon? — S'il y a avortement, que devient l'âme? est-il mieux que ce fœtus ait existé que non existé? etc. Cet ouvrage a été traduit et surtout réduit par l'abbé Dinouart, *Paris*, 1762 et 1766, in-12.

CANTENAC (Benedech de), chanoine à Bordeaux.

— Poésies nouvelles et autres œuvres galantes du sieur de C*** (Cantenac). *Paris*, 1661, in-12. — *Paris*, Girard, 1662, in-12, frontisp. grav. (Luzarche, 2 fr. 50; Walckenaer, 6 fr. 25), et 1665, in-12.

Poésies galantes dans lesquelles on trouve avec une pagination particulière : *L'Occasion perdue et recouverte*, attribuée à P. Corneille.

— Satyres nouvelles, de M. Benech de Cantenac, chan. de l'égl. métropolit. de Bordeaux... *Amst.*, chez la vᵛᵉ Chayer, s. d., in-12 (cat. Bertin, 13 fr. 50; cat. M. N***, Labitte, 1879, n° 244).

Les poésies de Cantenac ont une certaine facilité et surtout une galanterie loyale et spirituelle. L'ouvrage est divisé en trois parties : Poésies nouvelles et galantes; Poésies morales et chrétiennes; les Lettres choisies galantes du sieur de Cantenac...

CARLES (Lancelot de), évêque de Riez, né à Bordeaux, mourut à Paris vers 1570.

— La Paraphrase en vers françois du Cantique des Cantiques de la Bible. 1562, in-8.

Ouvrage très rare. L'hébreu ou le latin voilent de leur chasteté les impudeurs enthousiastes de cette mélopée orientale, mais la langue naïvement gauloise de l'évêque bordelais ne met que plus en relief ces nudités trop mystiques pour ne pas être absolument charnelles. Si dans cette épouse si lubriquement dépeinte par Salomon, il fallait voir, dans le sens spirituel, l'église de Jésus, ce ne pourrait être que cette église impudique représentée par les prêtres qui trop souvent la salissent dans une luxure honteuse.

— Épître contenant le procès criminel fait à l'encontre de la royne Boullan (Anne de Boleyn) d'Angleterre. *Lyon.* 1545, in-8.

Pièce rarissime sur ce fameux procès.

CARTHENY (le R. P. Fr. Jeh. de), carme.

— Le Voyage du Chevalier errant. *Anvers,* Jeh. Bellère, 1557, in-8 (Techener, 1858, 15 fr.). — En *Anvers,* 1575, petit in-12 (By, n° 42, 4 fr. 95). — *Douay,* Fouler, 1587, in-8.

— Le Voyage du Chevalier errant esgaré dedans la forest des vanitez mondaines, dont finalement il fut remis et redressé au droit chemin qui meine au salut eternel. *Anvers.* Jeh. Bellère, 1594, petit in-12 (Techener, 1858, 18 fr.).

Roman mystico-allégorique mêlé de prose et de vers.

CASENEUVE (l'abbé Pierre de), né à Toulouse en 1591, prébendé de l'église Saint-Étienne, mort en 1652.

— Caritée, ou la Cyprienne amoureuse, divisée en trois parties marquées des noms des trois Grâces, s. n. *Tolose,* Bosc, 1621, in-8.

Roman galant imité de Théagènes et peu commun.

CASTEL (frère Jehan), religieux de l'ordre de Saint-Benoît et chroniqueur de France, vivait au xve siècle.

— Le Specule des pecheurs fait et compile… tāt en latin cōme en françois mixtiōne en plusieurs lieux… En ce présent volume sont contenus troys livres. Le premier est nommé le Specule des pecheurs. Le second livre est appelle lexhortation des mondains tant gens deglise comme seculiers. Le tiers livre se nomme lexemple des dames et damoiselles et de tout le sexe féminin. A la requeste de reverend pere en Dieu messire Jehan du Bellay, noble homme evesque de Poictiers… lan de grace mil quatre cent lxviii, s. l. n. d. (Anthoine Cayllaut, 1483), in-4 goth., 30 ff. (cat. Yemenitz, 290 fr.; Giraud, 300 fr.; La Vall., 1re partie, n° 2827).

Livre très rare et très curieux, dans les vers français le latin y est mêlé de la manière la plus bizarre, mais avec l'intention de voiler une idée qui serait obscène en français.

CASTI (l'abbé J. B.), chanoine de Montefiascone, poeta cesareo de l'empereur Joseph II, né en 1721, mort en 1803.

— NOVELLE galanti, in ottava rima. *Londra* (Paris, Molini), 1793, in-12 (La Bédoyère, 39 fr.). — *Venezia*, 1794, 2 vol. in-8. — *Londra*, 1797, 2 vol. in-12. — *Milano*, 1797, 3 vol. in-12. — *Peking*, s. d., 3 vol. in-12, fig. libres. — *Paris*, an IX-1801, 6 vol. in-18. — *Paris*, 1804, 3 vol. in-8, portr. (La Bédoyère, 8 fr. 50; Bull. bouquiniste, 1872, 12 fr.) — *Florence*, 1812, 2 vol. petit in-8. — *Paris*, 1829, 5 vol. in-32.

L'ouvrage tient les promesses du titre, les nouvelles sont galantes et fort libres. Lire : *le Bonnet magique; l'Epouse cousue; la Papesse Jeanne; le Rossignol;* etc. Le style de ces nouvelles est plein de vivacité, d'originalité et d'élégance. Il a souvent, le malin abbé, imité avec bonheur La Fontaine, Grécourt, Bocacce, etc., et il les a, même quelquefois, égalé comme dans la *Bulle d'Alexandre VI* et les *Culottes de Saint Griffon.*

— NOVELLE inedite (*Filadelfia*), 1803, 3 vol. in-12.

— OPERE complete. *Paris*, Baudry, 1838, in-8, portr.

— OPERE scelte. *Paris*, Baudry, 1840, in-32, portr.

— LE ULTIMA novelle. *Amsterdam*, 1804, 4 vol. in-12, figures libres.

Édition peu commune.

CATHERINE DE GÊNES (Sainte), née à Gênes vers 1448 et morte en 1510.

— LA THÉOLOGIE de l'amour, ou la Vie et les œuvres de sainte Catherine... nouv. trad. *Cologne*, de la Pierre, 1691, in-12 (cat. d'Hoym, n° 420).

Le pieux Butler dit qu'on y trouve des choses qui ne sont pas à la portée de tout le monde. Je le crois bien, il s'agit du pur amour, or, comme les extrêmes se touchent, il n'est pas étonnant de le confondre avec l'autre qui l'est moins.

CAUCHIE, c'est-à-dire, de la Chaussée (Père Antoine de la), jésuite flamand, mort en 1625.

— LA PIEUSE Alouette, avec son Tire-lire; le petit cors et plumes de notre alouette, sont chansons spirituelles, qui toutes lui font prendre le vol et aspirer aux choses célestes et éternelles, en vers; s. n. *Valenciennes,* Vervliet, 1619 et 1621, 2 vol. in-8.

Poésies très rares ,mais plus ridicules et burlesques encore. C'est un vrai tour de force d'allégories singulières, de comparaisons étourdissantes de pathos mystique...

CAUSSIN (le P. Nicol.), jésuite, né à Troyes en 1583 et mort à Paris en 1651.

— Le Combat de toutes les passions, ou Histoire de Marie Stuart, 1647, in-12.

— La Vie neutre des filles dévotes qui font état de n'être ni mariées, ni religieuses. *Paris,* 1644, in-12.

Ouvrage singulier qui est un extrait de la *Cour sainte,* 5 vol. in-12. Cette *Cour* eut une vogue prodigieuse due peut-être aux contes burlesques et naïfs dont elle est remplie.

CAVANAE (le R. P. F. Réginal), religieux du couvent réformé de l'ordre de Saint-Dominique, à Toloze.

— Les Merveilles du sacré Rosaire de la très saincte Vierge, mère de Dieu... avec les faveurs de la Vierge envers l'autheur. *Paris,* 1629, in-24, frontisp. grav. et fig. grav. dans le genre de L. Gaultier (cat. Luzarche, 35 fr.).

Parmi les miracles dus au Rosaire, citons : Comme une dame florentine desbauchée fut convertie par la vertu du Rosaire ; — Comme une dame romaine desbauchée devint sage ; — Justine conserva la chasteté contre l'effort du diable, invoquant la mère de Dieu ; — Comme Saint Louys, roy de France, fut conceu par les prières du Rosaire, etc.

CAVICEO (Jac.), prêtre, né et mort à Parme, 1443-1511, il fut vicaire-général de Rimini, Ravenne et Ferrare.

— Il Peregrino. *Parma,* ottav. Salado, 1508, in-4.

— A Libro del peregrino, s. l., 1513, in-8. — *Milan,* 1514, in-4, 1515, in-8. — *Venise,* 1516, 1520, 1526, 1527, 1533, 1538, in-8.

Traductions françaises :

— Dialogue très élégant intitulé le Peregrin, traictant de l'honneste et pudicq amour concilié par pure et sincère vertu, trad. par Fr. Dassy. *Paris,* Galliot du Pré, 1527, petit in-4 goth. — *Lyon,* Cl. Nourry, 1528, in-4 goth. — *Paris,* Galliot du Pré, 1528, in-4 goth. — *Paris,* J. Saint-Denis, 1529, in-4 goth. — *Paris,* Alain Lotrian, 1531, in-4 goth. — *Lyon,* Cl. Nourry, 1533, in-4 goth. — *Paris,* Jean André, 1535, in-8.

Roman assez ennuyeux, mais recherché pour sa rareté et la naïveté des mœurs, naïveté qu'on nommerait aujourd'hui licence et immoralité.

CAZES (l'abbé Amédée).

— LES FEMMES à la Trappe. *Toulouse,* 1857, in-12, 198 pp.

Broch. peu commune citée dans la Bibl. Gay.

CERIZIERS (le Père René de), jésuite, né à Nantes en 1603, aumônier de Louis XIV, mort en 1662.

— L'ILLUSTRE Amalazonthe, par le sieur Des Fontaines (pseud. de Ceriziers). *Paris,* Robinot, 1645, 2 vol. petit in-8.

Ce roman aurait pour sujet le procès criminel fait au parlement de Dijon à Phil. Giroux, président en cette cour, pour l'assassinat commis en septembre 1638, sur la personne de P. Baillet, président des comptes en la même ville. Voir pour la clef des noms, Barbier, t. II, p. 157. La Bibliographie Gay attribue carrément cet ouvrage au pseudonyme Desfontaines.

— L'INNOCENCE reconnue. *Paris,* Gasse, 1647, in-8.
— JONATHAS, ou le Vrai ami. *Bruxelles,* Foppens, 1667, in-12.
— LES TROIS États de l'innocence. *Lyon,* Carteron, 1649, 3 tom. in-8. — *Rouen,* A. Ferrand, 1650, 3 tom. petit in-8 fig.
— L'INNOCENCE reconnue, par le R. P. René de Ceriziers et vue et corrigée par l'abbé Richard. *Troyes,* P. Garnier (1723), in-8 (Bull. bibl., 1835, 4 fr. 50).

Même ouvrage que le précédent. Ce roman *spirituel* est écrit avec la simplicité la plus noble et la plus touchante : L'innocence est affligée dans Jeanne Darc, reconnue dans Geneviève de Brabant et couronnée dans Yolande, duchesse de Bretagne.

CHAMPION (l'abbé).

— AMUSEMENTS lyriques d'un amateur, s. n. *Paris,* Edme, 1778, in-8, 72 pp.

Peu commun, chansonnettes, épigrammes, etc.; quelques-unes assez lestes, sinon libres.

CHANUT (R. P. Ant. Arverni), Societ. Jesu.

— POEMATA sacra de Mysteriis Virginis Mariæ. *Tolosæ,* Petr. Bosc, 1650, in-8 (cat. La Vall., 1768, n° 2681).

Poésies peu communes sur tous les mystères de la Vierge Marie.

CHARNES (Jean-Ant., abbé de), né à Avignon en 1641, doyen du chapitre, mort en 1728.

— Conversations sur la princesse de Clèves. *Paris*, 1679, in-12.

— Lazarille de Tormes, trad. de l'espagnol. *Paris*, Cl. Barbin, 1678, 2 vol. petit in-12. — *Bruxelles*, 1735, 2 part. in-12, port. et fig. (Bull. bouq., 1858, 5 fr.).

Cet ouvrage dans le genre du *Diable boiteux* offre assez souvent des détails de mœurs si libres qu'on peut le classer dans les romans lestes sinon érotiques. Cet abbé spirituel a collaboré aux *Nouvelles de l'ordre de la Boisson*, gazette pleine de sel et de gaîté rédigée par une société de gens aimables dont faisait partie de Charnes.

CHARRON (Vincent), prêtre chanoine en l'église cathédrale de Nantes.

— Calendrier historial de la glorieuse vierge Marie, mère de Dieu, faisant mention, chaque jour de l'an, de quelque chose qui la regarde, de la mort de ses fidèles serviteurs, du grand soin qu'ils ont eu de la servir, des faveurs qu'elle leur a départy, du sévère chastiment de ses ennemis et des miracles qu'elle a opérés, recueilli de divers autheurs par... *Nantes*, Vve Pierre Doriou, 1654, in-4, 1,000 pp. environ (cat. Luzarche, 26 fr.).

Rare, cet ouvrage est une espèce d'encyclopédie de tous les prétendus miracles ou châtiments dus au culte de la Vierge. Il y a trop de foi naïve pour accuser l'auteur de mensonge, mais aujourd'hui ce ramassis de racontars *religieux* paraîtrait bien étrange, sinon risible.

CHASSONVILLE (l'abbé de Saint-Martin de).

— Nouvelles de Miguel de Cervantès, trad... *Lausanne*, Bousquet, 1774, 2 vol. in-12, fig. — *Amsterdam*, 1768, 2 vol. in-12, fig.

Ces nouvelles galantes sont : l'Amant libéral — la Belle Égyptienne — la Force du sang — Rincennot et Certadille — le Docteur Vidriera — l'Espagnole angloise — le Curieux impertinent.

CHATEL (abbé).

— Discours sur le célibat des prêtres. *Paris*, 1839, in-8.

CHAULIEU (Guill. Amfrye de), abbé d'Aumale, prieur de Saint-Georges en l'île d'Oléron, de Poitiers, de Chenel et de Saint-Étienne, né dans le Vexin normand en 1639, mourut à Paris en 1720.

— Poésies. *Amsterd.* (Lyon), Roger, 1724, petit in-8. — *La Haye*, C. de Rogissart, 1731, in-12. — *Amsterd.* (Paris, Prault), 1733, 1740, 2 vol. in-8. — *Amsterd.*, 1750, in-12 (cat. abbé Morellet, n° 2738). — *Paris,* 1750 (Giraud, 4 fr.), 1757, 2 vol. petit in-12 (Lemarié, 4 fr.). — *La Haye* (Paris, Pissot), 1777, 2 vol. in-12. — *Paris,* Bleuet, 1774, 2 vol. in-8 (Giraud, 25 fr. ; Lemarié, 10 fr.; La Bédoyère, 1862, 78 fr.) et in-12, portrait et fig. — *La Haye,* chez Junior (Cazin), 1777, 2 vol. in-18, portr. (Giraud, 9 fr. 50). — *Paris,* 1813, 1819, 1822, 1824, in-12 et in-18. — *Paris,* Froment, 1824, in-8, portr. et même 1825, 2 vol. in-32.

Ces poésies gaies et faciles sont presque toujours imprimées avec celles de Lafare. Cet abbé gourmand délicat, insatiable buveur et conteur inépuisable de fleurettes, écrivait pour ne pas toujours boire et aimer, mais surtout aimait et buvait pour peu écrire. Aussi est-il le premier des poètes négligés, mais non le premier des bons poètes. Voltaire dans le *Temple du goût* caractérise ainsi le génie et les vers de Chaulieu :

> Je vis arriver en ce lieu
> Le brillant abbé de Chaulieu,
> Qui chantait en sortant de table ;
> Il osait caresser le Dieu
> D'un air familier mais aimable ;
> Sa vive imagination
> Prodiguait dans sa douce ivresse
> Des beautés sans correction,
> Qui choquaient un peu la justesse
> Et respiraient la passion.

Cet abbé-viveur eut beaucoup de maîtresses, trois seulement ont laissé leurs noms dans l'histoire galante : Mlle Rochois, actrice de l'Opéra, si souvent chantée dans ses œuvres sous le nom de Theone ; Mlle de Marans, devenue marquise de Lassay, et Mlle de Launay depuis Mme de Staal.

CHAVIGNY (Fr. de), bénédictin réfugié en Hollande, a écrit de nombreux ouvrages, presque tous licencieux, sous les pseudonymes de l'abbé du Prat et de la Bretonnière.

— L'AMANT parjure ou la Fidélité à l'épreuve. *La Haye,* 1682, in-12.

— L'AMANTE artificieuse, ou le Rival de soi-même. *La Haye,* Moetjens, 1687, in-12.

— LE COCHON mitré (Dialogue entre l'abbé Furetière et Scarron, aux enfers), s. n. *Paris,* chez le Cochon, 1689, in-12, 28 pp., frontisp. repr. un cochon mitre en tête (Labitte, 1870, 80 fr. ; Pixérécourt, 70 fr. 50 ; Chedeau, 58 fr.). — *Paris* (holl.), s. d., petit in-8, 16 ff., fig. avec cochon mitré (Château-Giron, 70 fr.; La Bédoyère, 1862, 81 fr. ; Pixérécourt, 57 fr. ; Nodier, 118 fr.; Bull. bibl., 1836, 50 fr.). — *Paris,* Panckoucke, 1850, petit in-12, 36 pp., 110 ex. (Fontaine, 1870, 35 fr.). — *Paris,* Jannet, 1656 (1857), in-16, 40 pp., cochon mitré sur le titre (tiré à 105 ex.). — Réimp. dans les Variétés littéraires, Jannet, 1857, tom. VI, p. 209 et suiv.

Diatribe violente contre les mœurs sans frein des prélats français. Si de toutes ces anecdotes scandaleuses, un quart seul est vrai, c'est encore trop pour l'honneur de la robe rouge ou violette. Toutes vérités ne sont pas bonnes à écrire, surtout quand elles sont si sales.

— Les Entretiens de la grille, ou le Moine au parloir, historiettes familières, s. n. *Cologne,* 1682, 1721, in-12, 91 pp.; fig. représ. un moine à genoux fustigé par un autre, pendant que trois jeunes nonnes pleurent derrière la grille. — *Genève,* Gay, 1868, petit in-12, viii-63 pp.

C'est un échange gai, naïf et parfois égrillard de commérages badins entre un cune moine et de sémillantes nonnettes. On y conte sans gêne : le Bouillon aux deux sœurs — l'Accouchement — le Ventre libre — le Chat — la Religieuse sans chemise — l'Étrillé — la Malice favorisée — le Beau miroir — l'Emplâtre du bobo — le Sifflet, etc. Ce devait être très amusant, sinon très édifiant, aussi cela finit par une réclusion plus sévère des jeunes caillettes et la fustigation du moine. Ces historiettes, passablement libres, ne seraient-elles pas des épisodes de la *Jeunesse monacale* du bénédictin Chavigny? Il y a de la chaleur, du sentiment, et une certaine passion contenue qui prouvent que l'auteur en écrit moins qu'il ne sait et qu'il respecte encore certains souvenirs du cœur. L'écrivain, même dans ses licences, *ménage* ce que le jeune moine a vu et aimé.

— La Galante hermaphrodite, nouvelle amoureuse. *Amst.,* 1683, 1687, petit in-12. — *Genève,* 1683, petit in-12.

— La Religieuse cavalier: *La Haye,* Moetjens, 1693, in-12. — *Brusselles,* 1699, in-12 (Bertin, 30 fr. 50).

— La Religieuse épouse et chanoine. *Cologne* (Paris), 1717, in-12, fig. (cat. La Vall., n° 9472).

— Vénus dans le cloître, ou la Religieuse en chemise, entretiens curieux par l'abbé du Prat, s. l. et s. d. (1682), in-12, fig. — *Cologne,* J. Durand, 1685 (à la sphère), 1686, 1692, 1696, 1702, 1719, petit in-12, 380 pp., frontisp. grav. (Labitte, 1870, 60 fr.). *Pékin,* 1782, in-12, vi-131 pp. et fig. libres (3). — *Londres,* 1693, in-18, fig. — Suivie de l'Adamite ou le Jésuite insensible. *Genève* (Bruxelles, Gay), 1866, petit in-12, eau-forte de Rops (tiré à 106 ex.).

Le même ouvrage a paru sous les titres :

— Les Délices du cloître ou la Religieuse éclairée. *Cologne,* 1709, in-12. — *Amsterd.,* s. d. (1720). — *La Haye,* 1747, 1750, 1760, 1761, 1774, in-12. — *Amst.,* 1774 (Paris, 1831), 2 part. in-18, lithograph. érotiques (10).

— La Nonne éclairée, ou les Délices du cloître. *Amsterd.,* 1774, 1775, in-12 (ces deux éditions ont quatre entretiens de plus que les édit. de Vénus dans le cloître).

— La Religieuse en chemise, ou la Nonne éclairée. *Paris et Londres,* 1860, in-16, 64 pp. — Réimpr. dans la Bibliothèque érotique. *Rome,* 1799, in-12, mais incomplète, car il n'y a que les préliminaires et deux entretiens.

Cet ouvrage, effrontément obscène, doit être classé dans les écrits licencieux. L'abbé Lenglet-Dufresnoy, qui l'attribuait à l'abbé Barrin et le désignait sous l'épithète d'infâme, en a pourtant donné une réimpression en 1739. Quand on a lu une production aussi nettement ordurière, faite par un moine et rééditée par un abbé, on se demande comment les cléricaux osent accuser les bouquinistes d'affriander la pratique par une pâture horrible.

CHAYER (l'abbé Christ.), curé dans le diocèse de Sens, né à Villeneuve-le-Roi en 1723.

— L'AMOUR décent et délicat, ou le Beau de la galanterie, s. n. *A la tendresse*, chez les amants (Rouen), 1760, 1768, petit in-8.

Titre charmant et heureux, mais dont le style doucereux et mignard ne soutient pas toutes les promesses. Bien que cet amour ait passé dans une écritoire consacrée, cela ne l'empêche pas de suivre son naturel et de se livrer à bien des écarts... indécents.

— LE CHANSONNIER agréable. 1760, in-12.

— LE COMMENTATEUR amusant, ou Anecdotes très curieuses commentées par l'écrivain le plus célèbre de notre siècle, s. n. s. l. et 1759, in-12.

Dissertations et anecdotes croustillantes sur la virginité, les moyens de la retrouver, sur l'amour, le mariage, les femmes, etc.

— LES DOUX et paisibles Délassements de l'amour. *Au temple de Vénus*, chez les galants, 1760, in-12.

Ouvrage en prose peu commun. Diable d'abbé! il a les titres les plus alléchants.

— LE THÉATRE du monde. 1760, in-12.

Cet abbé-curé a aussi publié le *Journal de la Charité*, 1760, in-12; nous espérons, qu'au moins dans ce livre, il s'est un peu souvenu qu'il était prêtre et qu'il n'aura pas caché *l'amour* de ses autres livres, sous les ailes de la *charité* de celui-ci.

CHEFFAULT (Fr. de), prêtre, chanoine de Saint-Gervais.

— LE MARTYRE de Saint-Gervais, poëme dramatique (5 act. v.), par De Cheffault, prestre. *Paris*, Gasp. Meturas, 1670, in-12, 12 ff. et 94 pp. (Soleinne, n° 1436, 1 fr. 50).

L'auteur s'excuse dans sa préface, d'avoir, dans l'intention d'instruire en *délectant*, usé de l'amour profane dans sa tragédie chrétienne. Bien qu'il y ait de l'amour et assez *profane*, cette pièce n'est pas plus délectable.

CHERRIER (l'abbé Claude), mort en 1738, a longtemps signé, comme censeur de police, les livres et brochures sous le pseud. de Passart.

— Polissoniana , ou Recueil de turlupinades, quólibets , rébus, jeux de mots, allusions, etc. , avec les équivoques de l'homme inconnu et la liste des plus rares curiosités. *Amst.*, H. Desbordes (Trévoux), 1722, in-12 (Luzarche, 11 fr.; Lancelot, 1741, le dit impr. à Rouen ; Fontaine, 1870, 45 fr.). — *Amsterd.*, H. Schelte, 1725, petit in-8, 140 pp. (Peignot, nº 1997, 15 fr. ; Château-Giron, 12 fr. ; Techener, 1855, 18 fr.). — *Bruxelles*, Mertens pour Gay , 1863, petit in-12 (110 ex.) , (cat. Laporte, 1873, 10 fr.).

Cet ouvrage dont le titre hardi affriande les curieux et épouvante toujours ceux qui lisent à travers leurs doigts, n'a de polisson que son étiquette, il est peut-être le plus innocent de la nombreuse famille des anas. Il est, en tous cas, le plus court et le plus spirituel des recueils de quolibets, de pointes, de billevesées, de bêtises, mais bêtises excellentes de gaîté et de bon aloi. On croit, sans peine, en lisant ces pages pleines de rire, ce que disait de cet abbé sans souci, Piron : que c'était un gros réjoui, qui n'avait d'autre bréviaire que la bouteille, et d'autre bénéfice que la censure de police.

— L'Homme inconnu, ou les Équivoques de la langue, dédié à Pacha Bilboquet, s. n. *Dijon,* Defay, 1713, in-12. — *Paris, 1722, in-12.*

Réimpr. souvent sous le titre :

— Équivoques et bizarreries de l'orthographe françoise , s. n. *Paris*, Gueffier fils, 1766, in-12.

Facétie joyeuse et parfois fort verte donnée par Panckoucke dans son : *Art de désopiler la rate.* Le censeur accordait à l'abbé la large permission de laisser imprimer ses joyeuses gaudrioles. Il a fait le *Chapeau pointu*, satyre galante, qui lui valut des poursuites et peut-être sa place de censeur. Cette pièce, probablement détruite, est introuvable.

— Récit d'une querelle entre une beuveuse et une coquette, s. n. (*Paris*), J.-Fr. Knapen, 1716, in-8, 11 pp. (Bull. bibl., 1860, 12 fr.).

Brochure plaisante et un peu libre.

CHEVILLARD (Fr.), prêtre d'Orléans, curé de Saint-Germain.

— La Mort de Théandre , ou la Sanglante tragédie de la mort et passion de Notre Seigneur J. C. (5 act. v.). *Rouen*, J. B. Besongne, 1701, petit in-12, 72 pp. (Soleinne, 5 fr.). — *Rennes,* Vincent Poisson, 1685, in-8. — *Rouen,* Besongne, s. d., in-12, 72 pp. — *Rouen,* Besongne, 1694, in-12. — *Rouen,* Besongne, 1794, in-12.

Pièce des plus excentriques. Jésus porte une robe *sans couture* et se nomme dauphin ; la femme de Pilate écrit à son mari : Monsieur, je vous écris ces lignes,

pour vous prier de ne vous point mêler de l'affaire de cet homme… si vous saviez…
combien j'ai souffert pour son sujet la nuit passée!… Ce chanoine mamertin de
l'église d'Orléans a aussi écrit : *Les Portraits parlants*, ou *Tableaux animés*, 1616,
in-8, c'est un recueil de poésies où l'on trouve tous les anagrammes des chanoines
d'Orléans. Ce qu'on peut en dire de mieux, c'est qu'on y retrouve le faire de la pièce
précédente.

CHEVREMOND (l'abbé J.-Bapt. de), né en Lorraine, mort à Paris en 1702.

— L'Histoire et les aventures de Kemiski , géorgienne., par Madame D***. *Bruxelles*, Foppens, 1697, in-12.

Peu commun ; l'auteur avait voulu cacher son nom sous les jupons d'une femme ;
il faisait bien, car le caquetage galant de ce livre est plus en rapport avec une
robe de femme qu'avec celle d'un prêtre.

CHIARI (l'abbé Pierre), d'abord jésuite, puis ensuite prêtre séculier, né à Brescia en 1720, mort dans la même ville en 1788.

— L'Amante incognita , o sia le avventure d'una princip. suedese. *Parma*, 1745, et *Venise*, 1766, 2 t. in-8, fig.

— L'Amore senza fortuna, o sia memorie d'una dama portoghese. *Venetia*, 1765, 2 tom. in-12.

— La Bella pellegrina , o sia memorie d'une dama moscovita. *Venezia*, 1751, 2 t. in-8. — *Parma*, 1763, 2 tom. in-8.

Ce roman, un des meilleurs de l'abbé, est une paraphrase longuement développée
de l'*Écossaise* de Voltaire.

— La Cantatrice per disgrazia, o sia le Avventure della marchesa N. N… *Napoli*, 1755, 2 vol. in-8.

Traductions françaises :

— Adrienne, ou les Aventures de la marq. de N. N., par M. D. L. G. (de la Grange). *Paris*, 1768, 2 vol. in-12. — *Londres* (Cazin), 1784, 2 vol. in-18.

— La Cantatrice par infortune, ou Aventures de Mme N. N. *Paris*, 1799, 3 vol. in-12, fig.

— Aventures d'une sauvage, écrites par elle-même, trad. de l'ital. par J. B. Grainville. *Turin* et *Paris*, 1789, 3 vol. in-12.

Toutes ces aventures sont assez invraisemblables, mais d'un déluré italien très
prononcé.

— Commedie in versi. *Venezia*, Betinelli , 1756-62, 10 vol. in-8, portr.

Nous citerons parmi ces nombreuses pièces : Moliere maritò geloso ; — l'Innamorato di due ; — la Vendetta amorosa ; etc.

— La Dona che non si trova , o sia le avventure di madame Delingh... *Venezia,* 1768, 2 tom. in-8.

— Le Donne sempre donne, dramma giocoso per musica (3 act. v.). *Bonna,* 1772, in-8.

— La Fantasima, aneddotti castigliani d'una dama di qualità. *Genova,* 1778, 2 vol. in-8.

— Nuova raccolta di commedie in versi. *Venezia,* 1763-64, 2 vol. in-8.

— La Viniziana di spirito o sia le avventure d'une viniziana ben nata. *Parma,* 1762, 2 vol. in-8.

— La Zingara, memorie egiziane di madame N. N., s. n. *Parma,* 1762, 2 tom. in-12 fig.

Ce spécimen doit suffire pour faire juger le genre littéraire de ce trop fécond abbé ; si l'on voulait tout citer, il faudrait une bibliographie spéciale. Nous voulons seulement constater que le galant, à la façon italienne, c'est-à-dire fort pimenté, domine dans ses œuvres qui ne sont pas meilleures pour cela.

CHIGI (Fabio), né à Sienne en 1599, inquisiteur à Malte, vice-légat à Ferrare, évêque d'Imola, cardinal et enfin pape sous le nom d'Alexandre VII, mort en 1667 après douze ans de pontificat.

— Philomati musæ juveniles. *Coloniæ Ubiorum,* apud Kalcorium et socios, 1645, in-8, frontisp. grav. — et 1556, in-fol.

Ce pape lettré, membre de l'Académie des Philomati de Sienne, a dù, plus d'une fois sous la tiare, sourire à ces péchés joyeux de sa jeune muse.

CHOISY (l'abbé Fr.-Timoléon de), né à Paris le 16 août 1644, mort en 1724. Élevé, par une mère qui l'adorait, dans des goûts et sous des habits de femme, le galant abbé porta longtemps l'habit et conserva toujours les goûts. Prêtre et vieillard, il regrettait plus les plaisirs qu'il leur devait que les péchés qu'ils lui avaient fait commettre. Passant une journée chez un de ses amis, qui demeurait près du château où, jeune, il avait commis les galantes fredaines qu'il raconte sous le nom de la comtesse des Barres, château, que des plaisirs trop coûteux l'avaient forcé de vendre, il poussait, en le regardant, de profonds soupirs. Son ami, croyant, dans cette douleur, voir l'expression d'un repentir édifiant, l'en félicitait : Hélas ! s'écria-t-il, que ne puis-je le manger encore !

— Histoire de mad. la comtesse des Barres , à mad. la comtesse de Lambert. *Anvers,* Van der Hey, 1735, in-12 (Chedeau, 33 fr.; Renouard, 32 fr. ; La Bédoyère, 1862, 15 fr). — *Bruxelles* (Paris), 1736, in-12 (Luzarche, 15 fr. ; Bull. bibl., 1847, 15 fr.). — *Paris,* Collin, 1807, in-18.

Et sous les titres : Aventures de l'abbé de Choisy habillé en femme... Quatre fragments inédits... avec Avant-propos de P. L. (Paul Lacroix). *Paris,* Gay, 1862, petit in-12, xxii-120 pp., 115 exemp. — *Bruxelles,* Briard, 1870, in-15, xix-177 pp.

— Vie de M. l'abbé de Choisy, de l'Acad. franç., publiée par l'abbé d'Olivet. *Lausanne* et *Paris,* 1742 et 1748, in-8.

Sous ces trois titres différents, ce sont les mêmes aventures débauchées de l'abbé de Choisy, racontées gaillardement, effrontément par lui. On ne peut mettre en doute qu'il ne soit l'auteur de l'*Histoire de madame la comtesse des Barres,* c'est son style facile, abondant et un peu négligé, et surtout c'est cette satisfaction crâne et un peu conquérante du libertin qui a eu des bonnes fortunes, qui a fait de bonnes et joyeuses farces. Seul, il pouvait user et abuser d'un costume de femme avec tant de bonheur, et seul, il pouvait ainsi conter cette odyssée amoureuse. Le tribunal de police correctionnelle a vu plus que des plaisanteries dans les *Aventures de l'abbé de Choisy habillé en femme,* et les a condamnées, en 1863, comme immorales. Louvet de Couvray a brodé les galanteries excentriques de son *Faublas* sur l'histoire de cet abbé-femme.

— La nouvelle Astrée, dédiée à S. A. R. Madame. *Paris,* Nic. Paupée, 1713, in-12. — Réimpr. dans Bibliothèque de la Campagne. *La Haye,* 1749, in-12, tom. V°.

— La Vie de madame de Miramion, s. n. *Paris,* 1706, in-12 (Techener, 1858, 12 fr.).

— Vie de Salomon, s. n. Cl. Barbin, 1687, petit in-8 (Bachelin, 1869, 4 fr.).

Cet ouvrage, flatterie de l'abbé-courtisan, est plutôt une vie de Louis XIV que de Salomon. Seulement le monarque juif lui sert pour excuser et presque légitimer les galanteries du monarque français.

CHRISTOPHE (l'abbé Ant.-Math.).

— Antoinette et Valmont. *Paris,* an ix-1801. 2 vol. in-18, 137 et 140 pp., fig. (2).

Roman dans le goût des productions du Directoire.

CHRYSOSTOME (Saint Jean), né à Antioche en 344, mort en 407.

— S. Joan. Chrysostomi de virginitati liber, a Julio Pogiano conversus. *Romæ,* apud P. Manutium, 1562, in-4 (cat. de l'abbé de Bearzi, Protonotaire apostolique, n° 185).

— Antverpiæ. Plantin, 1565, in-16 (cat. L'Escalopier, n° 1483).

Sa thèse est : que la virginité est autant au-dessus du mariage que l'ange est audessus de l'homme. Il a aussi écrit : contre ceux qui avaient des femmes sous-introduites, c'est-à-dire les clercs qui vivent avec des diaconesses ; deux livres à une jeune veuve sur les avantages de la viduité et un livre prouvant que les femmes ne doivent point habiter avec les hommes.

CLÉMENT (P.), chanoine régulier.

— Les saintes Curiosités. *Langres*, Boudrot, s. d., in-8 (cat. La Vall., 2ᵉ p., 1085).

Ouvrage d'amour mystique.

COLONNA (François), né à Venise vers 1430, mort, dit la *Biographie Michaud,* en 1527, était dominicain et docteur en théologie.

— Poliphili hypnerotomachiæ, ubi humana omnia non nisi somnium esse docet, atque obiter plurima scitu sane quam digna commemorat, s. n. *Venise,* Alde, 1499, in-fol., fig. s. bois (celle du 6ᵉ ff. du cah. M représente un sacrifice à Priape, elle est presque toujours ou déchirée ou maculée. Cat. Yemenitz, 960 fr.; Chedeau, 320 fr.; Bertin, 94 fr.; Techener, 1858, 380 fr.).
— *Venise,* Alde, 1545, in-fol., mêmes fig. et mêmes caract. que la précéd. (Yemenitz, 500 fr. ; Techener, vente de Londres, estimé 65 fr.).

Cet ouvrage écrit en italien, bien que le titre soit en latin, est une espèce de vision artistique, érotique, poétique, architecturale, etc., d'un style hardi, et malheureusement quelquefois inintelligible. Est-ce science ? est-ce obscurité ? On ne sait. Si quelques écrivains vantent beaucoup cet ouvrage, d'autres le critiquent avec autant d'énergie.

Traductions françaises :

— Hypnétoromachie, ou Discours du songe de Poliphile, trad. de Columna par un chev. de Malte. *Paris*, 1546, in-fol., fig. s. bois attrib. à J. Goujon ou à J. Cousin (Bertin, 22 fr.). — *Paris,* 1554, in-fol., fig. s/ b. (Yemenitz, 325 fr.). — *Paris,* J. Kerver, 1561, in-fol., fig. s. b. (Potier, 1870, 250 fr.).

— Le Songe de Poliphile, trad. libre de l'ital. par J. G. Legrand. *Paris,* P. Didot, 1804, 2 vol. in-18, 228 pp. et 217 (Yemenitz, 30 fr.). — *Parme,* Bodoni, 1811, 2 tom. gr. in-4, 125 ex.

— Le Tableau des riches inventions couvertes du voile des feintes amoureuses qui sont représentées dans le songe de Poliphile. Beroalde de Verville, *Paris,* 1600, in-4, fig. s. bois (180). — *Paris,* 1620, in-4, fig. s/ bois (180).

COLONIA (Dominique de), jésuite, né à Aix en 1660, mort à Lyon en 1741.

— Annibal, tragéd. (5 act. en v.). 1697, in-12.
— Germanicus, tragéd. (5 act. v.). *Lyon,* Jacq. Guerrier, 1697, in-12.
— Jovien, trag. (5 act. v.). *Lyon,* Jacq. Guerrier, 1696, in-12.
— Juba, tragéd. (5 act. v.). *Lyon,* Jacq. Guerrier, 1698, in-12.
— Les Préludes de la paix, ballet (4 part. v. lib.). *Lyon,* J. Guerrier, 1697.

Toutes ces pièces ont été plusieurs fois réimprimées en recueil chez le même libraire à Lyon.

— La Foire d'Augsbourg, ou la France mise à l'encan, ballet allég. (4 part. v. l. s. n.), orné de machines et de changements de théâtre pour servir d'intermède à la tragédie de Germanicus (5 act. v.). *Lyon,* J. Guerrier, 1693, in-12, 5 ff., 94 pp. et le privilège.

Cette pièce a beaucoup d'analogie avec celle d'*Europe* de Richelieu, mais elle est plus gaie et d'allure plus franche.

— Tragédies et œuvres mêlées en vers françois. *Lyon,* 1697, in-12.

Ce recueil contient : *Annibal,* tragédie; *la Foire d'Augsbourg,* ballet; *Germanicus,* trag.; *Jovien,* id.; *Juba,* id; *les Préludes de la paix,* ballet.

COMPAIN DE SAINT-MARTIN (l'abbé).

— Les Métamorphoses, ou l'Ane d'or, avec le Démon de Socrate, trad. en franç., s. n. *Paris,* Brunet, 1707 (M^{ise} de Pompadour, 6 l. 2 s.; La Bédoyère, 1862, 31 fr.), 1736, 1745, 1770, 2 vol. in-12, frontisp. et fig. cur. — *Paris,* Bastien, 1787, 2 vol. in-8, figures (La Bédoyère, n° 928, 20 fr.).

Traduction peu exacte et pourtant curieuse. Le brave abbé se sentant mal à l'aise dans les passages souvent libres qu'on rencontre dans cette œuvre hardie, donne un texte incertain, gêné, étrange, j'allais presque dire pittoresque. Pour éviter le sens vrai, il en assaisonne un bien... ridicule.

COQUILLE (l'abbé J... d'Alleux), curé de Beaupréau (Maine-et-Loire).

— Le Prêtre réfractaire, ou le Tartufe nouveau, comédie en trois actes (pr.), par J. Coquille d'Alleux , s. n. (*Baupréau*), l'an IV de la liberté, in-8, 71 pp. (cat. Solcinne, 9 fr.).

Très rare. Le curé de Beaupréau peint des couleurs les plus noires ce pauvre M. Cafard : « Le plus fourbe des gens du monde, dit-il, est un homme vertueux en comparaison d'un prêtre réfractaire. » N'épouse pas, ajoute-t-il plus loin en parlant à Julie *Cadière*, n'épouse pas l'Éveillé, il porte avec soi les *marques effrayantes* du *libertinage* le plus outré !...

CORIOLAN (le Père François de), capucin.

— Le Char sacré de l'Aurore de grâce, ou Horloge spirituelle roulante sur vingt-quatre heures, qui sont vingt-quatre considérations sur les principaux mystères de la vie de la Reyne des Cieux, œuvre composée par... *Lyon*, Louis Muguet, 1628, in-8 (cat. La Vall., 2e part., 1180, et 1re part., no 849).

Excentricités mystiques très curieuses. On remarquera que les titres, les expressions et les ardeurs mystiques les plus accusés ou les plus burlesques nous viennent de plumes monastiques. Cela se comprend, l'imagination chauffée par les ardeurs de la chair, hallucinée par les jeûnes, enfiévrée par des images bariolées de saints et de saintes et surmenée par des aspirations d'affectuosité donne à l'amour divin le langage imagé et fantasque de l'amour charnel. Presque toujours, ce jargon des ascètes n'est pas autre chose que la manifestation burlesque d'une hystérie religieuse.

COSTANTÉ (l'abbé).

— Recueil contenant : La Voix du Prêtre. *Utrecht,* chez Chrysos Tom Mis-au Mitre ; à la Vérité , 1750, in-12 (Bull. Biblioph., 1834, 3 fr. 50).

Cet ouvrage, bien que paru sans nom, conduisit son auteur à la Bastille le 22 août 1750.

COTIN (l'abbé Charles), né à Paris en 1604, aumônier du roi, chanoine de Bayeux, prédicateur et académicien, mort en 1682.

— La Ménagerie et quelques autres pièces curieuses. *La Haye,* 1666, in-12 (Giraud, 27 fr.; Chedeau, 39 fr.). — *Amsterd.,* 1705, in-12 (Yemenitz, 69 fr.). — s. l. n. d., petit in-12 (La Bédoyère, no 684, 13 fr.; Aubry, 1869, 54 fr.).

Cet ouvrage satirique, dirigé contre Ménage, contient une pièce fort obscène *Galanterie.*

— Nouveau Recueil de divers rondeaux, s. n. *Paris,* A. Courbé, 1650, 2 part. petit in-12 (Giraud, 18 fr. 50; Techener , 1858, 34 fr.).

Poésies galantes : il se plaint que sa dame en ayme un autre ; — à une dame qui faisoit la difficile ; — sur le jeu du trou-madame ; etc.

— ŒUVRES galantes en prose et en vers. *Paris*, 1663, in-12, frontisp. gr. (Giraud, 56 fr.). — *Paris*, 1665, in-8 (Giraud, 10 fr. 50 ; La Bédoyère, 1862, 42 fr.). — *Paris*, P. Loyson, 1665, 2 vol. in-12.

Lettres mêlées de vers adressées à des femmes, à des jeunes filles, avec des expressions de galanterie ou de volupté tellement libres, qu'on ne comprend pas, qu'ayant eu l'effronterie de les écrire, il ait eu, surtout, l'indécente audace de les faire imprimer.

— ŒUVRES meslées contenant énigmes, odes, sonnets et épigrammes. *Paris*, A. de Sommeville, 1659, 2 tom. petit in-12 (Chedeau, 77 fr.).

— LA PASTORALE sacrée, ou Paraphrase du Cantique des Cantiques. *Paris*, 1661 et 1662, in-12.

Paraphrase en vers divisée en 5 actes et en scènes. Les personnages ont le caractère et le langage de la cour de Louis XIV : Salomon est un galant émérite et la Sulamite une précieuse raffinée.

> Si de fleurs d'oranger, je ne suis ranimée,
> Je vais m'évanouir et je tombe pâmée !...

— RECUEIL des énigmes de ce tems. *Paris*, 1646, in-12. — *Paris*, J. Guignard, 1661, 2 part. petit in-12 (Techener, 1858, 34 fr.). — *Paris*, Loyson, 1661, 3 part. petit in-12 (Techener, 1855, 27 fr.). — *Paris*, 1687, petit in-12 (Bull. bibl., 1851, 10 fr. ; Techener, 1855, 65 fr.).

Quelques titres feront apprécier le genre : le Pétard ; la Puce ; la Mouche d'une dame ; la Chemise ; le Sein d'une dame ; le Pucelage ; etc. Ce galant abbé est plus célèbre par le ridicule dont l'ont frappé Boileau et Molière que par ses vers, mais s'il a écrit le célèbre madrigal sur un *carrosse de couleur amarante*, il a aussi écrit ce quatrain charmant :

> Philis s'est rendue à ma foy,
> Qu'eust-elle fait pour sa deffence ?
> Nous n'étions que nous trois ; elle, l'amour et moy ;
> Et l'amour fut d'intelligence.

COURRÈGES (l'abbé), curé de Guillos, diocèse de Bordeaux.

— POPEL ou le Cuisinier du séminaire de Bordeaux, poëme héroï-comique en six chants, s. n. *Bordeaux*, 1747, in-8 (Techener, 1858, 3 fr. 50).

COURT (l'abbé de).

— L'HEUREUX infortuné, histoire arabe, avec un recueil de diverses pièces fugitives en prose et en vers, s. n. *Paris*, Lefèvre, 1722, in-12, fig. (Peignot, n° 1799, 2 fr.).

Cet ouvrage peu commun se termine par une fable : *les Rats agioteurs*, ornée d'une curieuse figure.

COURVOISIER (R. P. Jacques), religieux minime de la province de Bourgogne.

— Extases de la Princesse du Midy, la Belle Malcyda. Au palais du sage roy Salomon ; en parallèles des extases de la princesse du Ciel, l'Ame religieuse et dévote au Palais du mystique Salomon; le très adorable sacrement de l'Eucharistie ; dédiées à la sérénissime princesse Isabelle, Claire, Eugénie, infante d'Espaigne, par le R. P. Jâcques Courvoisier. *Bruxelles*, Papermans, 1632, in-4, 232 pp. (Bull. Biblioph., août 1834).

Curieux et peu commun.

COYER (l'abbé Gab.-Fr.), né à Baume-les-Nonnes en 1707, mort à Paris en 1782. Cet ex-jésuite fut précepteur du duc de Bouillon.

— L'Année merveilleuse et galante, ou les Hommes femmes, s. n. s. l. n. d. (*Paris*, 1748), in-12. — Réimpr. dans les Bagatelles morales. *Londres* et *Paris*, Duchesne, 1754, 1755, 1758, 1769, in-12, 239 pp. — *Francfort*, 1755. — *Liège*, 1761, in-12.

Critique ingénieuse et fine des mœurs molles et lascives de cette époque.

— Bagatelles morales, s. n. *Londres* et *Paris*, Duchesne, 1754, — et *Londres*, 1755, in-12 (cat. Laporte, 1872, 3 fr.).

On y trouve divers opuscules : Découverte de l'île frivole ; — le Siècle présent ; — l'Année merveilleuse ; — les Cabriolets justifiés... etc.

— Chinki, histoire cochinchinoise qui peut servir à d'autres pays, s. n. *Londres* (Paris), 1768, in-8 (Techener, 1858, 8 fr. ; Bull. biblioph., 1853, 6 fr.).

— Œuvres. *Paris*, 1765, 2 vol. in-12 (cat. Le Vavasseur, 1789, 2 l. 10 s.).

CRESPET (frère Pierre), célestin, né à Sens en 1543, mort en 1594.

— Discours sur la vie et passion de sainte Catherine, par F. P. C. *Sens*, Sarime, 1577, in-16 (La Vall., n° 15721).

Une espèce d'hystérique illuminée joue le même rôle de nos jours en Belgique : jeûnes prolongés, extase, visions, excorations de la peau aux mains, aux pieds, au côté, rien n'y manque. Il faut cela de temps en temps pour réchauffer la tiédeur des fidèles et ranimer la foi des indifférents. Ce poème est suivi d'une pièce également en vers : *Traicté encomiastique de l'estat et excellence de virginité et chasteté.*

— De la Haine réciproque de l'homme et du diable, 1590, in-12.

— Le Jardin de plaisir et récréation spirituelle, 1602, in-8.

— La Pomme de Grenade mystique, ou Institut. d'une Vierge chrétienne, et de l'ame dévote pour se disposer à l'advénement de son époux J. C. , de l'appareil et logis qu'elle lui doit préparer. *Paris,* de la Noue, 1586, in-8 (cat. La Vall., n° 1257).

CRILLON (l'abbé Louis-Athanase Berthon de), né à Avignon en 1726, mort en 1789.

— Mémoires philosophiques du baron de ***, s. n. *Vienne en Autriche* et *Paris,* Berton, 1777, 2 vol. in-8, fig. (cat. Le Vavasseur, 1789, 6 fr. 50).

L'auteur met en cause dans cet ouvrage les écrivains de l'époque, dit philosophes pour leurs écrits, contre les préjugés ou le fanatisme.

CROISILLES (J. B. de), abbé de Saint-Ouen. Accusé de s'être marié, quoiqu'il fût prêtre, il resta dix ans en prison et mourut en 1651.

— Chasteté invincible, bergerie en prose en 5 actes, s. n. *Paris,* 1633, Simon Février, petit in-8, 3 ff. et 222 pp. (Techener, 1858, 18 fr.; Soleinne, 5 fr.). — *Paris,* Sim. Février, 1634, in-8, 4 ff., 122 pp. (Soleinne, 3 fr. 25).

Cette bergerie singulière est vraiment un troupeau de pointes de toutes les espèces et de toutes les formes. C'est à pleurer de rire : « J'ai dans le sein, un amas de larmes qui fait que mon cœur oppose toujours son naufrage à son embrasement. »
La même pièce a paru la même année, sous le titre de *Tircis et Uranie.* Ce prêtre a aussi laissé des *Héroïdes,* 1619, in-8, et des *Épîtres amoureuses.*

CROIX (P. P. Fr. de la), jésuite.

— Hortulus marianus , sive praxes variæ colendi B. V. Mariam, auct. de la Croix. *Col. Agripp.,* 1630, in-32, figures (Bullet. du Bibliophile, 1847, n° 47, 27 fr.).

Curieux monument, dit le rédacteur du Bibliophile, de dévergondage ascétique. La plupart des exempl. de ce petit volume, digne œuvre d'un jésuite, ont été détruits par l'usage. C'était un livre de piété qu'on livrait aux rêveries des novices.

CROY (Ch. de), frère ermite.

— Le Contre-Blason des faulces amours, intitulé : Le grant blason d'amours spirituelles et divines. *Paris* (vers 1515), in-8.

CURTIUS (Cornelius), religieux augustin, né à Bruxelles et mort en 1638 dans une abbaye près de Derdermonde.

— Erotopægnion et epistolæ familiares, s. l. n. d., in-8.

Le même auteur a écrit : *De clavis dominicis*, Anvers 1654 et Leyde 1695, in-8. Grave question pour savoir si J.-C. a été attaché à la croix avec trois, ou bien quatre clous.

CUYCK (Henri), né à Culenberg, évêque de Ruremonde, mort en 1609.

— Speculum concubinariorum sacerdotum... auct. H. Cuyckio, Ruræmundensis eclesiæ episcopo. *Cologne,* 1599, in-8 (Biographie Peignot, t. II, p. 733 ; La Vall., 1re part, n° 1017, l'indique in-4). — *Lovanii,* J. Masius, 1600, in-8 (Luzarche, 2° part., 3 fr. 75). — *Lovanii,* apud Joh. Masium, 1601, in-8 (Techener, 1858, 9 fr.).—*Coloniæ,* 1605, petit in-8 (Bull. bibl., 1853, 48 fr.). — *Louvain,* 1610, in-8 (Biographie Peignot, t. II, p. 733).

Ouvrage peu commun sur les mœurs des prêtres qui vivent dans le concubinage.

D

DANET (l'abbé), maître de langues à Paris.

— Aventures de Londres, s. n. *Amst.* (Paris), 1751, 2 vol. in-12.
— Vie de Sémiramis. *Londres* (Paris), 1748, in-12.

DAUXIRON (le R. P. Jean), jésuite.

— Lydéric, premier forestier de Flandre, ou Philosophie morale de la victoire de nos passions. *Lyon,* Larjet, 1633, in-8 (cat. La Vall., 8535).

Aventures amoureuses et qui ont bien du mal à finir par une *philosophie morale.*

— Histoire de Lydéric, premier comte de Flandre, par L. C. D. V. *Paris,* Didot, 1737, 2 vol. in-12.

Même ouvrage que le précédent, mais un peu retapé.

DEBREYNE (P. J. C.), médecin, né à Dunkerque en 1786, prêtre et religieux de la Grande-Trappe (Orne).

— Mœchialogie, ou Traité des péchés contre les 6ᵉ et 9ᵉ commandements du Décalogue et de toutes les questions matrimoniales qui s'y rattachent, etc. *Bruxelles*, 1846, in-12, 460 pp. — *Paris*, 1845, in-8 (Luzarche, 16 fr.). — *Paris*, Poussielgue, 1868, in-12, xii-480 pp. — *Bruxelles*, 1853, in-12 (Laporte, 1873, 8 fr.).

Dans la 1ʳᵉ édit., les passages jugés les plus scabreux étaient écrits en latin ; dans les suivantes, on a jugé cette précaution inutile, tout est en français. Bien que cet ouvrage doive être considéré comme un traité professionnel, les questions dangereuses et inutiles qu'il renferme me le font classer parmi les écrits les plus immoraux. Où j'approuve le chanoine d'Orléans c'est lorsqu'il parle d'heureuse ignorance, et n'est-ce pas ici le cas ? Si le prêtre n'allait pas puiser dans ce dangereux arsenal d'obscénités, si, en un mot, *il ignorait*, sa pénitente aurait plus souvent la chance d'ignorer aussi.

DECHEPARE (Bernard), curé de Saint-Michel le Vieux.

— Poésies basques de Bernard Duchepare, recteur, publiées d'après l'édit. de Bordeaux, 1545, et traduites pour la première fois en françois (par Gust. Brunet, de Bordeaux). *Bordeaux*, Henry Faye, 1847, in-8, iv et 82 pp.

La 1ʳᵉ partie contient des compositions pieuses, mais la 2ᵉ, la plus importante, est remplie de vers amoureux, peu en harmonie avec l'habit sacerdotal du joyeux curé de Saint-Michel. La part de l'habit faite, avouons, que ses vers sont pleins de grâce, de malicieuse naïveté et de finesse un peu gasconne. Quelques passages de la *demande* du baiser donneront la mesure de son genre.

« De grâce, donnez-moi un baiser, l'amour qui me tient pour vous, a droit à cette faveur. — Fi donc ! pour qui me prends-tu ? — En m'accordant un baiser, vous ne risquez pas votre honneur. — Ton baiser, je le sais, réclame autre chose. — Vous devinez les choses sans qu'on vous le dise. — Voudrais-tu me déshonorer ? — Que me font vos cris, pourvu qu'un moment vous gardiez le silence ? — Oui, je donnerai à Lélo, à mon Lélo, des baisers plein les lèvres ; mais qu'il ne touche pas au reste... — Alors, criez moins fort une autre fois.

Cette pièce est charmante de douce et malicieuse espièglerie, c'est la nature prise sur le fait, mais si c'est poétique, est-ce bien sacerdotal !

DEFENSORIUM inviolate perpetueque virginitatis castissime dei genitricis Marie. In quo adducuntur xlvi naturalia et mirabilia exempla..., s. l. n. d. (vers 1480), in-4 goth., 30 ff., 53 fig. sur bois très curieuses (cat. Chedeau, nᵒ 106, 106 fr.).

Ouvrage xylographique des plus singuliers ; l'auteur, par les raisonnements les plus fantaisistes tirés en partie de l'histoire naturelle, se fatigue à prouver que la sainte Vierge a pu devenir mère sans cesser d'être pure. On n'en peut dire autant de lui : il n'a pu devenir un écrivain théologien, sans cesser d'être pur. Son style naïve-

ment peu chaste, se risque dans les comparaisons les plus pittoresques et les plus
singulières.

DENYS (D.) le Chartreux, surnommé le Docteur catholique, né à Ryckel, près de Liège, en 1402, mort en 1471.

— LUNETTES spirituelles pour conduire les femmes religieuses au
  chemin de perfection, compos. en lat. par D. Denys le Char-
  treux, trad. en fr. par Paul du Mont. *Douai,* J. Bocard, 1587;
  in-8. — *Lyon,* 1596, in-24. — *Paris,* Vᵉ Guill. Cavellat, 1597,
  in-24.

Ouvrage bizarre. On lit parfois dans ces *Lunettes,* certaines hardiesses mystiques
auxquelles on doit toujours s'attendre dans ces sortes d'ouvrages. Cet auteur plus
que fécond a écrit plus de 200 traités, voir les Bollandistes, t. II, p. 245.

DESFONTAINES (l'abbé P. Fr. Guyot), jésuite, né à Rouen en 1685, mort à Paris en 1745.

— ANECDOTES galantes et tragiques de la cour de Néron. *Paris,*
  1735, in-12 (Bull. bouq., 1859, 2 fr.; Crozat, nº 2104). *Amsterd.,*
  1735, petit in-12 (Pixérécourt, 4 fr.).

— LES AVENTURES de Joseph Andrews et du ministre Adams, s. n.
  Londres (Paris), 1743, 2 vol. in-12 (cat. Basset, 1753, 3 l. 17 s.).

— LA BOUCLE de cheveux enlevée, poëme héroï-comique de Pope,
  trad. en pr. *Paris,* Briasson, 1736, in-12 (Mˢᵉ de Pompadour,
  1 l. 19 s.).

— LETTRE d'un rat calotin à Citron Barbet au sujet de l'histoire
  des chats, par M. de Mongrif, s. n. *Ratapolis,* Math. Lunard,
  impr. du régᵗ de la calotte, 1727, in-12 (Techener, 1858, 9 fr.).

— MÉMOIRES pour servir à l'histoire de la calotte. *Bâle* (Holl.),
  1725, in-12. — *Moropolis,* chez le libr. de Momus, à l'enseigne
  du jésuite démasqué, 1732, 3 part. in-12 (Techener, 1858, 6 fr.).
  — *Bâle,* héritiers de Brandmyler, 1735, in-8. — *Moropolis*
  (Amsterd.), 1735, 4 part. in-12 (Techener, 1858, 15 fr.). — *Moropolis* (Paris), 1739, 3 vol. in-18. — *Aux États calotins,* de
  l'impr. calot., 1752-54, 6 part. en 3 vol. petit in-12.

Ce recueil de pièces satiriques et facétieuses en prose et en vers, écrit en collabo-
ration avec Aymon, Gacon, Roy et l'abbé Margon, présente sur les mœurs du temps
des détails souvent fort scabreux. Quelques pièces, comme l'*Abatteur de noisettes,*
sont mêmes indécentes.

— MÉTAPHISIQUE d'amour, par M. l'abbé Desf..... *La Haye,* 1737,
  in-12 (cat. Laporte, 1873, 2 fr. 50).

Les femmes, dit l'abbé, ne peuvent jouir du doux plaisir de l'amitié.

— Le grand mistère, ou l'art de méditer sur la garde-robe, renouvelé et dévoilé par l'ingénieux docteur Swift, avec des observations historiques, politiques et morales qui prouvent l'antiquité de cette science et qui contiennent les usages différents des diverses nations par rapport à cet important sujet, trad. de l'angl., s. n. *La Haye,* Van Duren, 1729, petit in-8. — *La Haye,* s. d., in-12 (cat. By, 8 fr.).

Qu'on se rassure, le *mistère* n'est pas aussi grave que l'annoncent le titre et la robe du traducteur. S'il y est question d'une *matière* qui provoque des observations historiques, politiques et morales, heureusement il n'y a pas *matière* de théologie.

— Réflexions morales, poëme héroïque contre les femmes, 1744, in-12.

— Voltairomanie, 1738, in-12.

Brochure où l'abbé rend à Voltaire insultes pour insultes.

— Voyage du capit. Lemuel Gulliver, s. n. *Paris,* 1730, 2 vol. in-12, fig.

— Nouveau Gulliver, s. n. *Paris,* 1730, 2 vol. in-12.

DESFORGES (le chanoine), d'Étampes.

— Avantages du mariage, et combien il est nécessaire et salutaire aux prêtres et aux évêques d'épouser une fille chrétienne. *Bruxelles,* 1758-60, 2 part. in-12 (cat. Luzarche, 24 fr.).

Cet ouvrage singulier fut condamné au feu et exécuté le 3 octobre 1758; tiré à petit nombre déjà, cette exécution l'a rendu encore bien plus rare. On ne trouve guère que les exemplaires arrachés au feu par des magistrats.

DESMONTS (Dom Remi), de la congrégation de Saint-Vannes.

— Le Libertinage combattu par le témoignage des auteurs profanes, par un religieux de la congrégation de Saint-Vannes, *Charleville,* P. Thesin, 1744-47, 4 vol. in-12 (cat. L'Escalopier, n° 1798).

Détails souvent ardus et citations risquées.

DESPORTES (l'abbé Philippe), né à Chartres en 1546, mourut dans son abbaye de Bonport en 1606.

— Les Premières œuvres de Phil. Des Portes au roy de Pologne (Henri III). *Paris,* Rob. Estienne, 1573, in-4 (Bertin, 50 fr.). — *Paris,* R. Estienne, 1574, in-4 (Luzarche, 905 fr.). — *Paris,*

Robert le Mangnier, 1577, in-12 (Potier, 1870, 60 fr.). — *Paris,* 1578, in-12 (Potier, 1870, 150 fr.). — *Paris,* Mamert Patisson, 1579, in-4 (Aubry, 1865, 112 fr.). — *Paris,* Mamert Patisson, 1583, petit in-12 (Potier, 1870, 100 fr.; Pichon, 70 fr.). — *Rouen,* 1594 et 1600, petit in-12. — *Paris,* Mamert Patisson, 1600, petit in-8, caract. ital. (Yemenitz, 305 fr.; Giraud, 79 fr.; Chedeau, 200 fr.; Potier, 1870, 395 fr.; Bertin, 79 fr.; Techener, 1858, 85 fr.; Pichon, 820 fr.). — *Rouen,* Raph. du Petit-Val, 1611, in-12 (Potier, 1870, 95 fr.). — Avec introduct. et notes d'Alf. Michiels. *Paris,* Delahays, 1858, in-16, pap. vélin fort, XCII-536 pp.

Desportes, imitateur de Ronsard, a plus de pureté dans le style, mais moins de force dans la passion ; Marot lui est bien supérieur dans les poésies amoureuses et Malherbe a fait oublier ses stances. Ses premières œuvres sont toutes galantes ; aujourd'hui plus sévères, les chanoines-bibliographes les trouveraient peut-être même un peu libres. Lire dans l'édition de 1600 son curieux dialogue entre sa maîtresse et lui. Tout en chantant l'amour, l'abbé-poète était si peu tendre pour le mariage qu'il a provoqué, stances par stances, une contre-partie de son ouvrage : *Stances de l'honneste amour sur la deffence du mariage contre les fausses accusations et calomnies de Ph. Desportes,* par Yves Rouspeau, saintongeois, Pons, Th. Portau, 1593, petit in-8, 80 ff. (Aubry, 1865, 85 fr.).

DÉVOTE SALUTATION des membres sacrés du corps de la glorieuse Vierge Mère de Dieu, par le R. P. J. A., capucin. *Paris,* Hauteville, 1678, in-16, 16 pp. (Nodier, 27 fr.; Van der Helle, 31 fr.).

Ouvrage mystique très rare. Il est regrettable de ne pouvoir soulever le voile qui cache modestement, sous ces initiales, le nom de l'auteur capucin. Ce petit livre est le chef-d'œuvre de l'impertinence ascétique, je ne veux pas dire de l'impudicité, je respecte *l'intention du motif,* mais il adore tout dans cette salutation : les épaules, les seins, le ventre, les cuisses de la Vierge... et il développe, avec délectation spirituelle, toutes les raisons de son adoration. Dans vos maniements de catalogues, vous n'avez donc jamais rencontré ce titre, V. P***, chanoine d'Orléans.

DINOUART (Ant.-Jos.-Toussaint), né à Amiens en 1716, prêtre et chanoine de Saint-Benoît à Paris, mort en 1786.

— ANECDOTES ecclésiastiques... s. n. *Paris,* 1772, 2 vol. in-8.

— EMBRYOLOGIE sacrée, trad. de l'ital. de Cangiamila. *Paris,* 1766, in-12, fig. cur. (Luzarche, 6 fr.). — *Paris,* 1775, in-12, fig. (cat. Pressac, n° 207).

Détails de formation de fœtus, appréciations sur le semen ; etc.

— LE TRIOMPHE du beau sexe, ouvrage dans lequel on démontre que les femmes sont en tout égales aux hommes et on examine

quel doit être l'amour réciproque des deux sexes, s. n. *Amsterd.*
(Arras), Ign. Raçon, 1749, in-12, 94 pp. (Archiv. du Bibl., 1860,
10 fr. Cet exempl. portait un envoi autogr. de l'auteur à l'abbé
Gouget.)

Cet ouvrage bien écrit, mais déplacé près d'un bréviaire, créa des ennuis à son
auteur qui, pour devenir chanoine, dût désavouer ce que le jeune abbé avait écrit sur
ce beau sexe égal, en tout, aux hommes.

DORÉ (Jacob, prit le nom de Pierre), dominicain,
professeur de théologie et docteur de Sorbonne, né à
Orléans,- mort à Paris en 1569. Rabelais, dans son
Pantagruel, liv. II, chap. XXII, l'a mis en scène, sous
le nom de Nostre Maistre Doribus et lui prête un sermon ridicule sur l'origine burlesque de la rivière des
Gobelins.

— Les Allumettes du feu divin pour faire ardre les cœurs en
l'amour de Dieu avec les voyes de Paradis. *Paris,* Arnoul et
Charles les Angeliers, 1538, in-8 goth. (Gaignat, 12 l. 10 s.;
Techener, 1855, 10 fr.; Pessac, 25 fr. Cet exempl. avait même
date, mais au lieu des noms précéd. celui de Jehan Masse). —
Paris, Est. Caveiller, 1539, in-8 goth. — *Paris,* Anth. Bonne-
mere, 1540, in-8, lettr. rond. (Luzarche, 1ʳᵉ p., 33 fr.; Sandras,
8 fr.). — *Lyon,* Pillehote, 1586, in-8 (Bull. bibl., 1859, 18 fr.).
— *Paris,* 1675, in-12 (cat. Sandras, n° 224). — *Lyon,* Pierre
de Sainte-Lucie, dict le Prince, s. d., in-4 (cat. L'Escalopier,
n° 1743).
— La Cœleste pensée des graces divines arrousée... *Paris,* Jehan
André, 1543, petit in-8.
— Le Cerf spirituel exprimant le sainct désir de l'âme d'estre
avec son Dieu. *Paris,* Jeh. Ruelle, s. d., in-16 (cat. Nyon-La
Vall, n° 1084).
— Chante pleure deaue vive redundant, cœur compunct fait
joyeulx en lermoiant... ou le fusil de pénitence avec ses allu-
mettes. *Paris* (Dés. Maheu), 1537, in-8 goth. (L'Escalopier,
n° 1745).
— Le Collège de Sapience, fondé en l'université de vertu, auquel
s'est rendue escolière Magdaleine, disciple et apostole de Jésus.
Paris, Anth. Bonnemere, 1539, petit in-8 (Bull. bibl., 1852,
36 fr.). — *Paris,* Jeh. Ruelle, 1555, in-16, lettres rondes (cat.
La Vall., 1767, 3 fr.).
— La Conserve de grâce avec un doux chant consolatif. *Paris,*
1548, in-12 (cat. d'Ourches, 6 fr.). — *Paris,* 1574, in-12.
— Dialogue de la justification chrestienne entre notre Saulveur

J. C. et la Samaritaine. *Paris*, Jeh. Ruelle, 1554, in-16 (La Vall., 1767, n° 763).

— Les Neuf médicamens du chrétien malade ; le Passereau solitaire... *Paris*, 1538, in-8.

— La Passe solitaire, à tous amateurs de Dieu, et vie spirituelle ou contemplative donnée pour instruction. *Paris*, Jeh. de Broilly, 1547, in-16 (cat. L'Escalopier, n° 1772).

— Le Paturage de la brebis humaine selon que l'enseigne le prophète, suivi de l'anatomie et mystique description des membres de Notre-Seigneur. *Paris*, 1544, in-12.

L'échantillon suffit pour faire juger le genre du bon dominicain, je dis l'échantillon, car ce fécond auteur mystique, a écrit plus de 39 ouvrages de la même école ; si les titres sont burlesques, le texte l'est encore plus. On voudrait faire la parodie des questions dogmatiques et morales, dont il traite, qu'il serait impossible de la faire avec autant de succès. C'est drôle, bizarre, étrange, ridicule, tout ce que l'on voudra, excepté édifiant.

DOUGADOS (Vénance), mais plus connu sous le nom du Père Vénance, né près de Carcassonne en 1764. Un désespoir amoureux le conduisit dans un monastère de Capucins, où, malgré les austérités du cloître, il cultiva la poésie légère et mérita de ses confrères le surnom du Père Tibulle. Il fut guillotiné le 13 janvier 1794.

— Poésies légères, publiées par La Bouisse. *Paris*, 1810, in-8 (Peignot, Biographie, tom. II, p. 803).

Ces vers sont remarquables par leur facilité et l'originalité de la pensée. On sent que les macérations de la discipline n'ont jamais pu triompher des ardeurs de cet amour, d'autant plus puissant, qu'il est davantage combattu.

DREXELIUS (Jérémie), jésuite, prédicateur de l'électeur de Bavière, mort à Munich en 1638.

— Nicetas. *Monachii*, N. Henricus, 1624, in-16. — *Coloniæ Agripp.*, 1631, in-12, frontisp., grav. et fig. (Techener, 1858, 18 fr.). — *Douai*, B. Bellère, 1633, in-24, 388 pp.

— Nicetas, ou l'Incontinence vaincue. *Cologne*, Egmonds, 1634, petit in-12, frontisp., grav. et fig. — *Rouen*, 1666, in-12.

— Orbis Phaeton, hoc est de universis vitiis linguæ. *Coloniæ*, 1631, in-24, frontisp., grav. et fig. (25) de Sadeler (Techener, 1858, 18 fr.).

DUBOIS (card. Guillaume), né à Brives (Corrèze), en 1656.

— Mémoires secrets et correspondance inédite. *Paris*, Pillet, 1815, 2 vol. in-8.

De Sévelinges, l'éditeur, affirme dans sa préface l'authenticité de ces mémoires. Ces mémoires, peut-être apocryphes, donnent une idée assez juste du caractère, des talents politiques et des intrigues cachées et scandaleuses de ce cardinal moins méprisé encore qu'il le méritait.

DU CERCEAU (le Père Jean-Ant.), jésuite, né à Paris en 1670, tué dans une chasse, à Véret, près Tours, par le prince de Conti, en 1730.

— Les Incommodités de la grandeur, coméd. hér. *Paris*, Vᵉ Estienne, 1733, in-12 (Mˢᵉ de Pompadour, nᵒ 1125).

— Poésies diverses, s. n. *Amsterdam*, 1715, in-8, frontisp. grav. (Potier, 1870, 37 fr.). — *Amsterd.*, 1749, 3 vol. in-12 (abbé Morellet, nᵒ 2742). — *Paris*, 1772, 2 vol. petit in-12 (cat. Guichard, 2 fr.). — *Paris*, Onfroy, 1785, 2 vol. petit in-12 (La Bédoyère, 1862, 21 fr.; même, 2ᵉ part., nᵒ 592, 20 fr.).

— Œuvres, contenant ses poésies et son théâtre. *Paris*, Roret et *Lyon*, Pezieux, 1828, 2 vol. in-8, pap. vélin (Soleinne, 17 fr.).

— Théatre, précédé d'une notice (par le P. Adry). *Paris*, Duprat-Duverger, 1807, 2 part. in-12 (Soleinne, 10 fr.).

Voltaire a dit de cet écrivain que : « ses poésies françaises, où l'on trouve quelques vers heureux, sont du genre médiocre. » Les *Pincettes* et le conte de la *Nouvelle Ève* cités, le reste est peu. Ce qu'on peut dire de mieux de lui, c'est ce qu'il en dit lui-même en s'adressant à sa calotte :

> Et que dire après tout? C'est la pauvre calote
> D'où sortirent jadis Quadrille, Ravigote,
> Et mainte baliverne à peu près de ce ton,
> Ce n'est pas là de quoi jeter un beau coton...

DULAURENS (l'abbé H.-Jos.), jésuite, né à Douài en 1719, mort en 1797 près de Mayence.

— Les Abus dans les cérémonies et dans les mœurs... par M. L*** *Genève* (Holl.), 1767, 1786, in-12. — *Paris*, 1788, in-12, x-192 pp. — *Blois*, an II-1794, in-12.

— L'Arétin moderne, ou la Débauche de l'esprit en fait de bon sens, s. n. *Rome* (Amst., Rey), 1763, 1768, 1772, 2 part. in-12. — *Rome*, 1776, 2 vol. in-12 (cat. Sardou, 1879, 10 fr.). — *Rome*, 1783, 2 part. in-12 (Laporte, 1872, 8 fr.).

Critique spirituelle, mais trop égrillarde, de la Bible, des coutumes et des mœurs religieuses. L'épisode de Judith et d'Holopherne se cache sous les aventures de Mᵐᵉ Bernicle; Pangloss est le prototype farceur et noceur du vertueux Salomon; Godemiché offre, dans son histoire merveilleuse et édifiante, les aventures amoureuses d'un certain objet inventé pour le soulagement des couvents...

— Le Balai, poëme héroï-comique en XVIII chants, s. n. *Constantinople,* de l'impr. du Mouphti, 1761, in-12 (Potier, 1879, 19 fr.; Van der Helle, 100 fr.).

Poème très licencieux.

— La Chandelle d'Arras, poëme héroï-comique en XVIII chants. *Berne,* 1765, petit in-8, 202 pp., frontisp. grav. de Desrais (cat. Sardou, à Bruxelles, 1879, 10 fr.). — *Londres,* 1774, in-12. — *Arras,* 1774 (Techener, 1858, 8 fr.), 1775, in-12 (Van der Helle, 41 fr.). — *Paris,* 1807, in-8 et in-12, fig. (20) de Desrais, grav. par Tassaert (Potier, 1870, 48 fr.; Fontaine, 1870, 12 fr.). — *Paris,* 1833, in-8, 1834 et 1835, in-18, fig.

Quelques éditions de cet ouvrage licencieux, écrit avec verve, portent le titre : *Étrennes aux gens d'église,* ou *la Chandelle d'Arras.* Si un cynisme trop accentué ne gâtait pas cette œuvre, on ne pourrait s'empêcher d'y admirer des pensées neuves et hardies et souvent profondes.

— Le Compère Mathieu, ou les Bigarrures de l'esprit humain, s. n. *Londres,* 1772, 3 vol. petit in-8 (cat. By, 19 fr.). — *Londres,* 1777, 3 vol. in-12 (Sardou, à Bruxelles, 6 fr.). — *Paris,* 1788, 3 vol. in-12 (cat. Langlès, 3 fr.). — *Paris,* Patris, 1796, 3 vol. in-8 et in-12, fig. très belles, non sign., mais probabl. de Desrais (Langlès, 10 fr. et beaucoup plus en grand papier).

— Imirce, ou la Fille de la nature, s. n. *Berlin,* chez l'impr. du philosophe sans-souci (Holl.), 1765, in-12 (Techener, 1858, 5 fr.). — *Londres,* 1774, 1775, in-12. — *Londres,* 1776, in-12, 355 pp. — *Londres* (Cazin), 1782, 2 vol. in-18.

Roman bien écrit, leste mais non indécent.

— Les Jésuitiques enrichies de notes curieuses, s. n. *Paris,* 1761, in-12, fig. cur. (Techener, 1858, 15 fr. — *Rome* (Holl.), 1762, in-12.

Pamphlet violent contre les jésuites et qui valut un mois de Bastille à son collaborateur Grouber de Groubental.

— Je suis Pucelle, s. n. *La Haye,* 1767, 2 tom. in-12, 263 pp. (Bull. du Bibl., 1864, 18 fr.).

L'étiquette du livre est presque aussi trompeuse que la chose, car cet ouvrage n'est rien moins que chaste. L'abbé défroqué raconte, dans cette *histoire,* ses aventures amoureuses avec une fille honnête et pauvre qu'il cueille sous une porte à Paris et qu'il conduit à Londres pour l'épouser. Oui, pour l'épouser, qui aurait songé à un dénoûment aussi moral? Dans ce livre, aussi immoral mais moins irréligieux que le *Compère Mathieu,* on trouve les plus étranges boutades et les saillies les plus excentriques, par exemple ceci en deux pages : deux pucelages se perdent rarement l'un avec l'autre.

DUMORET (le Père), de la Doctrine chrétienne, pro-

fesseur des humanités dans le premier *colège* de Toulouse.

— LE SACRIFICE d'Abraham, trag. (3 act. v.), par le P. Dumoret.
Toulouse, Cl.-Gilles Le Camus, 1699, in-12, 35 pp. (Soleinne,
10 fr. 50).

> Rare. Le brave père se plaint qu'on l'accuse d'avoir fait du *Sacrifice d'Iphigénie*
> de Racine, son *Sacrifice d'Abraham,* il est de fait que le calque est tellement évident
> qu'il n'y a peut-être pas dix vers de son crû.

DU PERRON (Jacques-Davy), né à Berne en 1556,
mort à Bagnolet, près Paris, en 1618. Ami de Desportes et de l'abbé de Tyron, poète et prédicateur du
roi, il abjura la religion réformée et ne tarda pas à
recevoir, en récompense, l'évêché d'Evreux, l'archevê-
ché de Sens et enfin le cardinalat.

— DESCRIPTION de l'isle des Hermaphrodites nouvellement découverte, avec les mœurs, lois, coutumes et ordonnances des habi-
tans d'icelle, s. n. et s. d. (1605), petit in-12, avec fig. représent. un homme en coiffure de femme. — *Cologne,* 1724, in-12,
fig. (Bull. bibl., 1854, 10 fr.; Bull. Bouq., 1857, 5 fr.). — *Cologne,*
1726, petit in-8, frontisp. grav. (Bulletin du Bibliophile, 1852,
9 fr.).

> Cette satire des mœurs efféminées de Henri III et de ses mignons, a paru dans
> le *Journal de Henri III,* La Haye et Paris, Gandoin, 1744, 5 vol. in-8, dans le
> tome IV. Barbier attribue cet écrit à Artus Thomas, sieur d'Embry.

— RECUEIL de poésies, s. l. n. d., in-folio (cat. La Vallière,
nᵒ 13090).
— ŒUVRES diverses (prose et poésies). *Paris,* 1623, in-fol. (Peignot,
Biographie, t. IV, p. 120).

> Ses poésies se composent de stances, de sonnets et de pièces de circonstance
> sacrées et profanes. Ses vers sont faciles et ont de la grâce.
>
> >Puisqu'il faut désormais que j'éteigne ma flamme
> >(Seul et cruel remède) avec l'eau de mes pleurs,
> >Et que pour m'arracher les épines de l'âme,
> >Je m'oste aussi du cœur les roses et les fleurs.
> >...Au plus secret des bois je conte mon martyre,
> >Je pleure mon martyre en chantant mes amours...
> >...Dame dont les beautés me possèdent si fort,
> >Qu'estant absent de vous, je n'aime que la mort.
> >Les eaux en votre absence et les bois me consolent...
>
> Il y a quelquefois du mauvais goût et une pensée tellement alambiquée qu'elle est
> ridicule comme dans ces vers à la Vierge Marie :
>
> > ... C'est celle dont la foy pour notre sauvement
> > Crut à la voix de l'ange, et *conçut* par l'oreille.

On trouve aussi dans les poésies : Confession amoureuse et regret d'avoir aimé une inconstante et fidèle beauté, p. 72.

DUPIN (Jean), né dans le Bourbonnais en 1302 et mort en 1372, était moine dans une abbaye de l'ordre de Cîteaux, dans le diocèse de Cambrai.

— Le Livre de bonne vie qui est appellé Mandavie. *Chambéry,* Ant. Neyret, 1485, in-fol. goth. (Potier, 1870, 100 fr.).

Cet ouvrage divisé en huit livres, les sept premiers en prose, le huitième en vers formant un tiers du vol., est une satire très vive des divers états de la vie. Pape, rois, cardinaux, évêques, moines, marchands, manants, sont également fouettés et censurés par ce prêtre indépendant. C'est donc une étude des mœurs de l'époque, mais surtout de celles du clergé au milieu duquel vivait notre moine écrivain.

DURANT (F. M. A.), chartreux, né à Aix dans le XVIe siècle.

— La Magdaliade, ou esguillon spirituel pour exciter les âmes pécheresses à quitter leurs vanitez et faire pénitence... *Loches,* devant l'église des Cordeliers, 1608, petit in-8 (cat. Chedeau, 125 fr.). — *Loches,* 1618, petit in-8 (Bull. du Bibl., 1835, 18 fr.). — *Tours,* 1622, in-12.

« Le premier et le plus rare, a écrit Ch. Nodier sur son exemplaire, des trois poèmes sur la Magdeleine composés par des moines. » Cet ouvrage est remarquable aussi par son lieu d'impression, on n'en connaît pas d'autre imprimé avant ce temps à Loches.

DUVAL-PYRAU (l'abbé).

— Agiatis... *Yverdon,* société litt. et typog., 1788 (cat. La Vall., 8198 ; Peignot, no 1774).
— Aristide... *Yverdon,* Société typog., 1777, in-8 (cat. La Vall., 8205).

Romans et aventures amoureuses.

DUVERNET (l'abbé Théoph.-Imarigeon), né à Ambert (Auvergne) en 1730, mort en 1796.

— Les Dévotions de Mme de Betzamooth et les pieuses facéties de M. de St. Oignon ; suivies de la Retraite, les Tentations et les Confessions de la Mise de Montcornillon, s. l. n. n., 1787, 1789, 1790, 2 part. in-12, vi-132 et xvi-87, avec 1 fig. érot. port. cette légende : Croyez-vous, monsieur, qu'un pape se fasse en une seule nuit ? — s. l., 1793, in-8, fig. (cat. Grésy, no 327).

Très rare. L'édit. de 1789, in-8, 131 pp., à la fin de laquelle on lit : « J'étais à la Bastille lorsque j'écrivais ces vérités et ces fadaises, et je trouvais du plaisir à les écrire », ne contient pas : la Retraite, les Tentations et les Confessions de la marquise de Montcornillon. Cette brochure se trouve quelquefois séparément.

— Les Dîners de M. Guillaume, avec l'histoire de son enterrement, s. n., 1788, in-12, frontisp. grav. (Bull. Bouq., 1858, 1 fr. 50).

E

ÉCHALLARD (le Père dom Ollivier), bénédictin.

— L'École du pur amour de Dieu dans la vie d'une pauvre fille idiote, Armelle Nicolas, décédée en Bretagne; par une fille relig. de sa connoissance (Jeanne de la Nativité, ursuline de Vannes), s. n. *Cologne* (Holl.), 1704, in-12.

Les deux premières édit. ont paru en France sous le titre : *Triomphe de l'amour divin*, 1676, 1683, in-12. Si le bénédictin dans cet écrit n'avait pas l'excuse d'une conviction naïve et droite, ce serait le fourbe le plus ridicule et le plus bouffon qu'on puisse lire.

ESCLAVONIE (Georges de), chanoine et pénitencier de l'église de Tours.

— Le Livre intitulé le Chasteau de Virginité, composé pour le salut et édification de Dame Isabel de Villeblanche, religieuse du couvent des Dames de Beaumont emprès Tours par Georges de Esclavonie... *Paris,* Ant. Vérard, 1505, in-4, fig. s/ bois (Gaignat, n° 403, 66 fr.; La Vall., 1re p., n° 777, le désigne in-8 goth.). La figure représente le château de virginité.

Très rare.

ESTIENNE (le frère Antoine), minime.

— L'Épistre du chevalier gris envoyé à la tres noble, tres auguste et souveraine princesse et tres sacrec Vierge Marie, s. n. en vers. *Lyon,* Jehan Lâbany, s. d., in-8 goth. (La Vall., 1re p., n° 3060).

— Remonstrance charitable aux dames et damoyselles de France sur leurs ornemens dissolus, avec une élégie de la France se complaignant de la dissolution des dittes damoyselles ; P. F. A. E, M. *Paris,* Séb. Nivelle, 1577, 1581, 1585, petit in-8, 36 ff.

(Gaignat, 13 fr.; Labitte, 1843, 8 fr. 50). — *Genève,* 1867, petit in-12 (100 ex. à 7 fr.).

Curieux.

— TRAICTÉ des danses auquel il est montré qu'elles sont accessoires et dépendances de paillardises, etc. *Paris,* 1564, in-8.

ESTRÉES (l'abbé Jac. d'), prieur de Neuf-Ville, né à Reims dans les premières années du XVIIIe siècle.

— LE VOLUPTUEUX hors de combat, ou le Défy amoureux de Lygdame et de Chloris; nouvelles poésies galantes en latin et en français, s. n. (trad. en vers franç. par Anselin et l'abbé d'Estrées). *Cytheropolis,* à la Vénus de Grèce, chez Pierre l'Arretin, imprimeur de l'Académie des dames, s. d. (1738), in-8, 63 pp., eau-forte. — *Glascow,* 1774, petit in-18, 36 pp. — *Amst.,* s. d., in-18, 47 fr. — *Eleutheropolis,* s. d., in-12. — Réimpr. dans les *Pièces désopilantes,* 1867, pp. 35 à 38.

Poème érotique plein de verve et de chaleur; l'auteur, le chevalier Venieri, a prouvé, en l'écrivant, que sa muse n'était pas hors de combat et qu'elle pouvait fournir une joyeuse et brillante lutte à armes courtoises ou galantes. L'interprétation française est digne de l'original.

— RECUEIL de poésies galantes du chevalier de *** avec quelques pièces de l'abbé de Chaulieu. 1744, in-8.

La *France littéraire* lui attribue ce recueil galant.

EUDES (le Père Jean), frère de l'historien Mézeray et fondateur des missionnaires eudistes, né à Rye, dans le diocèse deSéez en 1601, mort à Caen en 1680.

— AVERTISSEMENTS aux confesseurs missionnaires, avec la manière de bien examiner les pénitens et de les aider à faire une bonne confession, par le P. Jean Eudes. *Chaalons,* Jacq. Seneuze, 1669, petit in-16 (cat. Luzarche, n° 252, 6 fr. 50).

On trouve dans ce manuel du prêtre-missionnaire des détails mœchialogiques aussi risqués que ceux du Père Sanchez dans son *Traité du mariage.*

F

FABRE (l'abbé), professeur au séminaire de Cahors, né à Thémines en Quercy.

— Scatabronda, coumedio noubelo et histouriquo (5 act. v.) coum-
pousado per M. V. B. D. (l'abbé Fabre). *Roterdam*, Pierre Marteau, 1687, in-12, 4 ff., 42 pp. (cat. Nodier, 140 fr.):

— Scatabronda, coumedio... *Rotterdam*, P. Marteau, in-8, 31 pp.
(cat. Soleinne, n° 3963).

Réimpression moderne sous la même date que la première. Comédie patoise peu
commune.

FAVRE (l'abbé de).

— Daphnis et Chloé, conte allégorique sur la maladie de M. le duc
de Chartres. 1777, in-8.

— Les Quatre heures de la toilette des dames, poëme érotique en
10 chants. *Paris*. Fr. Bastien, 1779, petit in-4, frontisp. et fig.
(5), vign. (1), culs-de-lampe (4) de Leclerc, grav. par Arrivet,
Halbou, Legrand, Leroy et Patas (Techener, 1852, 16 fr. 50 ; La
Bédoyère, 1862, 23 fr.). — *Paris*, 1780, in-18. — *Paris*, Nyon,
1783, in-12. — *Paris*, 1793, in-16.

Ersch, dans la *France littéraire*, indique une édit. de 1781, grand in-8, au prix de
9 livres, ce doit être une réimpression de 1779. Ce poème ne fait pas mentir son titre,
il passe en revue toutes les galantes choses qui parent une dame et n'oublie pas celles
qui les rend irrésistibles.

FAYDEAU (Victor), chanoine de l'église de Paris.

— La Lumière cachée sous le muid, mise au jour, ou l'esprit de
Mme de Lamague, institutrice et fondatrice de la maison des
Filles de Dieu, s. n. *Paris*, J. Quesnel, 1659, in-12.

Curieux. Amy lecteur, dit le chanoine dans sa préface, ne t'enquierre point de
mon nom ; peut-être que tu n'en serois pas édifié ; moins de ma personne, qui auroit
meilleure grâce de pleurer ses péchés et la mort d'un Dieu fait homme pour l'amour
des hommes, que de publier ce qu'il n'a jamais entendu et moins pratiqué.

FAYDIT (l'abbé Pierre), prêtre de l'Oratoire, né à Riom en Auvergne et mort en 1709. Son ouvrage sur la Trinité : *Altération du dogme théologal par la philosophie d'Aristote...* le fit enfermer à Saint-Lazare en 1696.

— Le Télémaque spirituel, ou le Roman mystique sur l'amour
naturel, condamné par N. S. P. le pape Innocent XII, s. n.
1699, in-12.

— La Presbytéromachie, ou Lettre théologique à Mme la marquise
D***, s. n. 1699, in-12, 44 pp.

Cet écrivain-dénigreur qui, dans une impertinence rimée, exhortait Bossuet à se taire pour laisser parler l'ânesse de Balaam, a aussi écrit la *Télécomanie*, 1700 et 1713, in-12, contre le *Télémaque* de Fénelon. C'est une satire sans talent, pleine d'envie et de fiel.

FELINE (Père), missionnaire.

— CATÉCHISME des gons mariés, s. l. n. d. n. n. (*Caen*, 1782), in-12, 53 pp. (cat. Chedeau, n° 167, 17 fr.; vente Potier, 1870, 55 fr.).

Ouvrage d'autant plus rare, que l'autorité ecclésiastique, effrayée par quelques passages scabreux, se hâta de le faire disparaître et d'en empêcher la réimpression. C'est une morale aussi singulière que bouffonne et obscène.

FÉNELON (Fr. de Salignac de la Motte), archevêque de Cambrai, né en 1651, mort en 1715.

— SUITE du IV° livre de l'Odyssée d'Homère, ou les Avantures de Télémaque, fils d'Ulysse, s. n. *Paris,* Vve Cl. Barbin, 1699, petit in-12, 208 pp. avec privilège (Yemenitz, 200 fr.; Giraud, 121 fr.; Chedeau, 15 fr.). — *La Haye,* Moetjens, 1699, in-12, 208 pp. (Yemenitz, 99 fr.).

— SECONDE PARTIE des Avantures de Télémaque, s. l. 1699, petit in-12, 330 pp. (cat. Giraud, 10 fr.; ce cat. désigne 238 pp.).

— TROISIÈME PARTIE, s. l. 1699, petit in-12, 204 pp. (Le catalogue indiq. 276 pp.).

— QUATRIÈME PARTIE, s. l. 1699, petit in-12, 215 pp. (cat. Giraud, 249 pp.).

— CINQUIÈME PARTIE, s. l. 1699, in-12, 308 pp.

— LES LOIX du roy Minos, ou continuation du II° livre des Avantures de Télémaque. *Amst.,* 1716, petit in-12, 272 pp.

— SOPHRONIME, ou les Avantures d'Aristonoüs, s. l. n. d., petit in-12, 82 pp.

Éditions originales.

— LES AVANTURES de Télémaque, fils d'Ulysse (XVI livres). *La Haye,* Ad. Moetjens, 1705, 2 tom. in-12, fig. (Giraud, 40 fr.). — — *Paris,* J. Estienne, 1717, 2 vol. in-12, port. fig. (Giraud, 99 fr.; Chedeau, 365 fr.; Luzarche, 205 fr.; Pichon, 230 fr.). — *Amsterd.,* 1719, in-12, fig. — *Amsterd.,* 1734, in-f., fig. (Potier, 1870, 86 fr.; Pichon, 425 fr.). — *Leyde* et *Amsterd.,* 1761, in-fol., frontisp. et fig. de B. Picart (Giraud, 60 fr.). — *Paris,* Didot, 1781, 4 vol. in-18, pap. vél. (Yemenitz, 100 fr.; Potier, 1870, 75 fr.).

L'édition de 1717, donnée sur les manuscrits de Fénelon par son neveu, est considérée comme l'édit. originale et se vend fort cher dans les ventes. Celui qui a lu ce chef-d'œuvre immortel ne sera pas étonné de le trouver cité dans cette bibliographie. Il n'a pu oublier cette nymphe Eucharis, dont la passion brûle et vibre comme les vers de Théocrite, et cette déesse Calypso, dont les fureurs jalouses et les emportements amoureux remplissent les grottes et les bois des plaintes les plus farouches. L'amour a su se cacher jusque sous les ailes du cygne de Cambrai, et lui volant une plume, écrire les pages les plus brûlantes et les plus chaudes de passion.

FERGET (le Père Pierre), docteur en théologie, de l'ordre des Augustins.

— Procès de Bélial, procureur d'enfer, à l'encontre de Jhésus, fils de la Vierge Marie; translaté de l'ouvrage latin de Jacques de Ancharano (Palladino, archevêque de Florence, dit Jacques de Taramo), par Pierre Ferget... *Lyon,* 1482, in-fol. goth., fig. s/ bois (Techener, 1867, livres brûlés, estimé incomplet 150 fr.). — 1484, in-4 goth.

Roman singulier, voir pour l'analyse : *Palladino.*

FÈVRE (Raoul le), prêtre et chapelain de Philippe le Bon, duc de Bourgogne.

— Recueil des histoires de Troyes, contenant la généalogie de Saturne et de Jupiter son fils, avec leurs faits et gestes... s. l. n. d. (vers 1469), petit in-fol. goth. à longues lignes. — *Paris,* Vérard, s. d., in-fol. goth. — *Lyon,* Jacq. Maillet, 1484, in-f. goth. — *Lyon,* 1490, in-f. goth. — *Lyon,* Maillet, 1494, in-f. goth. — *Paris,* Ant. Vérard, 1498, in-f. — *Paris,* Janot, 1532, in-4. — *Lyon,* de Harsy, 1544, in-fol.

Roman de chevalerie dans lequel les dieux et les déesses jouent le même rôle et tiennent le même langage que les chevaliers de la Table-Ronde. C'est un carnaval mythologique du XIV° siècle.

— Le Livre du preux et vaillant Jason et de la belle Médée, s. l. n. d. (av. 1474), petit in-fol. goth. à 2 colonn., fig. s. bois, caract. de Caxton. — *Lyon,* 1491, in-fol. goth. — *Paris,* Ad. Lotrian, s. d., in-4 goth. — Réimpr. sous le titre : Histoire du preux et vaillant chevalier Jason fils du noble roi Eson et de sa mie Médée. *Paris,* 1528, in-4 (moins compl. que les édit. précédentes).

Les *Mélanges tirés d'une grande bibliothèque,* tome VIII, donnent l'analyse de ces romans, dont le style est plat, mais les expressions singulières et parfois énergiques.

FIDÈLE DE PAU (R. P.), capucin de la province d'Aquitaine.

— Oraison funèbre du Dauphin , prêchée le 22 janvier 1766, dans l'église des Religieuses Capucines de Paris, par le R. P. Fidèle... *Paris*, 1766, in-4 (Bulletin du Bibliophile, 1852).

Cette pièce singulière qui, malgré approbation et privilège, fut saisie et détruite, et valut à son auteur la défense de prêcher et de confesser, méritait sa place dans cette Bibliographie, par l'emploi des métaphores les plus ridicules, le style et les pensées les plus emphatiques, et surtout des passages entiers les plus érotico-mystiques. Le mysticisme, espèce de folie hystérique excitée par les jeûnes, les macérations et les besoins de la chair, n'épargne même pas la mort. Elle profite d'un deuil pour étaler pompeusement ses lubricités spirituelles. « Et vous, Dauphine, qui puisâtes dans son sein la gloire et les plaisirs de vos jours!... Vous, l'amour de son âme, dont le cœur est poursuivi nuit et jour par son ombre encore votre amante! Dites-nous, ô princesse de douleur! si le Dauphin fut pour vous un prince du bel amour?... Les seules larmes de l'épouse font ici l'éloge du mérite de l'époux... Ce sont les Grâces plongées dans un océan de douleurs par le commerce à jamais interrompu de leurs innocents et délicieux plaisirs. » — Bachaumont, dans les *Mémoires secrets,* dit : « Cette oraison funèbre a fait tant de bruit dans ce pays, où on rit de tout, qu'il a fallu l'arrêter, et la police vient de la défendre, au moyen de quoi elle est très chère. » — Les *Mémoires* de Trévoux, toujours si indulgents pour les écrivains religieux, ne peuvent s'empêcher de convenir que le R. P. Fidèle *s'était rendu* très *célèbre* par la *singularité* de son *style*.

Cette note un peu longue, au sujet de cette Oraison funèbre, servira de réponse et de calmant à ceux qui seraient tentés de nous accuser de partialité ou de mauvaise foi, en citant des ouvrages mystiques, parmi des ouvrages galants. Pour nous qui avons lu et relu des écrits ascètes : spiritualisme, mysticisme, oraisons jaculatoires, etc., sont synonymes d'éroticité.

FIRENZUOLA (Agnolo), né à Florence en 1493, abbé de Sainte-Marie de Spolete et de Saint-Sauveur de Vajano, mort à Rome en 1545.

— Le Bellezi, le lodi, gli amori e i costumi delle donne. *Vinegia*, 1622, petit in-8.

— Dialogo delle belleze delle donne, s. l. 1548, in-8.

Traduction française :

— Discours de la beauté des dames, prins de l'ital. par J. Pallet. *Paris*, l'Angelier, 1578, in-8, 8 et 52 ff., fig. s. bois (Yemenitz, 65 fr.).

— J. Lucidi, coméd. *Florence*, B. Giunta, 1549, 1552, in-4. — *Naples*, 1730, in-12.

— Le Novelle. *Venetia*, s. d. (vers 1550), in-12, 48 ff.

Dix nouvelles fort gaillardes, dont les moines et les religieuses fournissent les aventures les moins chastes.

— Opere. *Florence* (Naples), 1723, 3 vol. in-12. — *Florence,* 1763-1766, 4 vol. in-8. — *Milan*, 1802, 5 vol. in-8. — *Pisa*, 1816, 6 vol. in-18. — *Florence*, 1848, 2 vol. in-12.

Ces œuvres contiennent dix nouvelles, deux dialogues sur la beauté des femmes,

les entretiens d'amour, des chansons, des vers, et une imitation de l'*Ane d'or*
d'Apulée, où l'abbé Firenzuola, transformé en âne, se met en scène et raconte ses
aventures galantes les plus scabreuses.

— Prose. *Firenza*, L. Torrentino, 1552, in-8 (Yemenitz, 41 fr.).
— La Trinuzia, coméd. (5 act. et prol. pr.). *Florence*, Giunti, 1549,
in-8, 44 ff. — *Junte*, 1551, in-8.

Pièce à triple intrigue, fort licencieuse, mais faisant autorité, comme tous les
ouvrages de l'auteur, par l'élégance du style, la pureté de la langue, l'originalité de
la pensée et beaucoup aussi par la licence des idées.

FOIGNY (Gabriel de), cordelier lorrain, né vers 1650,
mourut dans un couvent, en Savoie, en 1692.

— La Terre australe connue, c'est-à-dire la description de ce pays
inconnu jusqu'ici, de ses mœurs et de ses coutumes, par M. Sadeur ; avec les aventures qui le conduisirent en ce continent...
recueillies et mises en lumière par les soins de G. de F. *Vannes*
(Genève), Jacques Verneuil, rue St-Gilles, 1676, in-12.

Bayle avait pris par erreur le pseudonyme Sadeur pour le nom véritable de l'auteur.
Ce voyage imaginaire a été réimprimée sous le titre de :

— Les Aventures de Jacques Sadeur, dans la découverte et le
voyage de la terre australe, s. n. *Paris*, Barbin, 1692, in-12
(M^{ise} de Pompadour, 2 l. 13 s.). — *Amsterd.*, 1692, in-12. —
Paris, Cavelier, 1705, in-12 (Bull. du Bibliophile, 1852, 10 fr.).

Plusieurs bibliographes, Moréri et l'abbé Ladvocat, attribuent ces aventures
imaginaires à l'abbé Raguenet ; c'est un tort, il a pu remanier l'édition de 1692, mais
en tout cas, il n'est pour rien dans l'édition de 1676, qui est bien du cordelier de
Foigny. Cette édit., ayant paru indécente aux pasteurs de Genève, ils en arrêtèrent
la vente, et très probablement chassèrent l'auteur, qui se réfugia dans un couvent
de son ordre.

FOLARD (le Père Fr.-Melchior), jésuite, né à Avignon en 1683, mort en 1739 à Lyon.

— Œdipe, trag. (5 act. v.), par L. P. F. J. (le père Folard, jésuite).
Paris, Josse le fils, 1722, in-8, fig.
— Thémistocle, tragéd. (5 act. v.), par L. P. F. J. *Lyon*, Louis
Declaustre, 1729, in-8. — *La Haye*, Ant. van Dôle, 1733, petit
in-8, 85 pp. (Soleinne, 4 fr. 75). — *Paris*, J. F. Sobry, an V,
in-8, 72 pp. (Soleinne, 5 fr.).

Ces deux pièces sont médiocres et méritaient, comme les autres tragédies de cet
auteur, de ne pas être imprimées.

FOLENGO (Jérôme d'abord, Théophile ensuite et plus

connu sous le nom de Merlin Cocaïe), bénédictin, né en 1491, près Mantoue, il mourut près de Bassano en 1544. Ce moine, aussi intempérant dans ses mœurs que dans ses écrits, courut, de par le monde, pendant dix ans avec une jeune fille qu'il avait séduite. Il rentra au couvent *lassatus sed non satiatus*.

— CHAOS del tri per uno. *Vinegia,* Giov. et Ant. fratelli da Sabbio, 1527, in-8, fig. s. bois (Libri, 1847, 60 fr.; La Bédoyère, 45 fr.; Bull. bibl., 1847, 65 fr.). — *Vinegia,* Giov. et Ant. fratelli da Sabbio, 1546, in-8, fig. s. b. (Techener, 1855, 80 fr.).

Ouvrage singulier, en prose et en vers, qu'on considère généralement comme un poème allégorique et moral, mais qui, en réalité, n'est qu'une olla podrida, où l'on trouve des macaronées peu connues mais aussi libres que ses œuvres les plus épicées. Ces vers pris au hasard indiqueront le genre et la morale de l'écrivain :

> ...Aspra, crudelis, manigolda, ladra,
> Fezza Bordelli, mulier Diabli,
> Vacca vaccarum, lupaque luparum
> Porgat orcechiam. »

— OPUS Merlini Coccaï poetæ mantuani macaronicorum. *Venetiis,* Paganini, 1517, petit in-8, lettres rondes. — *Venetiis,* 1520, petit in-8, caract. rom., fig. s/ bois. — *Tusculani,* apud Cacum Benacensem, 1521, petit in-8, fig. s. bois. — *Tusculani,* Al. Paganinus, 1521, in-16, fig. s. bois fort singul. (Libri, 1847, 60 fr.; Crozat, 20 fr.). — *Tusculani,* Paganinus, 1521, in-16, fig. s. bois (Potier, 1870, 90 fr.; Lemarié, 40 fr.; Potier, 1863, 35 fr.). — *Cipadæ,* Aquarius Lodola, 1530, in-12 (Crozat, 5 fr.). — *Venetiis,* apud hœredes Ravani, 1554, in-12, fig. s. b. (Libri, 1847, 60 fr.; Techener, 1858, 34 fr.). — *Venetiis,* P. Boselli, 1555, in-12. — *Venetiis,* ap. Joan. Variscum, 1561, in-16, 320 pp. et 27 fig. (Lemarié, 12 fr.; Bull. bibl., 1847, 45 fr.). — *Venetiis,* Berilacqua, 1564, in-12, fig. s. bois (Techener, 1858, 24 fr. — *Venetiis,* Variscum, 1573, in-16, fig. s. bois, caract. ital. (Techener, 1858, 18 fr.). — *Venetiis,* de Gobbis, 1581, petit in-12, fig. — *Venetiis,* de Imbertis, 1585, petit in-12, fig. s. b. (Techener, 1855, 18 fr.). — *Venetiis,* Berilacqua, 1613, in-12, fig. s. b. (Libri, 1847, 16 fr.; Potier, 1863, 20 fr.). — *Amst.,* Abrah. a Someren (Naples), 1692, petit in-8, port., 25 fig. à l'eau-forte (Chedeau, 40 fr.; Libri, 1847, 48 fr.; Potier, 1870, 22 fr.; Lemarié, 49 fr.; Techener, 1855, 54 fr.; Potier, 1863, 40 fr.). — *Amst.* (Mantoue), 1768, 2 vol. in-4, fig. à mi-page (Techener, 1855, 24 fr.).

Libri, dans son catalogue de vente, 1847, nº 446, dit que Folengo a, dans cet ouvrage, franchi toutes les bornes de la licence. La plaisanterie, écrit Ch. Nodier, la raillerie, la satire, la critique, s'exercent tour à tour, sur tous les objets dans Merlin

Cocaïe. Religion, politique, littérature, science, papes, rois, clergé, peuple, rien
n'est respecté, je dirais presque, épargné malgré lui. En un mot, l'on peut dire que
Folengo fut le précurseur de Rabelais. Il est hors de doute que celui-ci a beaucoup
emprunté à l'autre. Cet ouvrage est un chef-d'œuvre d'allégories facétieuses et
mordantes.

Traductions françaises :

— Histoire macaronique de Merlin Coccaie prototype de Rabelais.
Paris, Toussaint Dubray, 1606, in-12 (Chedeau, 14 fr.; La Bédoyère, 31 fr. ; Techener, 1855, 15 fr. ; Techener, 1858, 24 fr.).
— *Paris*, 1706, 2 vol. petit in-12 (Pessac, 3 fr. 75). — s. l. (Paris),
1734, 2 tom. in-12 (Laporte, 1873, 16 fr.; Potier, 1870, 180 fr.;
Gouttard, 348 fr.; Potier, 1863, 160 fr.). — *Paris*, 1735, 6 vol.
in-12 (Crozat, 50 fr.). — *Paris*, Delahays, 1859, in-16.

— Orlandino, poema de Limerno Pitocco de Mantua. *Vinegia*,
1526, in-8. — *Vinegia*, Ag. di Bondoni, 1550, in-8 (Libri, 1847,
15 fr. 50). — *Londra* (Paris), Molini, 1773, in-8 (La Bédoyère,
13 fr.). — *Londra* (Paris), Molini, 1775, in-12 (Libri, 1859,
14 fr. 50).

Ouvrage non seulement libre mais cynique, sur l'enfance et la jeunesse de Roland.
Il prête à son héros les aventures les plus étourdissantes de lubricité.

FONSECA (R. P. Christ. de), religieux de Saint-Au-
gustin, habile prédicateur, né près de Tolède, mort
en 1612.

— Amphitheatrum amorum. *Ingolstadii*, 1623, in-12.

FONTENU (l'abbé du), ami de Fontenelle et membre
de l'Académie des Inscriptions, né à Lilleden en Gâti-
nais, en 1667, mort en 1759.

— Amours de Théagène et de Chariclée, histoire éthiopique trad/
du grec d'Héliodore, s. n. *Amsterd.*, 1727, 2 vol. in-12. —
Paris, Coustelier, 1743, 2 vol. in-8, fig. (cat. d'Ourches, 1811,
21 fr. 10).

La 1ʳᵉ édit. a en tête une épitre dédicatoire à M. de Fontenelle, signée l'abbé de
F... Ceci, ce nous semble, est la preuve évidente, que le savant abbé helléniste a
traduit cet ouvrage, et l'a dédié à son illustre ami de Fontenelle.

FORNERIUS (Anthonius), cuciacens. sacre theologie
professoris.

— Dialogus de peccato originali et conceptione intemerate Virginis Marie. *Rothomagi*, impress. impensa Raulini Gaultier,

s. d. , petit in-8, demi-goth. sans chiff. ni récl. (Bull. Bibliophile, 1857, 18 fr.).

Ouvrage en forme de dialogue impr. dans les premières années du XVIᵉ siècle. Ce
sont toujours les mêmes arguments singuliers, présentés crûment et sans pudeur, en
faveur d'une virginité exceptionnelle. Jamais dogme plus chaste n'a été, aussi souvent
et aussi longtemps, discuté plus impudiquement. Le genre est connu; si je cite cet
ouvrage très rare, c'est pour en extraire des vers que les prêtres devraient toujours
avoir sous les yeux :

> Gratis eucharistiam plebi ministrate. .
> Gratis confitemini : gratis baptisate.
> Secundum apostolum *cunctis gratis date.*
> Estote benivoli, *sobrii,* prudentes,
> Justi, *casti,* simplices, pii, patientes,
> Hospitales, humiles, subditos docentes,
> Consolantes miseros,... etc.

FRANCESCONI (abbé Daniel), bibliothécaire de Padoue.

— ADDITAMENTA ad Merlini novellas. *Paris,* Jannet, 1855, in-18,
24 pp.

Ces nouvelles très libres ont pour titre : « De matrona canoros crepitus in choreis
edente; de monacho cujus priapum feles arripuit; de monacho Christi passionem
prædicante; de sacerdote sponsæ virginitatem astute explorente; de abbatissa
timente quod monialis prægnans esset; etc. »

FRESCHOT (Casimir), jésuite. *Le Chef-d'œuvre d'un
inconnu,* Paris, Doublet, 1807, in-8, t. II, p. 469 et la
*Lettre d'un gascon à un religieux pour servir de
clef à l'histoire badine,* Brunswick, 1714, in-12, donnent des renseignements sur cet auteur et son ouvrage.

— HISTOIRE amoureuse et badine du congrès et de la ville d'Utrecht,
en plusieurs lettres écrites par le domestique d'un des plénipo-
tentiaires à un de ses amis. *Liège,* chez Jacob Ledoux, s. d.
(1714), petit in-12, 3 ff. non chiff., 292 pp. et 11 pour la clef, fig.
(Bull. Bibliophile, 1857, nº 156, 48 fr.).

Cet ouvrage, peu commun, rempli d'une foule d'anecdotes libres, fit scandale et fut
recherché avec fureur, non seulement en Hollande, mais encore en France. Ce
pamphlet donne une idée peu flatteuse des mœurs du jésuite Freschot. Nous recom-
mandons, dit un bibliophile qui signe P. L., surtout la lettre VII, dans laquelle
l'auteur parle des belles à *pucelage refendu.* Ce Casimir Freschot, jésuite, était un
effronté libertin.

G

GALIANI (l'abbé Ferd.), né à Chieti en 1728, mort à Naples en 1787.

— Correspondance inédite avec Mme d'Épinay et autres personnages célèbres, publiée par M. C*** de St-M*** (Serieys). *Paris*, Dentu, 1818, 2 vol. in-8. — *Paris*, Treuttel, 1818, 2 vol. in-8 (Bull. Bibl., 1857, 6 fr.).

Ces lettres se recommandent par l'élégance du style, la finesse des idées et une galanterie délicate et spirituelle.

— Les Femmes, dialogue, s. d., in-8, 16 pp. — Avec notes historiques de Suard et Bourlet de Vauxelles. *Paris*, Fr. Aubin, 1796, in-12 (cat. J. Chénier, n° 142). — Réimpr. dans les *Tablettes d'un curieux*, 1769, et dans les *Opuscules philosophiques et littéraires*, 1796.

L'abbé Mercier de Saint-Léger, *Journal de Paris*, 14 avril 1789, lui attribue cet opuscule, pourquoi lui refuserions-nous cette paternité? Cette joyeuseté de bonne compagnie est digne de ses lettres galantes.

GANTEZ (Annibal), prieur de la Magdaleine, en Provence, chanoine semi prébandé, maistre des enfants de chœur et de musique en l'église insigne et cathédrale Sainct-Étienne d'Auxerre. Voir l'abbé Lebœuf, dans le *Mercure de France*, décembre 1738, et les *Mémoires pour servir à l'histoire du diocèse d'Auxerre*, t. I, p. 708.

— L'Entretien des Musiciens, par le sieur Gantez... *Auxerre*, Jacq. Bouquet, 1643, in-16, 6 ff. non chiff. et 295 pp. (Bull. Bibliophile, 1857, n° 185, 38 fr.).

Très rare et encore plus curieux; car, en plus de détails intéressants sur la musique et les musiciens, il renferme le récit des prouesses de ses amis les chantres, joyeux compagnons de plaisir. La page 59 révèle, entre autres gaillardises semées dans le volume, les privautés que se permettaient les maîtres de chapelle avec leurs écolières. — Un couplet fera légèrement apprécier l'entretien des musiciens, c'est un spécimen, il y a mieux.

> Mon premier dessein est, d'abord que je m'esveille,
> De crier à Catin
> De m'apporter du vin

> Une plaine bouteille
> Pour boire le matin,
> Il ne m'arrive pas de sortir de ma couche,
> Que dix verres de vin n'ayent lavé ma bouche.

GAUBIN (l'abbé J.), oratorien, vicaire général de Nebbio en Corse, bibliothécaire de la Rochelle, mort en 1810.

— CONTES en vers par un Vendéen. *Aux Sables d'Olonne,* 1810, in-18, 196 pp.

Quelques titres indiqueront le genre : l'Absolution; les Bagues; la Consultation; le Frère quêteur; la Contrebandière; les Enfants du curé; le Nouveau cas de conscience; une Aventure d'Alcibiade; Larcin pour larcin; la Peine du talion; le Tailleur et sa femme; etc.

— GULISTAN ou le Jardin des roses, trad. du poème de Saadi, 1789 et 1791, in-8.

Ce poème offre les passages les plus libres.

— INCONVÉNIENTS du célibat des prêtres, s. n. *Genève* (Lyon), 1781, in-8 (Laporte, 1873, 10 fr.): — *Paris,* Lejay, 1790, in-8. — Et sous le titre : Recherches philosophiques et historiques sur le célibat ecclésiastique. *Genève,* Pellet, 1781, in-8. — *Londres,* 1783, in-8 (cat. Laporte, 1874, 6 fr. 50).

Cet ouvrage condamné et détruit est peu commun. D'autres ont traité cette matière du célibat, aucun ne l'a fait avec plus de force, de hardiesse et de science. La Convention nationale, pour récompenser l'écrit de cet oratorien, lui vota le 3 janvier 1795, 1500 livres d'indemnité.

GAUTHIER (l'abbé Fr.-Louis), curé de Savigny-sur-Orge, né à Paris en 1696, où il mourut en 1780.

— TRAITÉ contre l'amour des parures et le luxe des habits, s. n. *Paris,* Lottin, 1779, in-12 (Techener, 1858, 4 fr.). — *Paris,* Lottin, 1780, petit in-12 (Bull. du Bouq., 1858, 3 fr. 50 et 1872, 4 fr.).

— TRAITÉ contre les danses et les mauvaises chansons, s. n. *Paris,* Boudet, 1769, 3 part. in-12 (Soleinne, tom. V, n° 11 ; Bull. Bouq., 1872, 3 fr.). — *Paris,* 1775, in-12 (revu par Rondet). — *Paris,* Frouillé, 1785, in-12. — *Lyon,* Rusand, 1820, in-12, 14 ff. 1/2.

Cet ouvrage traite des chansons d'amour, des chansons à boire, des chansons obscènes et dissolues, etc.

GAUTIER DE COINCY, né à Amiens en 1177, se fit

moine dans l'abbaye de Saint-Médard, en devint le prieur en 1233 et y mourut en 1237.

— Les Miracles de la sainte Vierge, traduits et mis en vers par Gautier de Coincy, publ. par l'abbé Poquet, avec introduction, notes explicatives et un glossaire. *Paris,* Parmantier, 1857, in-4, 860 pp., 14 miniatures, tiré à 167 exempl. numérotés (cat. L'Escalopier, n° 142 ; Aubry, Bull. du Bouq., 1875, 45.fr.).

La foi naïve, la dévotion ardente du bon prieur pour sa *dame* Vierge Marie, dévotion poussée jusqu'à l'idolâtrie, jusqu'à la profanation, peuvent expliquer et au besoin excuser les rêveries indécentes mêlées à son pieux amour. Mais je ne puis comprendre qu'un abbé Poquet, en 1857, ait reproduit des contes aussi lascifs : La Vierge se déguise en nonne et prend, pendant plusieurs années, la place de la sacristine qui s'était enfuie avec un séducteur ; une autre fois, elle se fait sage-femme, accouche une abbesse qui était enceinte, et fait porter par des anges le nouveau-né dans la cellule d'un ermite ; ailleurs, elle s'oppose à la consommation du mariage d'un jeune homme qui, en jouant, avait mis une bague au doigt d'une statue qui la représentait... etc.

Ce qui n'explique pas les commentaires du moderne abbé-éditeur de ces inconvenances, c'est qu'il n'a pas dû ignorer que l'auteur les écrivait pour les religieuses de Notre-Dame de Soissons. Voir aussi : Lenfant qui mist lannel ou doit lymage ; dune Nonnain qui vaut pechier que Nostredame delivra ; de la Chastée as nonnains ; dou Prestre qui avait II femmes.

GAZET (R. P. Angelin), né à Arras en 1568, fut recteur des collèges jésuites d'Arras, de Valenciennes et de Cambrai, mort en 1633.

— Pia hilaria... *Pont-à-Mousson,* 1625, in-12. — *Anvers,* 1629, in-12. — *Lille,* 1638, in-8.

Traduction française :

— Les Pieuses récréations du P. Angelin Gazée, œuvre remplie de sainctes joyeusetés et divertissemens pour les âmes dévotes, mis en françois par le sieur Remy. *Paris,* 1628, in-12 (Bull. bibl., 1843, 18 fr.).

L'excellent jésuite, scandalisé du plaisir que l'on avait à lire des contes licencieux et des facéties peu chrétiennes, a réuni une centaine de contes assez bouffons, où les saints sont toujours vainqueurs, et les diables, de vrais niais de comédie, constamment vaincus et joués. Un jeune diable, sans expérience le pauvre diable, parie cent coups de bâton, avec un vieux diable plus madré, de donner des distractions à saint Dominique. Il se déguise en singe, se glisse dans sa cellule, tourne, gambade, grimace, fait si bien, que le saint importuné lui ordonne de tenir sa chandelle. Le voilà donc chandelier, mais la chandelle brûle, coule, arrive aux doigts, roussit la peau ; le diable serre, patiente, mais n'en pouvant plus, demande grâce au saint, et court confus et brûlé, recevoir en enfer ses cent coups de bâton. « Ce qui lui apprit, dit le malin jésuite, à ne plus se frotter aux pères de notre Sainte Église. » Ce sont de vrais contes de vieilles femmes, burlesques et bouffons.

GAZET (F.-Nicolas), né à Arras, religieux de l'Observance de Saint-François et professeur de théologie.

— Le Grand Palais de la miséricorde, orné et tapissé de belles et riches pièces... pour esguillonner un chacun à la charité envers les nécessiteux et malades, par Nic. Gazet. *Douay*, Balt. Bellore, 1606, petit in-8, fig. (cat. L'Escalopier, n° 1422).

Curieux et souvent étrange livre. Voir *Arch. hist. et littér. du Nord de la France*, d'Arth. Dinaux, 3e série, t. IV, p. 347-51.

— L'Histoire sacrée des bonheurs et des malheurs d'Adam et d'Ève, enrichie de notables recherches et moralités et prêchée en divers lieux. *Arras*, 1616, 2 vol. in-8.

Ouvrage aussi bizarre que peu commun, renfermant trente et un sermons.

GAZET (Guill.), curé de Sainte-Marie-Magdelaine d'Arras et chanoine d'Aire, mort en 1612, à 58 ans.

— Histoire de la Sacrée Manne et de la Sainte Chandelle, miraculeusement données de Dieu et religieusement conservées en la ville et cité d'Arras.... par Guill. Cazet. *Arras*, Maximil. de Raismes, 1667, petit in-12 (cat. Luzarche, 13 fr.). — *Arras*, 1599, 1612, 1625 et 1682, in-12. — *Arras*, César Duchamps, 1703, in-12 (Luzarche, 10 fr. 50). — *Arras*, 1710, in-12.

L'abbé Dulaurens a tiré son poëme licencieux : *La Chandelle d'Arras*, de cette célèbre légende plus que naïve.

GENEST (l'abbé Charles-Claude de Saint-Villemer), né à Paris en 1639, mort en 1719.

— Les Divertissements de Sceaux, s. n. *Trévoux*, 1712, 2 vol. in-12 (cat. Mise de Pompadour, n° 1273, 2 l. 18 s., et Bull. Bibliophile, 1851, n° 634, 24 fr.).

Curieux comme étude de mœurs de la petite cour galante de la duchesse du Maine à Sceaux. On y trouve les statuts de l'ordre de la Mouche-à-Miel et les relations des fêtes. L'abbé de Malézieux a collaboré à cet ouvrage.

— Joseph, tragéd. (5 act. v.). *Rouen*, Eust. Hérault, 1711, in-12, fig. de Duchange, d'après De La Fosse (cat. Soleinne, n° 1489, 1 fr. 75).

— Pénélope, ou le Retour d'Ulysse de la guerre de Troye, trag. (5 act. v.). *La Haye*, Ad. Moetjens, 1702, in-12. — *Paris*, Christ. David, 1716, in-12.

La 1re édit. avait paru sous le nom de La Fontaine.

— Zélonide, princesse de Sparte, trag. (5 act. v.). *Paris*, Cl. Barbin, 1682, in-12.

Cette pièce, dit Voltaire, écrite d'un style lâche et prosaïque, est de celles que les situations font tolérer à la représentation.

GERBERON (le Père Gabriel), né à Saint-Calais, dans le Maine, en 1628, oratorien, puis bénédictin, mourut à l'abbaye de Saint-Denys en France, en 1711.

— Avis salutaires de la B. V. Marie à ses dévots indiscrets, fidèlement traduits du lat. en fr., s. n. *Lille*, 1674, in-8.
— Jugement du bal et de la danse par un professeur de théologie, s. n. et s. l. (*Paris*), 1678, in-12, 43 pp.

Le premier ouvrage, paru à Gand en 1673, fut condamné par Rome en 1674. Ce théologien trop fécond a écrit de si nombreux ouvrages, que dom Tassin, dans l'*Histoire littéraire de la congrégation de Saint-Maur*, lui consacre 40 pp. in-4.

GERSON (Jean), abbé de Verceil, de l'ordre de Saint-Benoît, auteur, disent quelques écrivains religieux, de l'*Imitation de J.-C.*, né à Rhétel, diocèse de Reims en 1363, mort en 1429.

— Gerson, de nocturnâ et diurna pollutionibus; et de cognicione castitatis, s. l. n. d. (vers 1475), petit in-4 goth. à 2 col., 18 ff. à 30 lign. par page, sans chiff., récl. ni signat.
— Tractatus de pollutione nocturnâ, an impediat celebrantum vel non; — de cognicione castitatis et pollutionibus diurnis; — Forma absolutionis sacramentalis, s. l. n. d. (vers 1470, caractères d'Ulrich Zell), in-4 goth. (Techener, livres brûlés à Londres en 1865, estimé 80 fr.; Bullet. bibl., 1851, 30 fr.).

L'honnêteté du latin voile dans ce traité la crudité de la matière.

GERVAISE (Dom.-Arm.-Fr.), carme déchaussé, puis religieux de la Trappe, né à Tours, mort en 1751.

— Véritables lettres d'Abailard et d'Héloïse. *Paris*, 1723, 2 vol. in-12. — *Paris*, Didot, an iv-1796, 3 vol. grand in-4, fig. de Moreau (8).

Texte latin en regard du français.

— Vie de Pierre Abailard, abbé de Saint-Gildas et celle de son épouse, première abbesse du Paraclet, s. n. *Paris*, Musier, 1720, 2 vol. in-12. — *Paris*, Barrois, 1728, 2 vol. in-12.

GIRARD (C.), prestre et advocat écclésiastique.

— L'Orphée sacré du Paradis qui par les mélodieux accords de
plusieurs préceptes moraux, sentences exquises et conceptions
théologiques, enchante doucement les brutales affections du vice
et en désabuse les esprits mondains, par C. Girard prestre.
Lyon, Jonas Gautherin, 1627, in-8, frontisp. grav. (cat. Luzarche, 15 fr.).

Ces poésies singulières sont dédiées à Mgr Dinet, évesque de Macon.

GIRARD (le frère), barnabite.

— Cajan ou l'Idolâtre converty, tragi-coméd. (5 act. en v.) de F. G.
B. *Lyon,* Claude La Rivière, 1656, in-8, 94 pp. (Soleinne, 3 fr.).

Rare et excentrique. Romilde dit à Cajan :

> ..... Les belles eaux qui vous ont endoyé
> Vous ont parfaitement, grand prince, nettoyé.

GIRARD (J. B.), né à Dôle vers 1680, jésuite, profes-
seur d'abord et prédicateur ensuite à Aix, convertit
beaucoup de pécheresses, et s'il faut en croire le procès
scandaleux de la Cadière, en damna beaucoup d'inno-
centes ; il mourut le 4 juillet 1733.

— Recueil général des pièces concernant le procez entre la demoiselle Catherine Cadière, religieuse clariste, et le P. J. B. Girard,
jésuite, accusé par la sœur Cadière de viol, rapt, avortement,
subornation de témoins, inceste spirituel, enchantement, etc.,
s. l. (*Aix,* David), 1731, 2 vol. in-folio, grav. color. très curieuses (32) (cat. Chedeau, 33 fr. ; Bull. biblioph., 1864, sans
grav., 80 fr.). — Sur l'imprimé à *Aix,* David, 1731, 5 vol. in-12.
— *La Haye,* 1731, 8 vol. in-12.

L'analyse de ce volumineux procès, dans lequel se déroulent les actes hystérico-
mystiques les plus scandaleux, les impuretés ascétiques les plus révoltantes, défie la
plume la plus austère. C'est la condamnation la plus éclatante de tout ce galimathias
de mysticité illuminative, purgative, contemplative, que sais-je ? dont se compose le
bréviaire des compensations charnelles. La passion ne perd jamais ses droits, et la
preuve c'est qu'elle abuse de ce qu'il y a de plus saint, pour les dissimuler et souvent
les satisfaire. Une pureté franche, loyale et vraiment *honnête* ne parle jamais ce
langage *impudique* et *dangereux*, de quel nom qu'on l'affuble et quelque part qu'on
s'en serve.

Douze juges sur vingt-cinq avaient voté pour que Girard fût brûlé vif, il fut
acquitté...

Voltaire à ce sujet a fait ce quatrain :

> Le père Girard, remply de flamme,
> D'une fille a fait une femme ;
> Mais le Parlement plus habile,
> D'une femme a fait une fille.

GIRARD DE VILLETHIERRY (Jean), prêtre de Paris, mort en 1709.

— La Vie des gens mariez, ou les obligations de ceux qui s'engagent dans le mariage... *Paris*, Pralard, 1700, préface et table, 10 ff., 511 pp. et approb. et privil. — *Paris*, 1743, in-12 (Bulletin du Bibliophile, 1852, 18 fr.). — *Paris*, Savoye, 1781, in-12.

— La Vie des religieux et des religieuses, ou Obligations de ceux qui embrassent la vie monastique. *Paris*, 1724, in-12 (cat. L'Escalopier, n° 1377).

Cet écrivain, qui a aussi écrit la *Vie des Vierges*, corrige par une noble simplicité les détails souvent scabreux où l'entraînent les nécessités de sa morale.

GLEN (frère Jean-Bapt. de), docteur en théologie de la Faculté de Paris et prieur des Augustins à Liège.

— Du Devoir des filles, traicté brief et fort utile, divisé en deux parties : la pr. est la dignité de la femme, de ses bons deportements et devoirs; des bonnes parties et qualités requises aux filles qui tendent au mariage ; l'autre traicté de la virginité, de son excellence, des bonnes parties nécessaires à celles qui en font profession, des moyens de la conserver, etc. *Liège*, 1597, 2 part. in-8 oblong.

Aussi singulier que rare.

GOBIN (maistre Robert), prestre maistre es ars, doyen de chrestiëte de Laigny (Lagny) sur marne au dyocese de Paris, advocat en court deglise.

— Les Loups ravissans... Cy fine ce present livre des loups ravissans fait et compose par maistre Robert Gobin prestre... imprime pour Anthoine Verard marchant libr. demourant à l'enseigne de sainct Jehan levangeliste ou au palais, au premier pillier devant la chapelle où on chante la messe de messeigneurs les presidents, s. d., in-4 goth., figures s/ bois d'une grande naïveté (Yemenitz, 700 fr. Cette édition porte la marque de Philippe le Noir). — *Paris*, Vérard, s. d., in-8 goth. (cat. Sandras, n° 522, 3 fr.).

Satire allégorique en prose et en vers, de plus de 800 pages, contre les différents états de la société et une foule de personnages, voire même les papes Jean XXII et Boniface VIII. Archilupus, le grand loup, vêtu du costume différent des moines de l'époque, prêche, sous leur habit, les vices qui déshonoraient les couvents; Sainte-Doctrine, belle et pucelle pastourelle, réfute Archilupus, convertit les louveteaux et inspire courage à l'auteur pour combattre Guerre, Famine et Mortalité, chambrières de la mort. On trouve dans ce chaos d'idées bizarres et dans ce fouillis allégorique lourd et prolixe quelques pensées originales et quelques expressions neuves et hardies. La passion y est peinte avec cette crudité de style et de pensée, qu'on trouve dans les vieux écrivains.

— L'Advertissement de conscience. *Paris*, Lenoir, s. d., in-4 goth.

Espèce de confession générale qui offre les mêmes qualités et les mêmes défauts que son singulier ouvrage : *Les Loups ravissans.*

GONAN (Le R. P. Benoist), célestin.

— La Chasteté récompensée, ou Histoire de sept pucelles doctes et sçavantes ; ensemble celle du chaste Floris et de Héliodore son amante malheureuse. *Bourg en Bresse*, Tainturier, 1643, in-8 (cat. Nyon-La Vall., n° 10156).

Ouvrage singulier très rare.

GOUSSET, archevêque de Reims et cardinal, né en 1792, mort en 1866.

— La Croyance générale et constante de l'Église touchant l'Immaculée Conception de la bienheureuse Vierge Marie, par le card. Gousset, 1855, in-8 de plus de 800 pp. (cat. L'Escalopier, n° 64).

Cet ouvrage résume non seulement tous les documents recueillis par les théologiens à l'époque de la promulgation de l'Immaculée-Conception en dogme, mais renferme encore tous ceux qui sont épars dans les liturgies, les bréviaires, les rituels, etc. C'est sans nul doute, l'ensemble le plus complet sur ce sujet. Le même écrivain a, dans son bagage théologique, un *Traité sur le mariage*, où l'on retrouve, en français souvent, les questions ardues et graveleuses dont on surcharge cette matière.

GRADI (R. P. Basil. da Ragusa), monaco della congregatione Casinense.

— Trattáto della Virginita et dello stato Verginale... *Roma*, Barth. Bonsadino, 1584, in-8 (cat. La Vall., 2° p., p. 927).

GRANDIER (Urbain), curé et chanoine de Loudun, brûlé vif dans la même ville en 1634.

— La Cordonnière de Loudun, s. n. 1632, in-12.

Roman d'amour, attribué à cette victime du fanatisme ou de la malveillance.

— Traicté du célibat des prestres. *Paris*, Pincebourde, 1866, in-18, 38 pp., frontisp. à l'eau-forte (cat. M. N***, Labitte, 1879, n° 36).

Cet ouvrage a été imprimé d'après un mss. de la Biblioth. nat. sur une copie de

Jamet. Quelques bibliographes doutent que le curé de Loudun en soit l'auteur, il est certain pourtant qu'un mss. pareil fut saisi dans ses papiers, et à moins qu'il n'y eut été caché par la malveillance, on est forcé de le lui attribuer. On croit qu'il l'avait composé pour étouffer les scrupules d'une femme qu'il avait séduite. Lire l'*Histoire des diables de Loudun* par Aubin, Amsterd. 1716, in-12, et *Examen et discussion critique de l'histoire des diables de Loudun...* par de la Menardaye, Paris, 1747, in-12.

GRÉCOURT (l'abbé J.-B.-Jos. Villart de), né à Tours en 1684, chanoine de cette ville, mort le 2 avril 1743.

— Contes et poésies diverses de M. de G***. *Berg-op-Zoom*, 1750, 3 vol. petit in-12, frontisp. grav. (Techener, 1855, 12 fr.).

— Contes et poésies libres, 1798, in-12 (cat. Noël, nº 540).

— Œuvres choisies. *Genève* (Cazin), 1777, 3 vol. in-18, 2 frontisp. d'Eisen et 1 de Marillier. — *Londres* (Paris, Cazin), 1780, 4 vol. in-18, frontisp. grav., 4 (cat. Grésy, 39 fr.). — *Paris*, Plassan, 1827, in-12. — *Paris*, Paulin, 1833, in-8, 147 pp., grav. au trait (10) et culs-de-lampe (19).

— Œuvres complètes. *Tours*, an x-1802, 8 part. in-18. — *Paris*, Renouard, 1811, 2 vol. grand in-8.

— Œuvres diverses (quelquefois Poésies diverses) de M. de Grécourt. *Lausanne et Paris*, 1746, 1747, 1748, 2 vol. in-12. — *Luxembourg*, 1741, 4 vol. petit in-12, fig. d'Eisen (Bullet. Bouq., 1857, 9 fr.). — *Lausanne et Genève*, 1750, 2 vol. in-12. — *Berg-op-Zoom*, 3 vol. pet. in-12, frontisp. grav. — *Amsterd.*, 1755, 1759, 1762, 1765, 1772, 1775, 1782, 4 tom. petit in-12, fig. — *Luxembourg* (Paris), 1761, 1764, 1767, 4 vol. petit in-12, portr., 2 frontisp. et 4 fleurons d'Eisen (Bull. Bouq., 1857, 6 fr.). — *Luxembourg* (Paris), 1768, 2 vol. in-12 (cat. Hénin, 1793, 5 l. 1 s.). — *Londres*, s. d., 7 vol. petit in-12, frontisp. encadr. (Luzarche, 4 fr. 50). — *Paris*, Chaigneau, an v-1796, 4 vol., portr. et fig. de Fragonard (8), quelques exempl. sont en grand pap. vélin (La Bédoyère, nº 595, 85 fr. ; Grésy, 245 fr.).

— Philotanus, poëme, par M. l'abbé ***. *Paris*, Legond, 1720, petit in-8, 36 pp. (cat. Laporte, 1873, 5 fr.) — *Paris*, Legond, 1726, in-8. — *Paris*, Legond, 1733, in-12, 54 pp., fig. (cat. Laporte, 1872, 3 fr.). — *Amsterd.*, 1721, in-12.

Petite polissonnerie bouffonne et mordante contre les jésuites. Le titre seul est déjà une cruauté : *philos*, ami, de *l'anus*, terme chirurgical, que nomment seuls les médecins sans rougir. C'est fin, spirituel et gai en diable, et son vers de dix syllabes frappe comme un fouet à dix lanières. Dans cette pièce, comme dans ses contes, ses chansons et ses fables, le chanoine a cette allure vive, hardie et délurée qui rit du mot libre et se moque de l'ordure. Il a écrit avec aussi peu de pudeur qu'il a vécu, chantant savoureusement le vin et plus chaudement encore les femmes. Précurseur en galanterie de l'abbé Voisenon, il fut plus effronté et plus obscène, et n'eut pas cette pointe fine et délicate de volupté qu'on admire dans son galant rival. L'un est le Piron railleur, impudique et osé du *chapitre*, l'autre est le Voltaire élégant, caustique, spirituel et délicat causeur du confessionnal; l'un, la calotte sur l'oreille, est un viveur impudique, qui dit une gaudriole et parfois une saleté rien que pour le plaisir de les dire; l'autre est un abbé frisé, ganté, musqué, corseté, la mouche à la joue et l'éventail en avant, qui ne risque un mot ou ne le suspend au bout de sa plume que pour mieux accentuer sa phrase et souligner sa pensée.

GRÉGOIRE DE NYSSE (Saint), évêque, né vers 331, mort en 378.

— GREGORII Nyseni, liber de virginate, a Petro Galesinio conversus. *Romæ,* apud P. Manutium, Aldi Fr., 1562, in-4 (cat. de l'abbé de Bearzi, n° 202).

GRÉGOIRE (l'abbé), évêque de Blois, né à Lunéville en 1750, mort à Paris en 1831.

— HISTOIRE du mariage des prêtres en France, particulièrement depuis 1789. *Paris,* 1826, in-8 (cat. Laporte, 1873, 6 fr. 50).

Histoire qui relate de fâcheux scandales et lègue à la postérité de tristes souvenirs. Le même auteur a donné : *De l'influence du christianisme sur la condition des femmes.*

GROZELLIER (Nicolas), prêtre de l'Oratoire, né à Beaune le 29 août 1692, mort le 19 juin 1778.

— PASTORALE sur le mariage du Dauphin, 1747, in-12.

Cet écrivain facile a aussi donné des *Fables*, 1739 et 1768, in-12, qui se lisent avec plus de plaisir que celles de La Mothe.

GUEUDEVILLE (Nicolas), bénédictin, journaliste, littérateur, etc., né vers 1650 à Rouen, et mort dans la misère à La Haye en 1720.

— COLLOQUES d'Erasme, trad. du lat. *Leyde,* 1720, 6 vol. in-12, fig.

Colloques souvent fort libres sur l'amour, le mariage et les femmes. Édition estimée.

— ÉLOGE de la Folie d'Erasme, trad. du lat. *Leyde,* 1713, in-12, fig. — *Amsterd.,* 1728, in-8, fig. d'Holbein. — Revue par de Querlon (*Paris*), 1751, in-8. — Retouchée par Falconet. *Paris,* 1757, in-12.

Cet ouvrage facétieux présente des passages peu chastes.

— TRAITÉ de Corn. Agrippa, sur la noblesse et excellence du sexe féminin... *Leyde,* 1726, 3 vol. petit in-8.

GUINISIUS (Vincent), jésuite, né à Lucques vers 1588, mort à Rome en 1653.

— GUINISII è Soc. Jesu, poesis heroica, elegiaca, lyrica, epigrammatica, aucta et recensita : item dramatica nunc primum in lucem edita. *Antverpiæ,* ex off. Plantinianâ, Balth. Moreti, 1637, in-12, frontisp. grav. (Bull. Bibliophile, 1855, 25 fr.). — *Paris,* 1639, in-12 (cat. Soleinne).

On trouve dans ce recueil une épigramme dans laquelle sont décrits les tours de force des danseurs de corde et une pièce de théâtre en 5 actes, de 3,000 vers, de cinquante personnages principaux, d'une foule de Néréides, de dauphins... de quatre ballets d'Indiens, de soldats, de *centaures,* etc. La scène se passe dix-sept fois dans les nuages, dans le ciel, sur la terre, dans la mer, en enfer même. Le titre est : « Ignatius in Monte Serrato arma mutans. Drama ideo-practicum, actum ludis scenicis in collegio romano soc. Jesu a seminarianâ juventute, cùm S. Ignatius Soc. Jesu fundator à Gregorio XV. Pont. Max, inter sanctos relatus esset anno sal. 1622. Quinquies datum, semper placitum. »

Malgré les *centaures,* les Néréides... on ne peut accuser ce mélodramaturge d'un peu de légèreté, non, car tout est fait dans un but tellement orthodoxe, que Neptune lui-même est frappé de la grâce, et sort du fond de la mer en portant et adorant la Sainte Vierge ! Tout est bien qui finit bien, mais on ne s'attendait guère à trouver le dieu des mers si bon catholique.

H

HABERT (Germain, abbé de Cerisay), académicien, né à Paris en 1610, mort en 1655.

— LES MÉTAMORPHOSES des yeux de Philis en astres, s. n. *Paris,* 1639, in-8, et 1652, in-4 (Biblioth. Grenoble, n° 16347).

Ce poème ou plutôt ce conte, d'environ sept cents vers, considéré de son temps comme supérieur aux *Métamorphoses* d'Ovide, aujourd'hui que ce style maniéré et galamment prétentieux n'est plus de mode, est complètement oublié.

HAUDANT (Guill.), curé de Normandie.

— LES PROPOS fabuleux moralisez, extraicts de plusieurs auteurs tant grecs que latins, non moins utiles à l'esprit que récréatifs à toutes gens. Nouvelle impr. à *Lyon,* par B. Rigaud et Jean Saugrain, 1556, in-16 (Bull. bibl., 1859, 60 fr.).

Ce n'est pas la fable, c'est plutôt le conte avec son allure libre et un peu sans façon qu'on trouve dans ce recueil, comme l'histoire d'une veuve et de son âne vert. La Fontaine a tondu, plus que la largeur de sa plume, dans ces naïves gauloiseries du gai curé normand. Le loup dit sérieusement au renard :

> Beau père, à Dieu me confesse et à vous
> Qu'un jour passé, dessus une terrasse,

> Je rencontroy une coche fort grasse
> Que je mengeoy pour autant qu'en l'étable
> Comme cruelle et mère détestable
> Les cochonnets laissoit mourir de faim... etc.

HEDELIN (François, abbé d'Aubignac et de Meymac), né à Paris en 1604, mort à Nemours en 1676.

— AMÉLONDE, ou la Vestale, s. n. *Paris,* 1679, in-12.

— APOLOGIE de l'histoire du temps, ou la Défense du royaume de Coquetterie, s. n. *Paris,* 1659, in-12.

— ARISTANDRE, histoire interrompue, s. n. *Paris*, Du Breuil, 1664, in-12 (M^ise de Pompadour, 2 l. 2 s.).

Nouvelle galante.

— LES CONSEILS d'Ariste à Célimène sur les moyens de conserver sa réputation, s. n. *La Haye,* 1687, petit in-12.

Ouvrage très curieux et fort rare.

— LA CYMINDE, ou les deux Victimes, trag. en pr. (5 act.). *Paris,* Fr. Targa, 1642, in-12.

— DISSERTATION sur la condamnation des théâtres, s. n. *Paris,* N. Pepingué, 1666, in-12, 6 ff., 250 pp.

— HISTOIRE du temps, ou Relation du royaume de Coquetterie ; ensemble le siège de la Beauté et la blanque des illustres filoux, s. n. *Paris,* 1654, in-12, avec carte du roy. de Coquetterie (Techener, 1858, 8 fr.). — *Paris,* 1655 et 1659, in-12. — *Paris* (Mercier), 1793, in-18, 53 pp.

L'auteur, dans cet ouvrage, s'est peut-être inspiré de la *Carte du Tendre* de Mlle de Scudéry, mais son roman est mieux écrit, et, malgré toutes les personnifications allégoriques dont il fourmille, se soutient davantage à la lecture. Les Admirables, les Évaporées, les Précieuses, les Mignonnes, les Ravissantes, se promènent dans les châteaux d'Oisiveté et de Libertinage, passent le gué de l'Occasion et montrent sur la place de Cajolerie et dans la plaine des Agréments, leurs mille petits ridicules, leurs agaçantes mines, prodiguent leurs petits manèges, leurs petits caprices, leurs petits soins, réchauffent leurs petites amours et rêvent à leurs toutes petites modes... C'est ingénieux, fin et mordant. Dans ce royaume galant, on trouve tous les genres de femmes, jusqu'aux : « saintes *ni-touche,* qui refusent tout, devant le monde, et laissent tout prendre, en particulier. »

— MACARISSE, ou la Reine des isles fortunées. *Paris*, 1664, 2 vol. in-8, frontisp. grav., fig. de Chauveau (Bull. bouq., 1858, 18 fr.; cat. Laporte, 1873, 4 fr. 50). — *Paris,* 1666, 2 vol. in-8. — *Paris,* Loyson, 1673, 2 vol. in-8 (M^ise de Pompadour, 6 l.).

Roman allégorique et galant, dans le genre de Scudéry. Peintures de mœurs souvent lestes et même graveleuses.

— LETTRES d'Ariste à Cléonte, contenant l'apologie de l'Histoire du temps, ou la Défense du royaume de Coquetterie, s. n. *Paris,* Danglois, 1659, in-12 (M^{ise} de Pompadour, n° 1952).

— La Pucelle d'Orléans, trag. (5 act. en pr.) selon la vérité de l'histoire et les rigueurs du théâtre, s. n. *Paris,* F. Targa, 1642, petit in-12 (Soleinne, 15 fr.).

— Sainte Catherine, trag. (5 act. v.) sur la copie impr. à *Caen,* Ch.-El. Mangeant, 1650, in-4. — *Rouen,* Besongne, 1700, in-12 (M^{ise} de Pompadour, n° 924). — *Troyes,* s. d., in-12.

— Traité de la nature des Satyres, Brutes, Monstres et Démons, 1627, in-8.

— Zénobie, reine de Palmyre, trag. en pr. *Paris,* A. Courbé, 1647, in-4 (M^{ise} de Pompadour, n° 923).

HEISTERBACH (Césaire), moine de l'ordre de Cîteaux.

— Illustrium miraculorum et historiarum memorabilium libr. XII ante annos fere 400 à Ces. Heisterbachensi conscripti. *Col.-Agripp.* sumpt. Arn. Mylii, 1591, in-8 (cat. L'Escalopier, n° 1396).

Cet ouvrage contenant 735 chapitres, et le récit de presqu'autant de miracles *accomplis* sous les yeux de l'auteur, a été composé pour nourrir la piété des novices soumis à la direction du bon moine. Sans compter les diableries scabreuses qui surabondent dans ces naïfs récits, citons ces deux échantillons pour la nourriture de la piété des futurs moines : Heisterbach leur conte comment le soleil se partagea un jour en trois morceaux et comment les diables passèrent toute une nuit à jouer à la paume avec l'âme d'un écolier qui avait dit du mal des moines de Cîteaux.

L'édition la plus ancienne a été publiée à Nuremberg en 1481. Les curieux ne recherchent que les éditions anciennes, car on a eu soin de purger les modernes, des miracles trop étranges. L'Espagne catholique, malgré sa grande foi naïve et peu scrupuleuse, a mis cet ouvrage à *l'index.*

HÉLAINE (l'abbé)..

— Les Amans vertueux, ou Lettres d'une jeune dame, écrites de la campagne à son amie à Londres, ouvr. trad. de l'anglais, s. n. *Paris,* Costard, 1774, 2 part. in-12.

Traduction supposée pour moins effaroucher la censure et voiler davantage la paternité littéraire de l'abbé.

HÉLIODORE, évêque de Tricca en Thessalie, né à Émèse en Phénicie, vivait sous Théodose le Grand.

— Heliodori æthiopicæ historiæ, libri X. *Bâle,* 1534, in-4. — *Paris,* 1596, in-8. — *Lyon,* V° de Harsy, 1611, in-8. — *Paris,* 1619, in-8. — *Strasbourg,* 1798, 2 vol. in-8. — *Paris,* 1804, 2 vol. in-8 (édition la plus estimée). — *Strasbourg,* 1806, 2 vol. in-8.

Traductions françaises :

— HISTOIRE éthiopique, traictant des loyales et pudicques amours
de Théagènes et de Chariclée (trad. d'Amyot). *Rouen,* 1538,
petit in-8. — *Paris,* 1547, 1549, 1559, in-fol. — *Paris,* 1553,
in-8. — *Paris,* 1560, 1570, 1575, 1584, 1588, 1589, 1612, 1616,
in-16. — *Paris,* 1623 et 1626, in-8, fig. — *Paris,* 1803, 3 vol.
in-12. — *Paris,* 1805, 2 vol. in-8. — *Paris,* 1822, 2 vol. in-8.
— *Paris,* 1823, 4 vol. in-16.

Bayle a réfuté ce conte absurde d'un synode, qui avait forcé Héliodore à brûler
lui-même son roman. Quand on commet l'heureuse faute de produire une œuvre littéraire, qui mérite, par la naïveté des caractères, la vérité de la passion, le naturel des
situations et l'élégance du style, d'être comparée, à tout ce que la Grèce a donné de
plus beau en ce genre, on a droit même à l'indulgence d'un synode. « Hinc, dit
Commelin, némo, qui modo φιλήκοος est, si semel id legere caperit, de manibus
deponere potest, antequam absolverit. »

HENNEBERT (l'abbé Henri).

— DU PLAISIR ou du moyen de se rendre heureux, par l'abbé
H. Hennebert. *Lille,* 1765, 2 vol. in-12, fig. (cat. Laporte, 1873,
3 fr.).

Cet abbé se permet sur le plaisir et les moyens de se rendre heureux des détails
tellement *théologiques,* que pour ne pas classer cet ouvrage parmi les livres *libres,*
nous préférons le dire *théologique.*

HERSENT (Charl.), prêtre de l'Oratoire, docteur de Sorbonne, chanoine de l'église de Metz, prédicateur, mourut au château de Largoue, en Bretagne, après 1660.

— LA PASTORALE saincte, ou Paraphrase du Cantique des Cantiques, selon la lettre et selon le sens allégorique et mystique
(5 act. en pr.), avec une introduct. dédiée au card. de Richelieu.
Paris, 1635, in-8 (cat. Soleinne, n° 1117, 29 fr. 50).

Ouvrage très rare et aussi singulier ; le prétendu sens mystique de ce poème
d'amour est rendu de la façon la plus charnelle ou la plus sensuelle. Ce sont des
louanges passionnées aux cuisses, au nombril, aux tétons, au ventre de sa bien-
aimée. Il serait difficile à l'auteur le plus immoral de faire mieux ou pis.

— OPTATUS gallus de cavendo schismato. *Paris,* 1640, in-8.

Libelle sanglant contre le cardinal de Richelieu, qui fut condamné par le Parlement de Paris. Il est loin, dans cet écrit, des flatteries qu'il lui prodiguait dans la
dédicace du précédent ouvrage. Il y a une contrefaçon qui se distingue à ceci : l'arrêt
dans la bonne édit. a 12 pp. et 11 dans la contrefaçon.

HISTOIRE notable d'un jésuite, nommé P. Henry, qui a esté bruslé en la ville d'Anvers, le 12 avril 1601,

estant convaincu d'estre sodomiste, laquelle a esté
escrite par un des juges délégués pour le procès criminel d'ycelui ; mise du flamang en françois, 1639, petit
in-8, 40 pp.

Curieux et très rare. — On a donné à ce sujet :

— CONTREDITS au libelle diffamatoire intitulé : Histoire notable
du Père Henry, jésuite... par Fr. Ségusie. *Lyon,* 1601, in-12.

Et : L'INNOCENCE défendue contre le livre intitulé : Histoire notable du Père Henry, par Dan. Martin. *Bourdeaux,* 1602, in-8.

HOYERI (Mich. Augustiniani), jésuite.

— TRAGŒDIÆ aliaque poemata. *Antverpiæ,* Hen. Aertssens, 1641,
in-24, titre gr.

Cet ouvrage contient la tragédie de la vierge Théodore, qui est condamnée à être
violée dans un mauvais lieu. Le jésuite aborde audacieusement ce sujet délicat et
fait même dire à sa vierge, que c'est chose agréable de mourir dans un tel lieu, et
que c'est une mort heureuse, de mourir avec un tel gain :

> Jucunda res est in loco tali mori,
> Beata mors est cum lucro tali mori...

HUEL (l'abbé), curé de Rouceux, près de Neufchâ-
teau (Vosges). Dans le catalogue Falconet, on le désigne
sous le nom de Huet, curé de Toul.

— MOYENS de rendre nos religieuses utiles et de nous exempter
des dots qu'elles exigent, s. n., 1750, in-12 (cat. Falconet,
n° 1727).

Et : ESSAI sur les moyens de rendre les religieuses utiles en sup-
primant leurs dots, s. n. *Neufchâteau,* 1757, in-12.

Son imprimeur ayant été arrêté pour cet ouvrage par la Cour souveraine de
Lorraine, il eut la loyauté et le courage de se faire connaître et de s'en déclarer
l'auteur.

HUET (P. Dan.), évêque d'Avranches, né à Caen en
1630.

— DIANE de Castro. *Paris,* Coustellier, 1728, in-12.

Cette Diane de France, fille de Henri II, fut maîtresse de Henri III et mourut
en 1619.

— LETTRE sur l'origine des romans. *Paris,* 1670, in-12, à la tête

de *Zaïde*, de Mme de Lafayette. — Seule, *Paris*, Cramoisy,
1678, in-12.

Cette lettre est presque toujours imprimée avec le roman de *Zaïde*.

HUGUET (le Révérend Père), contemporain.

— Les Perles de saint François de Sales, ou les plus belles pensées du Bienheureux sur l'amour de Dieu, mises en ordre par
le R. P. Huguet. *Paris*, Ruffet, 1871, in-32, 320 pp.

S'il est un genre de littérature religieuse, qui devrait s'épargner le moindre
soupçon de *légèreté*, c'est sûrement cette quantité énorme de prose rimée classée
sous le nom de cantiques spirituels. Nous ne pouvons tout citer, il faudrait une
bibliographie spéciale ; nous donnons cet échantillon moderne, qui fera juger du reste.
On frémit pour la vertu, quand l'on songe combien de voix fraiches et pures...
psalmodient tous les jours, ces insanités qui, sous le nom de mysticité, remplissent
les églises et quelquefois la chambrette de la jeune fille de leurs effusions immorales.

> Vive Jésus, vive sa force,
> Vive son agréable amour !
>
> Vive Jésus, quand sa bonté
> Me réduit dans la nudité ;
> Vive Jésus, quand il m'appelle :
> Ma sœur, ma colombe, ma belle !
>
> Vive Jésus en tous mes pas,
> Vivent ses amoureux appas !
> Vive Jésus, lorsque sa *bouche*
> D'un *baiser amoureux* me *touche !*
>
> Vive Jésus, quand ses blandices
> Me comblent de chastes délices !
> Vive Jésus, lorsqu'à mon *aise*
> Il me permet que *je le baise!*
>
> Vive Jésus, quand ses doux yeux
> Jettent un regard gracieux.
> Vive Jésus, qui me tourmente !
> Vive Jésus, qui me contente !
>
> Vive Jésus, lorsque pâmée,
> Je me trouve en lui transformée !
>
> . . . .

Certes, la poésie autorise bien des licences, mais seules peuvent s'en permettre
autant les muses cléricales.

HULOT (l'abbé).

— Instruction sur les mauvaises chansons. *Paris*, Ad. Leclerc,
1836, in-8, 108 pp.

La façon dont il combat, chap. III à VI, les chansons obscènes et dissolues et les
chansons d'amour *charnel*, donnera plus envie de les chanter que de les brûler.
Loin de les faire détester, ses dissertations piqueront plutôt la curiosité et leur
donneront plus de vogue. Plusieurs passages sur l'amour *charnel* méritent de figurer
dans certains livres d'amour spirituel ou mystique.

7

I

IMBERT (Guillaume), bénédictin, né à Limoges en 1743, mort en 1803.

— ANECDOTES secrètes du xviii° siècle. *Paris*, 1808, 2 vol. in-8.

Ce sont des extraits de la *Correspondance littéraire secrète*.

— LA CHRONIQUE scandaleuse, ou Mémoires pour servir à l'histoire de la génération présente, conten. les anecdotes et les pièces fugitives les plus piquantes que l'histoire secrète des sociétés a offertes pendant ces dernières années, s. n. *Paris*, dans un coin d'où l'on voit tout, 1783, petit in-8. — 1786, 2 vol. petit in-8. — 1788, 5 vol. in-12. — 1791, 5 vol. in-12.

Cette compilation va jusqu'au mois d'octobre 1791 et comprend 33 numéros in-8 de 8 pp. Le titre ne trompe pas, il y a des commérages sur toutes personnes et sur toutes choses, parfois très lestes et souvent scandaleux.

— CORRESPONDANCE littéraire secrète, 1774-1793, 19 vol. petit in-8. — *Londres* (Maëstricht), 1787-90, 18 vol. in-12.

La 1re édit., la plus complète, est presqu'introuvable. Écrite dans le genre des Mémoires de Bachaumont, cette Correspondance est pourtant différente et renferme de précieux renseignements sur les auteurs, les livres, les personnages de l'époque, etc.

INNOCENT XI (Benoît Odescalchi), né en 1611 à Côme, dans le Milanais, mort en 1689. Ce pontife énergique, qui condamna les Molinistes et les Quiétistes, et qui résista à Louis XIV dans les disputes de la régale, avait porté les armes avant de prendre les clefs de Saint-Pierre.

— DECRETA quibus interdicitur Officium Immaculatæ Conceptionis S. Virginis, necnon plurimæ indulgentiæ abolentur vel prohibentur, lat. et gallice, 1679, in-12 (Cat. de Sinécourt, 1766, n° 304).

Similitude et contradiction étranges : de deux hommes qui ont été tous deux soldats, et qui deviennent papes, l'un, Innocent XI, interdit l'Office de l'Immaculée Conception, abolit ou prohibe les indulgences relatives à cette dévotion, donc, il n'y croit pas ; et l'autre, Pie IX, déclare que c'est un dogme catholique et l'impose comme article de foi, à tous ceux qui seraient tentés de croire comme son prédécesseur, c'est-à-dire peu, ou pas du tout! Que penser de cette incrédulité et de cette foi papales? L'un adore ce que l'autre avait brûlé. Que l'Esprit-Saint les sorte de là.

IRAILH (August.-Simon), curé de Saint-Vincent, diocèse de Cahors, né au Puy en Velay le 16 juin 1719, mort en 1794, chanoine de Monistrol.

— HISTOIRE de miss Honora, ou le Vice dupe de lui-même, s. n. *Paris*, 1766, 4 vol. in-12 (Ersch, *France littéraire*).

Le Fèvre de Beauvray dans une lettre adressée au *Journal encyclopédique*, mars 1766, p. 137, déclare avoir dicté cet ouvrage en 1765 à un galant homme de ses amis, l'abbé Irailh, qui sans son avis, s'est fait l'éditeur et le vendeur de ce roman... Que croire? un prêtre, chanoine, prieur, curé, etc., n'a pu se rendre coupable d'une semblable indélicatesse? que vous en semble? *Sub judice lis est.*

— HENRI le Grand et la marquise de Verneuil, ou le Triomphe de l'héroïsme, tragéd. en 5 act. en prose... s. l. n. d. ni format.

Cette pièce a-t-elle été imprimée? Laporte en indique le titre dans le supplément à la *France littéraire*, 1778, tome IIIe.

ISOIRD DE LISLE DE SALES, oratorien.

— LA BARDINADE, ou les Noces de la stupidité, poëme en dix chants, s. n., 1765, in-8. — Avec le parallèle entre Descartes et Newton, 1766, in-8 (Ersch, *France littéraire*). — *La Haye* et *Paris,* Cuissart, 1768, in-8.

J

JACQUIN (l'abbé Armand-Pierre), né à Amiens en 1721, chapelain de la cathédrale d'Amiens, mort vers 1780.

— ENTRETIENS sur les romans, 1755, in-12.

Dans la 4e partie, l'écrivain traite du danger de la lecture des romans.

— LETTRES parisiennes sur le désir d'être heureux, s. n. *Genève* et *Paris*, Duchesne, 1758, 1761, 2 part. in-12.

Peu commun.

JAGER (l'abbé).

— LE CÉLIBAT ecclésiastique. *Paris,* 1836, in-8 (catal. Pressac, 1857, n° 201, 3 fr.).

JARRIGE (R. P. Pierre), jésuite, né à Tulle en 1605 et mort dans la même ville le 26 septembre 1660.

— Les Jésuites mis sur l'eschafaut pour plusieurs crimes capitaux par eux commis dans la province de Guienne, s. n. *Leyde*, chez les héritiers de Jean-Nicolas, 1648, in-12 (cat. Guichard, n° 1250). — *Leyde,* 1649, in-8, 175 pp. (Van der Helle, 7 fr.). — *Leyde,* 1649, petit in-8, 96 pp. (Bull. bibl., 1859, 15 fr.). — Avec la response aux calomnies de Jacques Beaufils, s. l. (Holl.), 1649, in-12 (Arch. du Bibl., 1860, 18 fr.; Bull. du Bouq., 1857, 6 fr.). — s. l. (Holl.), 1677, petit in-12 (cat. de l'abbé de Bearzi, n° 679 ; La Bédoyère, 1862, 21 fr.). — *Bruxelles,* Gay, 1872, in-8. — Traduit en latin, sous le titre : Jesuita in ferali pegmate, cum judicio generali de hoc ordine. *Leyde,* 1665, in-12, 264 pp.

Cet ouvrage, divisé en 12 chapitres, est une longue énumération d'impudicités dans les classes, dans les couvents de nonnains, de meurtres de petits enfants trouvés, etc. Tout cela est fangeux, horrible. Citons, dans le moins malpropre : « Les mollesses, dit l'auteur, les attouchemens sensuels, les pollutions et les ordures, sont si communes à leurs jeunes gens, qu'ils en laissent les marques et les vestiges partout, avec tant d'horreur, que leur lasciveté n'est pas imaginable. »

Les actes, dont parle le R. P. Jarrige, sur enfants et sur petites filles, doivent être acceptés, avec d'autant plus de confiance que malheureusement, tous les jours, la *Gazette des Tribunaux* en raconte d'aussi tristes et d'aussi déplorables. Ce volume trop curieux se termine ainsi : « Je finis en t'assurant deux choses : la première, que je n'ai dit que la pure vérité; la seconde, que s'ils ne m'eussent attaqué griefvement, j'estois dans le dessein de me taire, quand je n'eusse pas eu, mesme d'autre considération, que de n'avoir pas la honte parmy mes frères, d'avoir si longtemps vescu dans un ordre si criminel. A la plus grande gloire de Dieu. »

JAUBERT (l'abbé Pierre), curé de Sestas, né à Bordeaux vers 1715 et mort à Paris en 1780.

— Anecdotes ecclésiastiques, 1772, 2 vol. in-8.

— Éloge de la roture, dédié aux roturiers. *Londres* (Paris), Dessain junior, 1766, in-12 (Ersch, *France littéraire;* La Bédoyère, 1862, 13 fr. 50).

— Œuvres d'Ausone, trad. en franç. *Paris,* 1769, 4 vol. in-12 (Yemenitz, 62 fr.; Potier, 1870, 60 fr.). — *Paris,* Barrois, s. d. 4 vol. in-12 (La Bédoyère, 38 fr.; Techener, 1855, 28 fr.).

C'est la seule traduction française complète que nous ayons d'Ausone, d'ailleurs estimée pour sa fidélité et la pureté du style. On lui reproche d'avoir reproduit la liberté de certaines poésies et surtout d'avoir donné dans sa crudité le *Cento nuptialis;* Ausone lui-même s'est excusé de l'avoir composé :

> « Contentus esto, Paule mi,
> Lasciva, Paule, pagina :
> Ridere nil ultra capeto.

Sed cum legeris, adesto mihi adversum eos, qui, ut Juvenalis, ait :

> Curios simulant, et Bacchanalia vivunt :
ne forte mores meos spectent de carmine.
>
> Lasciva est nobis pagina, vita proba
ut Plinius dicit. » Ausonii, opera, *Bisonti*, 1785, in-8, p. 213.

JAUFFRET (l'abbé).

— DES SERVICES que les femmes peuvent rendre à la religion, ouvrage suivi de la vie des Dames françaises les plus illustres en ce genre, s. n. *Paris,* Mᵐᵒ Nyon, 1802, in-12.

JOLY (le P. Joseph-Romain), capucin, né à Saint-Claude en 1715, mort en 1805.

— LES AVANTURES de Mathurin Bonice, premier habitant de l'isle de l'Esclavage, ancien ministre du roi de Zanfara. 1783, 4 vol. in-12 (Ersch, *France littéraire*).

Roman allégorique.

— LE DIABLE cosmopolite, ou les Avantures d'Astaroth dans diverses régions du monde, poëme en vers marotiques, précédé de Belphégor, conte en vers tiré de Boccace, s. n. *Paris,* 1760, in-8. — *Aux Champs-Élysées,* 1761, 4 part. in-8 (Techener, 1855, 7 fr.).

Ce poème offre des traits piquants et des détails de mœurs dignes du diable qui les raconte. Le capucin, dans le conte de *Belphégor,* a gardé l'indécence de Boccace, mais n'a pas su imiter son style.

— L'ÉGYPTIENNE, poëme épique en XII chants, s. n. *Paris,* Lacombe, 1776, in-12.

Ou : L'ÉGYPTIADE, voyage de saint François d'Assise à la cour du roi d'Égypte, par le P. Romain Joly, capucin. *Paris,* Jaubert, 1786, in-12.

Ce poème peut, pour le ridicule, être considéré comme le pendant du célèbre poème de la *Madeleine* du P. de Saint-Louis.

— LETTRES historiques et critiques à Mˡˡᵒ Clairon sur les spectacles. *Avignon* (Paris), 1762, in-8.

— LE PHAÉTON moderne, poëme. *Paris,* 1772, in-12.

Satire aussi plate que grossière contre Voltaire.

— PLACIDE, tragéd. *Paris,* 1786, in-8.

JONCOUX (le Père François du), Auvergnat, de l'ordre des Frères prêcheurs.

— Estrennes mystiques, spirituelles et réciproques du ciel et de
la terre, publié le premier de l'année 1624 par le P. Fr. du
Joncoux, auvergnat. *Poictiers,* Abr. Monnin, 1624, in-16, frontisp. grav. (cat. Pressac, n° 1462, 12 fr. 50).

Ouvrage aussi singulier que rare, l'auteur disserte des coustumes anciennes du
premier jour de l'année, du chapeau, bonnet et voile, en marque des diverses pres-
trises, royauté, franchise et pudicité de tous ceux qui les portent...

JUVERNAY (Pierre), prêtre parisien.

— Discours particulier contre les filles et femmes desbraillées,
descouvrant leur sein et portant des moustaches. *Paris,* Pierre
le Mur, 1637, petit in-8, grav. sur le titre (cat. Gaignat, 7 l.
4 s.; Pixérécourt, n° 46, 40 fr.). — *Paris,* Bouillerot, 1640,
petit in-8, grav. sur le titre (Peignot, n° 185, 16 fr.; Lemarié,
36 fr.; By, n° 31, 20 fr.). — *Genève,* Gay, 1867, petit in-12,
iv-59 pp.

Dans cet ouvrage peu commun, les expressions et les détails sont à l'avenant du
titre. Ce prêtre parisien, par imitation peut-être, a débraillé son style et découvert
sa pensée autant que découvraient leur sein les filles et femmes desbraillées qui
portent mouches jusque par delà les épaules.

— Le Foudre foudroyant et ravageant contre les péchés mortels.
Paris, Le Mur, 1637, in-8 (La Vall., 1re p., n. 771).

L

LABADIE (Jean), jésuite, né en 1610 à Bourg en Guienne, mort à Altona en 1674.

— Le Hérault du grand roi Jésus. *Amsterd.,* 1667, in-12.
— Le véritable Exorcisme, ou l'unique Moyen de chasser le diable
du monde chrétien. 1667, in-12.
— Les sainctes Décades. 1671, in-8.

Ces ouvrages et beaucoup d'autres, cités dans les *Mémoires de Nicéron,* t. XVIII
et XX et dans *Cimbria litterata,* t. III, ont pour but, de prouver que la perfection
consiste dans le détachement absolu des sens, et qu'il n'y a absolument aucune
action, qui ne puisse être sanctifiée en la rapportant à Dieu. Le jésuite mit si bien
en pratique cette doctrine, sur les femmes, les religieuses et autres, qu'il fut partout
chassé et prié de porter ailleurs les fruits de sa mysticité.

LABADIE, religieux convers de la congrégation de Saint-Maur.

— Les Aventures de Pomponius, chevalier romain, ou l'Histoire
de notre temps, s. n. *Rome* (Holl. à la sphère), 1724, 1725, 1728,
in-12.

Cet ouvrage peu commun donne le récit brutal des amours et aventures gaillardes
du Régent. Ce n'est pas un pamphlet, car dans cette vie voluptueuse et sans frein,
il y avait plus à gazer qu'à déshabiller. Ces aventures ont été revues par l'abbé
Prévost, on en trouve la clef dans le *Ducatiana*, Amst. 1738, petit in-8, pp. 106-110.

LACHAU (l'abbé Géraud de), bibliothécaire, secrétaire interprète et garde du cabinet des pierres gravées
du duc d'Orléans.

— Dissertation sur les attributs de Vénus Anadyomène. *Paris,*
1776, 1780, 1786, in-4, avec jolies vignettes et une belle estampe
gravée par Saint-Aubin, d'après le Titien représentant Vénus
(Van der Helle, 59 fr.; La Bédoyère, 1862, 21 fr.).

Ouvrage honoré d'un accessit dans le concours de l'Académie, mais s'il prouve la
science de l'abbé, il n'en recommande pas la chasteté. Le prêtre ne doit, en sciences,
en littérature, en arts, ne cultiver et ne traiter que les sujets qui ne compromettent
pas la dignité de son caractère. L'abbé Le Blond a collaboré à cet écrit et a droit à
sa part de paternité.

LAGARDE (l'abbé Philippe Bridard de), né à Paris
en 1710, mort le 3 octobre 1767, instituant Crébillon
fils son légataire universel.

— Les Amours grivois, op. com. bal. par Favart (de Lagarde et
Le Sueur), s. l. n. d. (1744), in-8.
— Les Annales amusantes, ou Mémoires pour servir à l'histoire
des amusements de la nation en tous genres, s. n. *Paris,* 1742,
in-12.

Ouvrage très rare, il fut supprimé avant de paraître.

— Le Bal de Strasbourg, divertissement allemand au sujet de la
convalescence du roy, op. com. bal., par M. Favart, de La-
garde et Le Sueur. *Paris,* Prault, 1744, in-18.
— Factum pour la demoiselle Lemaure, 1743, in-4.
— La Fille mal gardée, ou le Pédant amoureux, parodie de la
Provençale, 1er act., pr. et vaud., par Mme Favart et M. l'abbé
de L***. *Paris,* Duchesne, in-8 (dans le Théâtre de Favart,
1763-72).
— Lettres de Thérèse ***, ou Mémoires d'une jeune demoiselle
de province, 1739-40, 5 parties in-12.
— La Précaution inutile, coméd. en musiq., s. n. 1756, in-4
(Soleinne, n° 3582).

— La Roze, ou les Festes de l'hymen... *Paris,* Duchesne, 1754, in-8.

Cet abbé, qui a encore composé *Mignonnette* ou *le Quart d'heure,* coméd. bal. jouée en 1750 et la chanson grivoise si connue : « Malgré la bataille qu'on donne demain », a rendu l'immense service à la religion, non, son titre d'abbé me fait tromper, au théâtre, d'y avoir établi le vrai costume scénique. Sans un abbé, amoureux de l'art et de l'histoire, aujourd'hui comme à cette époque, la veuve de Pompée paraîtrait sur la scène en grand panier, César, en chapeau garni de plumes, Amphytrion, en habit à la française, et l'Amour...

LALLEMAND (le Père Jacq.-Philippe), jésuite, né à Saint-Valery-sur-Somme en 1660, mort à Paris en 1748.

— Les Moines, comédie en musique (3 act. v. l.), composée par les RR. PP. Jésuites et représentée en leur maison de récréation de Mont-Loüis, devant feu le R. P. L. C. (La Chaise), par les jeunes de leur société, s. l. n. d. (27 août 1709), in-12, 57 pp.

Singulière et peu édifiante facétie, pleine des épigrammes les plus rabelaisiennes, contre la gourmandise des moines, leur penchant à l'ivresse et un peu au culte de Vénus. Cette pièce a été réimprimée sous le titre :

— Les Moines, comédie nouvelle, s. l. 1716, in-8, 24 pp.

La scène se passe à Monaco dans les grandes casernes. Non seulement les intermèdes manquent, mais le texte a subi beaucoup de mutilations.

LAMARE (l'abbé), né à Quimper vers 1708, mourut à Egra en 1746. Voltaire, dans sa Correspondance, le nomme le petit La Mare.

— L'Ennui d'un quart d'heure, s. n. *Paris,* Rollin fils, 1736, in-8, 24 pp. (Bibl. de Grenoble, n° 16188).

Pièce de vers charmante. Voir *Bibliothèque française*, tom. XXIII, p. 358, et XXIV, p. 182.

— Œuvres diverses. *Paris,* 1763, in-12.

Ce volume contient : Factum pour Mⁿᵉ Petit, danseuse de l'Opéra, Titon et l'Aurore et Zaïde.

— Les Quarts d'heure d'un joyeux solitaire, ou Contes de M***. *La Haye,* 1766, petit in-8, 52 pp.

Cet ouvrage peu commun renferme 20 pièces en vers fort peu ecclésiastiques, ou trop, si l'on tient compte des mœurs plus légères du clergé à cette époque. La dame fidèle ; les deux pets ; les deux outils ; les deux robes ; la perte réciproque ; la servante excusée ; etc. Ces poésies sont aussi attribuées à l'abbé Sabatier de Castres, c'est possible, il a commis également quelques légèretés littéraires.

— Zaïde, reine de Grenade. *Paris,* Ballard, 1739, in-4 (cat. Mᵈᵉ de Pompadour).

Cette pièce est suivie de *Momus amoureux.*

LAMBERT (le Père), jésuite, fils d'un banquier de Paris, réfugié en Hollande.

— Anecdotes jésuitiques, ou le Philotanus moderne, s. n. *La Haye,* 1740, 3 vol. petit in-12 (Techener, 1858, 15 fr.; La Bédoyère, 1862, 40 fr.). — *La Haye,* s. d., 3 vol. petit in-12. — *La Haye,* 1760, 3 vol. petit in-12.

Anecdotes virulentes sur les mœurs scandaleuses des jésuites.

— Avantures de trois coquettes, ou les Promenades des Thuilleries, s. n. *Haarlem,* 1740, 1796, in-12, fig. (Bertin, 4 fr. 50 ; Desq, 7 fr.).

— La Fille de joie, ouvrage quintessencié de l'anglais, contenant les aventures de M^llo Fanny, s. n. *Lampsaque,* 1751, in-12. — Sous le titre de : Apologie de la fine galanterie de M^llo Françoise de la Montagne, trad. de l'angl., s. n. *A Todion,* chez Barnabas Condamine, 1756, petit in-8 (Pixérécourt, n° 1259, 25 fr. 50. L'édition porte en tête, à partir de la p. 97, le titre de : Fille de joie). — *Lampsaque,* 1758, in-12. — *Lampsaque,* 1762, in-18, 4 fig. érotiques. — *Cologne,* s. d., in-12.

Cet ouvrage est la traduct. ordurière mais heureusement incomplète de *Memoirs ofs a woman of pleasure* de J. Cleland, *Londres,* Fenton, 1747-50, 2 vol. in-12. Ce sont des aventures fort obscènes d'une fille publique ; l'abbé Lambert, que la Bibliographie Gay accuse de cette traduction, n'aurait pas, malgré le sans-gêne de ses romans, commis une pareille ordure. Laissons-en la responsabilité à un autre Lambert jésuite, les Lambert ne manquaient pas dans cet ordre.

LAMBERT (l'abbé Cl.-Fr.), ex-jésuite, né à Dôle, curé de Saint-Étienne, diocèse de Rouen, mourut à Paris en 1765. Giraud, dans le *Temple de Mémoire,* p. 59, dit que c'était le plus gai et le plus facétieux personnage qu'il y eut peut-être dans l'une et l'autre Bourgogne.

— L'Infortunée Sicilienne, s. n. *Paris* et *Liège,* 1742, 2 vol. in-12.

— Mémoires et aventures de dom Inigo de Pascarilla, s. n. *Paris,* Duchesne, 1764, 2 part. in-12 (cat. Nyon-La Vall., n° 8460 ; Bull. bibl., 1853, 10 fr.).

— Mémoires et aventures d'une dame de qualité qui s'est retirée du monde, s. n. *La Haye* (Paris), 1739, 6 part. in-12 (cat. Sardou, 1879, 6 fr.). — *Amsterd.,* 1751, 1757, 1772, 6 part. in-12.

Imitation de l'*Histoire de Manon Lescaut* de l'abbé Prévost, mais moins, hélas! cette magie du style et ces notes admirables du cœur qui nous empêchent de voir l'indécence de la pensée. Le *beau* voile toujours le *nu.*

— Le Nouveau Protée, ou le Moine avanturier, s. n. *Haarlem,* Van Lée, 1740, in-12 (Techener, 1855, 15 fr.).

— La Nouvelle Marianne, ou les Mémoires de la baronne de ***, s. n. *La Haye,* 1740, 1765, 1759, 10 part. in-12.

Roman peu intéressant, malgré certains passages assez risqués.

— Le Nouveau Télémaque, ou Mémoires et aventures du comte D*** et de son fils. *La Haye,* 1741, 3 vol. in-12.

— Recueil d'observations curieuses sur les mœurs, les coutumes, les arts et les sciences des différents peuples de l'Asie, de l'Afrique et de l'Amérique. *Paris,* 1749, 4 vol. in-12.

— La vertueuse Sicilienne, ou Mémoires de la marquise d'Albelini. *La Haye,* 1759, in-12.

L'ATTAIGNANT (Charles-Gabr., abbé de), né à Paris en 1697, chanoine de Reims, mort en 1779. Poète aimable et gai, il sut, par ses couplets faciles et légers sur l'amour, le vin et le plaisir, se faire rechercher d'une société où la grande et unique affaire était de s'amuser.

— Chansons et poésies fugitives. 1779, in-12.

— Pièces dérobées à un ami. 1750, 2 vol. in-12.

— Poésies. *Londres* et *Paris,* Duchesne, 1757, 4 vol. in-12, port. (Bull. du Bibliophile, 1851, n° 33, 12 fr.; cat. Giraud, 15 fr. 50; Bull. Bouq., 1857, 6 fr.).

Clément, dans ses *Nouvelles littéraires,* tome II, p. 141, appelle ces chansons de jolies odes pleines de choses charmantes, de vraies *filles de joie,* mais bien nées, avec qui on peut souper sans indécence. C'est une facilité, une abondance, une gentillesse, une galanterie, une gaîté, un air d'homme du monde et d'homme de plaisir qu'on lit et qu'on écoute avec plaisir. Au reste, cela n'a pas été composé, cela s'est fait tout seul.

LAUNAY (l'abbé de), né à Bordeaux, lecteur du prince de Portugal.

— Le Baguenaudier, pièce de vers, 1775, in-12. — ...augmenté de plusieurs pièces relatives aux embellissements de Paris, 1786, in-8.

— Les Plaisirs de l'esprit, poëme. 1775, in-12.

— Les Plaisirs de la ville, poëme. 1775, in-12.

— Le Courage dans les peines de l'esprit et les plaisirs de l'esprit. 1775, in-12.

Ersch, le bibliographe allemand, cite ces bluettes poétiques dans sa *France litté-raire*, Hambourg, 1797.

LAURUS (Joan.-Bapt.), né à Pérouse en 1581, camérier d'Urbain VIII, secrétaire du consistoire..... mort en 1629.

— DE ANNULO pronubo Deiparæ Virginis qui Perusiæ asservatur, Joann. Bapt. Lauri, commentarius. *Colon. Agripp.*, Kinckius, 1626, in-12 (cat. Lancelot, 1741 ; cat. L'Escalopier, n° 81). — *Romœ,* 1622, in-8 (cat. du duc d'Estrées, 15 fr.).

Ouvrage curieux sur l'anneau nuptial de la Vierge.

LE BLANC (l'abbé Jean-Bernard), né à Dijon en 1707, mort en 1781.

— ABEN-SAÏD, tragéd. 1736, in-12.
— DIALOGUES sur les mœurs des Anglais. 1765, in-12.
— ÉLÉGIES. *Paris,* 1731, in-8.

Son style est rude, incorrect, et sa poésie vaut encore moins que sa prose. Piron, son compatriote, fit au sujet de son portrait peint par La Tour cette épigramme :

> La Tour va trop loin, ce me semble,
> Quand il nous peint l'abbé Le Blanc.
> N'est-ce pas assez qu'il ressemble ?
> Faut-il encore qu'il soit *parlant.*

LE BLOND (l'abbé Gaspar Michel, surnommé), né à Caen en 1738, conservateur de la bibliothèque Mazarine, mourut à Laigle en 1809.

— DESCRIPTION des principales pierres gravées du cabinet du duc d'Orléans. *Paris*, 1780-84, 2 vol. in-fol., fig.

Ouvrage précieux et très estimé dont plusieurs gravures sont fort obscènes.

— DISSERTATION sur les attributs de Vénus Anadyomène, par l'abbé La Chau. *Paris,* 1776, 1780, 1786, in-4, belles vignettes et estampe grav. par Saint-Aubin, d'après le Titien représentant Vénus.

Bien que l'ouvrage porte le nom de l'abbé La Chau , l'abbé Le Blond y a largement collaboré.

— MONUMENTS de la vie privée des douze Césars... et Monuments du culte secret des dames romaines, s. n. *Caprée* (Paris), 1784, 2 vol. petit in-4, fig. (50) ; chaque sujet est renfermé dans un médaillon ovale ou oblong numéroté (Potier, 1870, 165 fr. ; La Bédoyère, 170 fr.). — *Caprée* (Paris), 1782 et 1784, 2 vol. gr. in-8, fig. — *Rome*, impr. du Vatican, 1786-90, 2 vol. gr. in-8 (les Césars portent la date de 1786 et les Dames de 1790). — *Caprée*, 1787, in-4, fig. sans les citations. ,

Ces recueils de gravures sotadiques furent condamnés, en 1829, comme obscènes (voir Bibliographie Gay et Biographie Michaud, tome XXIII, p. 448).

LE CAMUS (Étienne), né à Paris en 1632, docteur en Sorbonne, évêque de Grenoble, cardinal, mort en 1707.

— DÉFENSE de la virginité perpétuelle de la Mère de Dieu, selon l'Écriture et les Pères, par M. E. L. C. E. et P. D. G. (Et. Le Camus, évêque et prince de Grenoble). *Lyon*, Laur. Aubin, 1680, in-12 (cat. L'Escalopier, n° 66).

Peu commun, questions souvent peu virginales.

LE CONTE (R. P. frère Michel), vicaire général de l'ordre de Saint-Jérome, de la congrégation du bienheureux Pierre de Pise, de la maison du Mont de Calvaire de Charleville.

— LE PORTRAICT des âmes chérubines, où se voyent leurs faces et leurs ailes : dont elles s'eslevent aux riches couronnes et aux plus belles sceances du Paradis, composé par... *Charleville*; Gédeon Poncelet, 1647, in-8 (cat. La Vall., 2° part., n° 1114).

Ouvrage de mysticité très curieux et fort rare.

LEDRU (A. P.), curé du Pré, près du Mans.

— DISCOURS contre le célibat ecclésiastique, prononcé dans la séance patriotique et républicaine du Mans, le 17 décembre 1792. *Le Mans*, 1792, in-8, 11 pp.

Brochure rare.

LE FRANC (Jehan-Martin), né à Aumale, dit-on, mais plus probablement à Arras, protonotaire apostolique et secrétaire du pape Nicolas V, mourut à Rome en 1460.

— LE CHAMPION des dames, poëme contenant la deffence des dames

contre Mallebouche et consorts, s. l. n. d. (*Lyon,* G. Leroy,
1485), petit in-f. goth. à 2 col., 185 ff., fig. s. b. (comte d'Hoym,
n° 2247). — *Paris,* Galliot Dupré, 1530, petit in-8, fig. s/ bois,
422 ff., impr. avec les lettres rondes qui ont servi à l'impress.
du *Roman de la Rose* (Comte d'Hoym, 50 fr.).

Ce poème, mieux écrit que le *Roman de la rose,* n'a eu pourtant que deux éditions ;
il comprend 2400 vers de 8 syllabes, divis. par octaves en 5 livres. Ce prêtre galant,
embrassant le parti des femmes sous le nom de Vérité, contre Mallebouche et Vilain-
Parler, veut prouver que leurs accusations contre les gentes dames sont fausses ou,
que si parfois, elles ont des défauts, il faut les rejeter sur les séductions et les trom-
peries des hommes. Il est bien fort ce Mallebouche, et bien malin Vilain-Parler, si
Bon-Vouloir, champion des dames ne venait en aide à Vérité, elle aurait bien du
mal à triompher.

— L'Estrif de fortune et de vertu desquels est souverainement
démonstré le povre et foible estat de fortune contre l'opinion
commune. *Paris,* 1505 et 1519, in-4 gothique.

Ouvrage très rare, prose et vers, divisé en trois livres, est moins intéressant que
le précédent. Voir *Bibliothèque française* de Goujet, t. IX.

LE JAU (Jean), doyen en l'église cathédrale d'Évreux.

— Cabinet royal de l'espoux, meublé par son espouse, avec le
jardin spirituel, en faveur des belles âmes qui cherchent le
royaume de Dieu et qui logent en luy leur cœur et leurs délices,
par M. Jean Le Jau... *Évreux,* Nicolas Hamillon, imprimeur,
1631, in-8 (cat. Luzarche, n° 247, 33 fr.).

Ouvrage singulier et de toute rareté.

LEMONNIER (l'abbé Guill.-Ant.), né à Saint-Sauveur-le-Vicomte en 1721, chapelain de la Sainte-Chapelle, curé en basse Normandie, bibliothécaire de Sainte-Geneviève, mourut à Paris en 1797.

— Le Bon Fils, ou Antoine Masson, coméd. en 1 act. avec ariettes.
Paris, 1774, in-8.
— Les Comédies de Térence, trad. en franç. avec des notes. *Paris,*
Ch.-Ant. Jombert père, 1771, 3 vol. in-8, fig. de Cochin (So-
leinne, 56 fr.; Le Vavasseur, 1789, 17 l.; Château-Giron, 48 fr.;
La Bédoyère, 1862, 76 fr.; Yemenitz, 100 fr.; Fontaine, 1870,
350 fr.). — *Paris,* 1771, 3 vol. petit in-8, fig. (Gouttard, 35 fr.).
— *Dresde,* 1777, 2 vol. in-12. — *Paris,* Delalain, 1812, 3 vol.
in-12. — *Paris,* 1820, 3 vol. in-8. — Revue par Auger, Didot,
1825, 3 vol. in-18.

Térence présente souvent des obscénités que l'abbé a eu soin de respecter et de
rendre fidèlement dans sa traduction. C'est peut-être ce qui lui donne le plus d'attrait.

— Fête des bonnes gens de Canon et des Rosières de Briquebec et de Saint-Sauveur-le-Vicomte, s. n. *Paris*, Prault, 1778, in-8.

— Fables, contes et épîtres. *Paris*, 1773, in-8, fig. de Cochin.

— Satires de Perse, trad. avec le texte lat. en regard et des notes. *Paris*, 1771, in-8 (Gouttard, 3 fr.; Château-Giron, 11 fr. 50; La Bédoyère, 1862, 17 fr.).

Le poète latin abonde d'assez de licences pour mériter à son traducteur une citation dans cette bibliographie.

LEMOYNE (le Père Pierre), jésuite, né en 1662 à Chaumont en Bassigny, mourut à Paris en 1671.

— La Dévotion aisée. *Paris*, 1652, in-8.

Pascal trouve cette dévotion tellement aisée et coulante qu'il la plaisante vivement dans les *Lettres provinciales*, lettre XIe.

— Les Entretiens et lettres poétiques. *Paris*, Est. Loyson, 1665, in-12, frontisp. grav. (Walckenaer, n° 1321, 4 fr.; Libri, 1847, n° 2823; Techener, 1855, 6 fr.).

— La Gallerie des femmes fortes. *Paris*, Ant. de Sommaville, 1647, grand in-fol., fig. de Vignon, grav. par Mariette (Bertin, 60 fr.). — *Leyde*, J. Elzevier, 1660, petit in-12, frontisp. grav., fig. (Bertin, 51 fr.; Gouttard, 31 fr.; Fontaine, 1876, 225 fr. Quelques exempl. portent sur le titre : *Leyde*, Elzévir, et se vend à Paris, chez Ch. Angot, 1661).

Cet ouvrage lui gagna la confiance d'un si grand nombre de dévotes, qu'un jour que le frère portier disait au Père Sirmond que des dames le demandaient: Des femmes me demander? Y songez-vous, mon frère, lui répond le jésuite? Vous devez vous méprendre, allez prévenir le Père Lemoyne, sans nul doute, c'est lui qu'elles demandent.

— Œuvres poétiques. *Paris*, Billaine, 1671, in-fol., fig. (Bertin, 29 fr.). — *Paris*, 1672, in-fol. fig. (La Bédoyère, 1862, 9 fr. 50).

— Saint Louys, ou le Héros chrétien, poëme héroïque, 1653, in-fol. — *Paris*, 1658, in-12, frontisp. et fig. de Chauveau (Techener, 1855, 12 fr.). — *Paris*, 1666, in-12, mêmes fig.

La Harpe, dit dans le *Lycée* : « C'est un poème, en dix-huit chants, rempli de fatras, d'enflure et d'extravagance. » Boileau, interrogé sur la cause de son silence au sujet du P. Lemoyne, répondit en parodiant ces deux vers de Corneille :

> Il s'est trop élevé pour en dire du mal;
> Il s'est trop égaré pour en dire du bien.

Quelques passages sur l'amour et les femmes, dans ce long poème mal digéré et indigeste, lui ont mérité une place dans cet ouvrage.

LENGLET-DUFRESNOY (l'abbé Nicolas), né à Beauvais en 1674, mort à Paris le 16 janvier 1755.

— La Catanoise, ou Histoire secrète des mouvements arrivés au royaume de Naples sous la reine Jeanne. 1734, in-12.

— Histoire de Jeanne d'Arc, vierge, héroïne et martyre d'État... tirée des procès et autres pièces originales du temps. 1753, 2 part. in-12.

— Traité historique et dogmatique du secret inviolable de la confession. 1708, in-12, 328 et supplément de 109 pp. — *Paris,* 1713 et avec un nouveau titre, 1715, in-12.

— De l'Usage des romans, avec une bibliothèque des romans, par Gordon de Percel (pseud. de Lenglet-Dufresnoy). *Amsterd.,* chez la veuve de Poilras, à la Vérité sans fard, 1734, 2 vol. in-12.

— L'Histoire justifiée contre les romans. 1735, in-12.

Cette bibliographie analytique des romans, surtout des plus orduriers, t. II, p. 19 à 69, fut jugée si scandaleuse, que l'auteur, pour échapper à la Bastille, s'empressa de se réfuter lui-même dans l'*Histoire justifiée.* Il se ménage si peu que les journalistes de Hollande, dupes de cette finesse, écrivaient : « *L'Usage des romans* amuse ; la singularité des pensées, la liberté, l'enjouement du style plaît, l'*Histoire justifiée* est une source d'ennui... enfin, au libertinage près, on aimerait mieux avoir écrit une seule page de l'*Usage des romans* que toute l'*Histoire justifiée...* L'abbé, au reste, a attaché son nom, comme éditeur et *réviseur,* à tellement d'ouvrages galants que cela seul lui mériterait largement les honneurs de cette Bibliographie.

— Arrêts d'amour, avec les commentaires de Benoist de Court et l'Amant rendu cordelier à l'observance d'amour, par Martial d'Auvergne, avec notes et glossaire. 1731, in-12.

— Catulli, Tibulli et Propertii opera. *Leyde* (Paris, Coustelier), 1743, in-12, fig.

— Les Contes facétieux de Pogge. *Amsterdam,* 1712, in-12.

— Œuvres de Clément Marot revues sur plus. mss. et sur plus de quarante éditions. 1731, 6 vol. in-12, ou 4 vol. in-4, portr.

— Le Roman de la Rose. *Paris,* 1735, 3 vol. in-12.

— Les Satyres et œuvres de Regnier. *Londres,* 1733, in-4, fig.

Les curieux trouveront, dans les *Mémoires pour servir à l'histoire de la vie et des ouvrages de l'abbé Lenglet-Dufresnoy,* par Michault de Dijon, Paris, 1761, in-12, de plus amples renseignements.

LEPICARD (Philippe), moine de l'abbaye de Mortemer, en Normandie, a publié sous le pseudonyme de Philippe d'Alcripe, sieur de Neri en Verbos, l'ouvrage suivant :

— La nouvelle Fabrique des excellents traits de vérité, livre pour inciter les resveurs tristes et merancoliques à vivre de plaisir. *Rouen,* Th. Mallard, s. d. (fin du xvie siècle), in-16,

129 ff. — *Paris,* Jean de Lastre, 1579, in-16 (Barbier, t. II,
p. 462). — *Rouen,* 1639, in-12. — s. l. n. d. (*Rouen,* vers 1717),
petit in-12 (Techener, 1858, 28 fr.). — Impr. cette année (*Rouen,*
vers 1730), in-12, 220 pp. (Veinant, 52 fr.).

Ce moine, seigneur de *rien* en *paroles* austères peut-être, mais non en paroles
joyeuses, se délecte en récits égrillards et piquants. Ce sont des contes gaulois et
facétieux, auxquels Ch. Nodier consacre une longue et intéressante étude dans les
Mélanges tirés d'une petite bibliothèque.

LE VAYER (l'abbé), fils de l'écrivain Fr. de La
Mothe Le Vayer, mort en 1664, âgé de trente-cinq ans.
Boileau lui a dédié sa satire IV :

> D'où vient, cher Le Vayer, que l'homme le moins sage
> Croit toujours seul avoir la sagesse en partage ?...

— Tarsis et Zélie, s. n. *Paris,* 1659, 6 vol. in-8 (cat. d'Hangard,
21 fr.). — *Paris,* Jolly, 1665-66, 6 part. in-8, fig. (cat. du duc
d'Estrées, 4 l.). — Par le sieur Le Revay. *Paris,* de Luyne,
1669, 8 vol. in-8 (M^{ise} de Pompadour, 12 l.) — *La Haye* (Paris),
1720, 6 vol. in-8, fig. (édit. revue par l'abbé Souchay ; M^{ise} de
Pompadour, 22 l.). — *La Haye,* Moetjens, 1720, 3 vol. in-12
(duc de Chaulnes, 1770, 7 l. 11 s.). — *Paris,* Musier fils, 1774,
6 vol. in-8, fig. et vignettes de Cochin et d'Eisen (Techener,
1858, 40 fr.; La Bédoyère, 1862, 64 fr.; Fontaine, 1870, 120 fr.,
et pap. de Holl. 200 fr.).

Cette dernière édition est la plus belle, elle est ornée de 3 fig. de Cochin, Eisen et
Moreau et de 23 vignettes d'Eisen. Le nom de Le Revay est l'anagramme transparent
de Le Vayer. Les catalogues d'Hangard et de la marquise de Pompadour indiquent
nettement l'abbé Le Vayer comme l'auteur de ce roman héroïco-galant.

LE VILLE (le P. F. Nicolas de), prieur des Célestins
de Hevre-les-Lovain.

— La Cynosure de l'âme, ou Poésie morale, dans laquelle l'Ame
amoureuse de son salut peut considérer les voyes plus assurées
pour arriver au ciel, par le P. F. de Le Ville. *Lovain,* A. Bou-
vet, 1658, petit in-8, fig. qui représente les âmes qui s'embar-
quent pour le Paradis (cat. Soleinne, 6 fr.).

Drôlerie mystique que le jeu de la scène ne doit rendre ni plus intéressante ni plus
chaste.

LIVRE (Le) de la Toute Belle sans Pair, qui est la
Vierge Marie. *Paris,* Jehan Petit, s. d., petit in-8 gothique (*Bulletin du Bibliophile,* 1836, 15 fr.).

Ouvrage mystique de la plus grande rareté et de toute singularité : méditation dévote du nez de la Vierge ; — office de l'oreille ; — de la modérée grosseur des lèvres de la Vierge ; — des deux narines du nez ; — méditation aux épaules et aux ..... ; — comment la bouche doit être de moyenne ouverture ; — comme le sacré ventre de la Vierge est la fontaine de vie ; — méditation aux cuisses qui sont force et espérance ; — comme la Vierge est comparée à l'éléphant ; etc.

LOCHON (Étienne), curé de Bretonvilliers, au diocèse de Chartres, mort à Paris en 1720.

— Le vray Dévot considéré à l'égard du mariage et des peines qui s'y rencontrent. *Paris,* Roulland, 1679, in-12 (cat. L'Escalopier, n° 1538).

Traité piquant relevé souvent par une légère pointe d'ironie.

LONGCHAMPS (l'abbé Pierre de), membre de l'Académie de La Rochelle, mort à Paris en 1812.

— Aventures d'un jeune homme pour servir de supplément à l'histoire de l'amour, s. n. *La Haye* et *Paris,* Quillau, 1765, in-12. — 1768, in-12.

— Élégies de Properce, trad. en franç. (pr.). *Paris,* Le Jart, 1772, in-8 (Potier, 1863, 10 fr.). — 1802, 2 vol. in-8.

Traduction la plus complète, sans omission sinon sans erreur, du poète le plus passionné, le vrai chantre de l'amour. Annoncer que l'Élégie xv du liv. II : « O me felicem ! nox ô mihi candida ! » est intégralement traduite, c'est prouver que le traducteur n'a pas eu peur de livrer ces ardeurs d'alcôve à une lecture facile et commode.

— Élégies de Tibulle, trad. en (pr.) franç. *Paris,* 1776, in-8.

Même genre et mêmes observations que pour la précédente traduction.

— Malagrida, trag. en 3 act. (en v. s. n.). *Lisbonne,* 1763, in-12, 64 pp. (Soleinne, 4 fr.).

Pièce très violente contre les jésuites, et si bien détruite par eux, qu'elle est presqu'introuvable.

— Mémoires d'une religieuse écrits par elle-même et recueillis par M. de L***. *Amsterd.* et *Paris,* L'Esclapart, 1766, 2 vol. in-12.

Il y a plus d'amour charnel que d'amour religieux dans ce roman tout profane.

LOUVENCOURT (Fr.-Ch. de), chanoine régulier.

— Le Gasteau spirituel composé de la plus saine mâne de l'Écriture sainte, pour nourrir l'âme du chrestien et le transformer lui-mesme en la viande céleste. *Paris,* fr. Huby, 1603, in-12.

Curieux et très rare.

LUXEMBOURG (Jean de), abbé d'Ivry, diocèse d'Évreux, de Larrivour, diocèse de Troyes et évêque de Pamiers.

— Nouvelle d'un révérend père en Dieu et bon prélat, demorant en Avignon, et le moyen comme il ressuscita de mort à vie, avec le deschiffrement de ses tendres amourettes ; faicte et comp. par Colin Royer, bachelier formé in utroque... *Troyes* (Larrivour, Nicole Paris), 1546, petit in-4, 22 ff. — *Paris,* Gay, 1862, petit in-12, iv-40 pp., tiré à 115 exempl.

Histoire satirique et bouffonne des amours surannées d'un évêque, dont l'abbé d'Ivry avait à se plaindre. La Cour correctionnelle de Paris, peu indulgente pour cette vengeance galante, a condamné en 1863, le livre, et par là même l'évêque, pour immoralité et obscénités.

— La Vie et actes triumphans d'une damoiselle nommée Catharine des Bas-Souhaiz, par Jean de La Roche, bon de Florigny ; impr. sur la copie de Nicole Paris. *Troyes,* 1546, petit in-4, 80 pp. — *Paris,* J. Gay, 1862, petit in-12, xiv-74 pp., tiré à 115 ex.

L'héroïne de ce roman est vraiment digne de son nom des Bas-Souhaiz ; c'est une femme aux vilaines actions, prostituée dès l'enfance qui, loin de suspendre ses débordements dans le mariage, ne fait que courir, insatiable et éhontée, d'amants en amants et de débauches en débauches. La morale, s'il y a morale, est peut-être dans le dénouement calqué sur la femme adultère de l'Évangile : le mari, un gentilhomme, indigné des désordres de sa femme, veut la tuer ; elle pleure, elle supplie, il s'attendrit.... et tout va comme avant. Le tribunal de la Seine, peu édifié et peu attendri par cette morale, a condamné la réimpression, en 1863, comme obscène.

M

MACÉ (François), curé de Sainte-Opportune, à Paris, où il mourut en 1721.

— Mélanie, où la veuve charitable... s. n. *Paris,* Deshayes, 1729, in-12. — *Paris,* 1735, petit in-12 (Bull. du Bibliophile, 1852, 15 fr.).

Roman de sentimentalité pieuse, peu commun.

MACÉE (frère Claude), ermite.

— La Naissance de Jésus en Bethléem, pièce pastorale (1 act. v.), avec l'adoration des bergers et la descente de l'archange Saint Michel aux limbes. Dédié aux dévots à l'Enfant Jésus, par Frère Cl. Macée, hermite. *Caen,* J.-Jacques Godes, 1729, in-12, 31 pp. (Soleinne, 18 fr. 50).

On ne sait ce qui manque le plus dans cette pastorale, la rime ou la raison. C'est tellement naïf que la naïveté elle-même en rougirait. Aussitôt que la Vierge a eu enfanté, *sans douleur*, dans l'étable, les bergers apportent en présents du linge, du bois, du charbon, une lanterne, trois merles, un bassinet de bouillie..... etc.

> Voilà une douzaine d'œufs,
> Six galletes et un fromage.

MACHON (Louys), chanoine de Toul et archidiacre de Port.

— Discours, ou sermon apologétique en faveur des femmes, question nouvelle, curieuse et non jamais soutenue, s. n. *Paris,* 1641, in-8 (cat. Luzarche, 6 fr.).

Ouvrage singulier. Ce prêtre, *curieux de livres,* dit Guy-Patin, faillit être pendu et fut exilé pour avoir été convaincu du crime de faux...

MAILLARD (Olivier), cordelier, né à Paris et mort à Toulouse en 1502. Nicolas Bertrand, *de Gestis Tolosanorum,* le nomme, *lucens carbunculus* qui, par son éloquence, *muliercularum vilia et voluptuosa indumenta sua insigni, sanctaque predicatione abjecit.* Prédicateur plein de zèle et d'énergie, il fustigea sans pitié tous les pécheurs de son siècle, sans faiblesse pour leurs fautes comme pour leur puissance, mais il a malheureusement gâté ses plus beaux mouvements d'éloquence, par un usage immodéré de métaphores ridicules, d'expressions triviales et bouffonnes et souvent de passages entiers fort indécents.

— Opus quadragesimale, Parrhisiis declamatum. *Paris,* Jeh. Petit, 1513, 3 vol. in-8 goth., fig. (Techener, 1855, 15 fr.). — *Paris,* Jeh. Petit, 1518, in-8 goth. (Techener, 1855, 8 fr.). — *Paris,* 1520, in-8 goth. — *Paris,* 1526, in-8. — *Paris,* Jeh. Petit, 1538, in-8 goth.

— Passio D. N. J.-C. à R. P. Oliv. Maillardo. *Paris,* Jeh. Petit, s. d., petit in-8 goth. (Techener, 1855, 10 fr.).

— La Recolation de la tres piteuse Passion de nostre seign. J.-C., représentée par les saincts et sacrés mystères de la Messe et preschée devant le Grand-maistre de France... *Paris*, Vve Trepperel et Jean Jehannot, s. d., in-4 goth. (cat. La Vall., 1767).

— Sensieult ung sermon que fist frère Ol. Maillard lan mil cinq cens le cinquiesme dimence de quaresme en la ville de Bruges. s. l. n. d., in-8 goth. (cat. Laporte, 1873, 3 fr.).

Réimpression moderne à petit nombre.

— Sermon d'Oliv. Maillard, presché à Bruges en 1500 et aultres pièces du même auteur, avec une notice, par Jeh. Labouderie. *Paris*, 1826, in-8, pap. vél. (Peignot, 14 fr. 50 ; La Bédoyère, 12 fr. 50 ; Durand de Lançon, 15 fr.).

— Sermones aliquot de sanctis. *Paris*, Jeh. Petit, 1516, in-8 goth.

— Sermones dominicales, quadragesimales et aurei, Parisiis et alibi declamati. *Paris*, 1497, in-8 goth. (Gomel, 1803, n° 184). — Jeh. Petit, 1514 et 1515, in-8 (La Vall., 1767).

— Sermones varii omni tempore predicabiles. *Paris*, Jeh. Petit, 1515, in-8.

On trouve dans ces sermons, non seulement les faits les plus burlesques, mais les détails les plus libres sur les mœurs corrompues de cette époque, sur le libertinage et la paillardise. — H. Estienne, dans son *Apologie*, cite textuellement de nombreux passages.

MAMER DE BEAULIEU, prêtre séculier.

— Le Faisceau de myrrhe de l'épouse du Cantique des Cantiques, par M. D. B. P. S. (Mamer de Beaulieu, prêtre séculier). *Rouen*, le Boullanger, 1667, petit in-12.

MANGENOT (Louis), né à Paris en 1694, mort en 1768, chanoine du Temple, poète de société.

— Ses Poésies. *Maestricht*, Dufour, 1776, 2 part. in-8.

Contes libres, dans le goût de ceux de l'abbé de Grécourt ; ils ont cette allure facile et un peu mousquetaire du chanoine tourangeau, son collègue. La poésie, qui était pour lui un amusement, était son seul travail et sa seule affaire, il avait écrit ses vers dans son salon :

> Les Dieux m'ont accordé l'âme de Diogène,
> Et mes faibles talents m'ont valu son tonneau.

MANUEL (le) des dames, composé... à la louange de Dieu et au profit des dames religieuses des Fontaines, s. l. n. d., in-8 goth. non paginé, fig. — *Paris*, Ant.

Vérard, s. d., in-8 goth., fig. (cat. d'Ourches, 1811,
7 l. 19 s.).

Cet ouvrage d'amour mystique a été composé par un jeune célestin.

MARCA (Jac-Cornel), bénédictin, né à Gand en 1570, mort à Douai en 1629.

— Carcer babylonius, tragæd. sac. (5 a. v.). *Gandari,* ex off. Gual-
terii Manilii, 1610, in-4 (cat. Soleinne, n° 441).

— Bustum Sodomæ, tragædia sacra (5 a. v.). *Gandari,* ap. Cornel.
Marium, 1615, in-8, 6 ff. prél. et 40 pp.

Pièce plus curieuse encore qu'elle n'est rare, tant sont crues et incroyables les
explications que donne ce bénédictin sur les mœurs de Sodome.

MARCHADIER (l'abbé).

— L'Isle de France, ou la Nouvelle colonie de Vénus, s. n. *Amsterdam* (Paris, Duchesne), 1752, in-12, fig. — *Amsterdam,* 1753,
in-12, fig. — *Cologne,* P. Marteau, 1758, in-12, 96 pp., fig.
(Techener, 1858, 9 fr.).

Poème érotique et mythologique. L'auteur qui aime les sujets galants, dans ce
roman mêlé de prose et de vers, peint la passion — passionnément. « Ah ! les plaisirs, dit une femme à son amie, que nous goûtons avec ces créatures, qui sont
comme nous... peuvent-ils être si grands ! quel bonheur si on pouvoit les goûter
deux fois ! »

— Le Plaisir, coméd. en 1 act. *La Haye,* 1771, in-12 (Ersch,
France littéraire). — Paris, Cailleau, 1749, in-8, 36 pp. (Soleinne, 2 fr.).

MARIE (le Père Jean), religieux du tiers-ordre de Saint-François.

— L'Amazone chrétienne, ou les aventures de Madame de Saint-
Balmon, qui a joint une admirable dévotion et la pratique de
toutes les vertus avec l'exercice des armes et de la guerre, par
L. P. J. M. D. V. (s. n., le Père Marie). *Paris,* Meturas, 1678,
in-12. — Édit. revue par le Père Desbillons. *Liège,* 1773, in-8.

MARIGNY (l'abbé Augier de), mort à Paris en 1762.

— Le Pain bénit, s. l. 1673, in-12 (Potier, 1870, 138 fr. ; Techener, 1855, 12 fr. ; Bull. bibl., 1853, 18 fr. ; cat. Labitte, 1870,
16 fr.). — Et autres pièces fugitives. *Paris,* Mercier, 1796,

in-12 (Techener, 1855, 8 fr. ; Aubry, 1869, 5 fr. ; Bull. bibl.,
1853, 8 fr.). — *Paris,* Mercier, 1796, in-18 (Bull. bibl., 1835,
3 fr.).

Satire fine et spirituelle en vers contre certains abus cléricaux.

MARIN (Père Michel-Ange), religieux minime, né à Marseille en 1697, mourut à Avignon en 1767.

— Adélaïde de Vitzburg, ou la Pieuse pensionnaire. *Avignon,*
Giroud, 1750, in-12.

— Agnès de Saint-Amour, ou la Fervente novice. 1750, 2 vol.
in-12.

Roman dévot qui, par la mysticité du langage et le risqué des situations, laisse
peu à faire à un roman qu'on nommerait scandaleux ou dangereux.

— Angélique, ou la Religieuse selon le cœur de Dieu, s. d. 2 vol.
in-12.

— Conduite spirituelle de la sœur Anne Violet. *Avignon,* 1740,
in-12.

Détails plus que naïfs.

— La Marquise de los Valientes, ou la Dame chrétienne. *Paris,*
1745, 2 vol. in-12. — *Avignon,* 1765, 2 vol. in-12.

— Virginie, ou la Vierge chrétienne pour les filles qui aspirent à
la perfection. *Paris,* 1752, 2 vol. in-12.

Plus intéressants et mieux écrits que ceux de l'évêque de Belley, ces romans
sont parfois aussi risqués.

MAROLLES (l'abbé Michel de), né à Génillé en Touraine en 1600, mort en 1681 à Paris.

— Les Amours d'Ovide, trad. nouvelle (en pr.) avec des remarques
et le texte en regard, s. n. *Paris,* 1661, in-8, frontisp. Chauveau.

— Le Cantique des Cantiques de Salomon, trad. en vers. *Paris,*
1677, in-4 (cat. Lancelot, 1741).

— Les Élégies de Tibulle, cheval. romain en IV livres de la trad.
de M. D. M. A. D. V. *Paris,* de Luyne, 1653, in-8 (Techener,
1858, 9 fr.).

— Les Épigrammes de Martial, en lat. et en fr. *Paris,* 1655, 2 vol.
in-8, frontisp. grav. (Gouttard, n° 1704, 16 fr. ; Techener, 1858,
15 fr.).

Cette traduction, en prose, vaut un peu mieux que les vers de cet abbé qui sont moins que médiocres. Le traducteur n'a rien négligé, pas même les épigrammes libres.

— Les Livres d'Ovide, de l'art d'aimer et des remèdes d'amour, à quoi sont ajoutez les poëmes de l'art d'embellir le visage, s. n. *Paris*, 1660, in-12. — *Paris*, Langlois, 1677, gr. in-4. — *Paris*, Barbin, 1696, petit in-12.

— Le Pétrone en vers, trad. par M. L. D. B. *Paris*, Cl. Barbin, 1667, in-12.

— Les Quinze livres de Martial, trad. en vers, avec des remarques. *Paris*, 1671, 1675, in-8.

— Tableaux du temple des muses représentant les vertus et les vices sur les plus illustres fables de l'antiquité. *Paris*, Langlois, 1655, in-fol., fig. de Bloemaert (Gouttard, 12 fr.; Lemarié, 27 fr.) — *Amst.*, Z. Chatelain, 1733, gr. in-fol., fig. de B. Picart (Lemarié, 93 fr.; Van der Helle, 150 fr.). — *Amsterd.*, 1742, in-fol., fig. de B. Picart en 60 tableaux (Gouttard, 26 fr.). — *Amsterd.*, A. Wolfgank, 1676, in-4 frontisp. grav. et fig. de Bloemaert (Van der Helle, 25 fr.).

Cet abbé, infatigable écrivassier, a tellement donné de traductions et d'ouvrages en vers et en prose, qu'il est heureux pour sa réputation que presque tous soient oubliés.

MARRACCI (le P. Hipp.), de la congrégation des clercs de la Mère de Dieu, né à Lucques le 17 janvier 1604, mort à Rome le 18 mai 1675.

— Bibliotheca Mariana, alphabetico ordine digesta et in duas partes divisa, qua auctores qui de Maria Deiparente virgine scripsere, cum recensione operum, continentur, auct. P. Marraccio. *Romæ*, Caballus, 1648, 2 vol. pet. in-8 (cat. L'Escalopier, nº 43).

C'est un traité biographique et bibliographique des auteurs (environ 3,000) qui ont écrit sur Marie, ses perfections, etc. Très rare.

— Polyanthea Mariana, accedit Bibliotheca Mariana. *Col.-Agripp.*, P. Ketteler, 1684, in-fol. (cat. L'Escalopier, nº 93).

Supplément de l'ouvrage précédent contenant plus de mille noms d'auteurs nouveaux.

MARTINEZ (Alfonso), archiprêtre de Talavera.

— Trattado contra las mugeres qui con poco saber Mezolado con malicia dicen e facen cosas no debitas, par Alf. Martinez. *Toleda*, 1499, in-4.

— Corbacho, libro de los vicios de las malas mujeres. *Toledo,* 1499, petit in-4.

Même ouvrage que le précédent, anecdotes satiriques et traits piquants contre les femmes ; leurs mœurs faciles fournissent les récits les moins catholiques.

MASSIEU (l'abbé Guill.), né à Caen en 1665, mort à Paris en 1722.

— Les Graces, recueil de différents ouvrages sur les grâces (par de Querlon). *Paris,* Fetel, 1769, 1771, 1777, in-8, frontisp. et titre de Boucher, fig. de Moreau (Chedeau, 17 fr. ; Techener, 1858, 4 fr. ; Fontaine, 1870, 80 fr.) — Réimpr. sous le titre : Triomphe des grâces, ou Élite en prose et en vers des meilleurs écrits anciens et modernes qui ont été faits à la louange des Grâces. *Paris,* Costard, 1775, in-8, fig.

Plusieurs abbés et religieux ont fourni des pièces à cette œuvre gracieuse : l'abbé Massieu, une dissertation et l'ode de Pindare sur les Grâces ; le P. André, un discours ; l'abbé Métastase, un drame ; l'abbé Winckelmans, les réflexions de la grâce dans l'art, etc.

MAUDUIT (le Père Michel), oratorien, né à Vire en 1644, mort à Paris en 1709.

— Mélanges de diverses poésies divisées en quatre livres, s. n. *Lyon,* 1681, in-12.

Sa préface traite du bon usage de la poésie et du danger des poésies galantes.

— Dissertation sur la goutte. *Paris,* 1687 et 1689, in-12.

Son origine et le moyen de s'en garantir.

MAUPERTUY (l'abbé J.-B. Drouet de), né à Paris en 1650, chanoine de Bourges, mourut à Saint-Germain-en-Laye en 1730.

— Les Aventures d'Euphormion, hist. satir., s. n. *Anvers,* héritiers de Plantin, 1711, 3 vol. in-12. — *Amsterd.,* 1712, 3 vol. in-18. — Et sous le titre : La Vie et aventures d'Euphormion, écrites sur de nouveaux mémoires, par S. S. S. J. P. R. V. L. E. R. E. *Amsterd.,* 1733, 3 part. in-12.

Ce roman satirique de mœurs n'est pas une traduction de l'*Euphormion* de Barclay, mais une imitation très augmentée et visant les coutumes et les mœurs contemporaines de l'abbé Maupertuy.

— Le Commerce dangereux entre les deux sexes, traité moral et historique, s. n. *Bruxelles* (Lyon), 1715, 2 tom. in-12 (cat. Pressac, 1857, 3 fr. 75).

— La Femme faible, où l'on représente les dangers auxquels les femmes s'exposent par un commerce fréquent et assidu avec les hommes, par Mme de S***. *Nancy* (Vienne), 1714, in-12. — *Nancy* (Paris, Prault), 1733, in-12. — *Amsterd.*, 1755, in-12.

L'abbé, pour faire passer les crudités inhérentes à tel sujet, a eu soin de cacher sa robe de prêtre sous un jupon de femme, ou si vous aimez mieux sous un pseudonyme de dame mariée.

MAYDIEU (l'abbé Jean), chanoine de Troyes, mort à Tœpliz pendant l'émigration.

— Histoire de la vertueuse portugaise, ou le modèle des femmes chrétiennes, dédié aux Rosières de Salency. 1779, in-12.
— Édouard Montrose, tragéd. en 5 act. en prose. 1781, in-8.
— L'Honnête homme. 1781, 2 vol. in-12.

Cet écrivain médiocre a aussi donné la *Vie de Grosley*, 1787, in-8, où l'on trouve quelques notes curieuses et d'autres peu exactes.

MAZEAU, docteur en théologie, prieur de Ceignac.

— Paraphrase sur les cantiques de Salomon appliqués à l'âme, parfaite épouse de Jésus-Christ. *Rodez*, 1675, petit in-12 (Répertoire de Bibl. Techener, 18 fr.).

Ce livre, presqu'inconnu, est curieux par la manière mystique dont l'auteur explique les gaillardises de Salomon sur les tétons et le nombril de sa maitresse, pp. 78, 83, 132, 133 et 144. Le prieur nous apprend qu'il *a cueilli ce fruit* dans les ouvrages des Saints Pères. Que n'y trouverait-on pas, avec un peu de bonne volonté? La dédicace à la *vierge Marie, fille du Père éternel, mère du Fils de Dieu, épouse du Saint-Esprit,* vaut un long volume singulier.

MENESTRIER (le Père Cl.-Fr.), né à Lyon en 1631, jésuite célèbre par ses écrits sur le blason, les décorations, les tournois, etc., mort à Paris en 1705.

— Des Ballets anciens et modernes, selon les règles du théâtre, s. n. *Paris*, René Guignard, 1682, in-12 (Yemenitz, 6 fr. ; Giraud, 19 fr. ; Luzarche, 13 fr. 50). — *Paris,* Robert Popie, 1685, in-12.
— Dissertation sur l'usage de se faire porter la queue, s. n. *Paris,* Boudot, 1704, in-8, 51 pp. (Yemenitz, 19 fr. ; Bull. bibl., 1847, 32 fr.). — Avec des notes. *Lyon*, Barret, 1829 (Yemenitz, 9 fr.). — Réimpr. dans la Collection des pièces relatives à l'his-

toiré de France de Leber et dans le *Journal ecclésiastique* de l'abbé Dinouart. Mai, 1764, tom. VIII et tom. XIV.

— Traité des tournois, joutes et autres spectacles publics. *Lyon,* 1669, in-4, fig.

MENOT (Michel), cordelier, célèbre par ses sermons pleins de farces grossières et indécentes, mort en 1518.

— Opus aureum evangeliorum quadragesimalium. *Paris,* 1519 et 1526, in-8 (cat. Sandras, n° 198).

— Perpulcher tractatus de fœdere et pace ineundâ, media ambasciatrice penitentiâ. *Paris,* J. Petit, s. d. (La Vall., 1767) et *Paris,* 1519, in-8 goth.

— Sermones quadragesimales, olim Turonis, declamati. *Paris,* 1519, 1525, et J. Petit, 1530, in-8 goth. (Libri, 1857, n° 146 ; Sandras, n° 199), et Jeh. Petit, s. d., in-8 goth.

— Sermons sur la Madelaine, avec une notice et des notes par Labouderie. *Paris,* 1832, in-8 (Peignot, 5 fr. 40).

Les allusions indécentes, les plaisanteries grossières et les bouffonneries obscènes abondent dans tous ses sermons, mais principalement dans l'Enfant prodigue ; la Multiplication des pains ; la Passion ; le Mauvais livre ; la Madeleine. Une citation indiquera le genre. « Et ecce Madgalena seva dépouiller et prendre tant en chemises, et cœteris indumentis, les plus dissolus habillements que un quelqu'un fecerat ab ætate septem annorum... Habebat ses senteurs, aquas ad faciendum relucere faciem, ad attrahendum (Jesum) et dicebat : verè habebit cor durum, nisi eum attraham ad meum amorem. Nunquam redibo Jerusalem, nisi colloquio cum eo habito. Venit se presentare face-à-face son beau museau ante nostrum redemptorem ad attrahendum eum à son plaisir. »

MERCIER DE SAINT-LÉGER (l'abbé Barthélémy), né à Lyon en 1734, mort à Paris en 1799.

— Bibliothèque des romans grecs, trad. en fr. *Paris,* Guillaume, an V (1797). 12 vol. petit in-12.

Il n'a donné que le mémoire placé en tête du 1er vol., et non toute la traduction, comme l'avancent certains catalographes. — Il a écrit de nombreux ouvrages, mais tous sont bibliographiques.

MÉRON (le Père Claude), cordelier et docteur de Sorbonne qui, pour cet ouvrage, fut exilé à Noyon.

— L'Affaire de Marie d'Agréda et la manière dont on a cabalé en Sorbonne sa condamnation, s. n. *Cologne,* 1697, in-12, 40 pp.

Libelle mordant, qui fut aussi attribué à H. de la Morlière, docteur de la Sorbonne, mais qui le désavoua par la brochure : *Justification de M. H. de la Morlière,* 1697, in-12, 12 pp.

METEL DE BOISROBERT (Fr. le), prieur de la Ferté-sur-Aube, abbé de Châtillon-sur-Seine, aumônier du roi, conseiller d'État, membre de l'Académie française, né à Caen en 1592, mort à Paris en 1662. Étrange abbé, qui aimait la table, le jeu, les bons mots; c'était, comme il le dit lui-même, un grand dupeur d'oreilles.

— La Belle invisible, trag. *Anvers,* Raillot, 1660, in-8.

— La Belle plaideuse, coméd. 1655, in-12.

— Cassandre, comtesse de Barcelone, trag. coméd. *Paris,* 1654, in-4 (M^{ise} de Pompadour). — *Amsterd.,* Smith, 1654, in-12.

— Le Couronnement de Darie, trag. coméd. *Paris,* Touss. Quinet, 1642, in-4 (Techener, 1858, 15 fr.).

— Les Coups d'amour et de fortune, ou l'heureux infortuné, trag. coméd. en 5 act. en v. *Paris,* Guill. de Luyne, 1656, in-12.

— Les deux Alcandres, trag. coméd. représent. par la troupe royalle. *Paris,* Ant. de Sommaville, 1640, in-4 (Techener, 1858, 15 fr.).

— Diverses poésies, 1647, in-4 et 1659, in-8.

— Les Épitres. *Paris,* 1647, in-4 (cat. Giraud, 31 fr.). — *Paris.* A. Courbé, 1659, in-8 (Giraud, 19 fr.; Bertin, 21 fr.).

— La folle Gageure, coméd. *Paris,* Courbé, 1654, in-12.

— Les généreux Ennemis, coméd. *Paris,* 1655, in-12.

— Histoire indienne d'Anaxandre et d'Orazie, où sont entremêlées les aventures d'Alcidaris et de Cambaye. *Paris,* Pomeray, 1629, in-8. — Et sous le titre : Les Amours d'Anaxandre et d'Orazie. *Paris,* Besongne, 1629 (Luzarche, 22 fr.) et 1636, in-8, frontisp. grav.

— L'Inconnue, coméd. en 5 act. en vers. *Paris,* de Luyne, 1655, in-15 (M^{ise} de Pompadour, n° 880).

— La Jalouse d'elle-même, coméd. en 5 act. v. *Paris,* 1647 et A. Courbé, 1650, petit in-4. — *Paris* (Amst., Wolfgank), 1662, petit in-12 (Chedeau, 5 fr.). — 1705, in-12.

Il y a de la gaîté et de l'entrain dans cette pièce :

Enfin, cher Philipin, me voici dans Paris,
Où je viens augmenter le nombre des maris.

PHILIPIN.

Et des cocus, peut-être, orner la confrairie...

— Nouvelles héroïques et amoureuses. *Paris,* 1657, in-8 (Techener, 1858, 38 fr.). — *Paris,* P. Lamy, 1651 et 1657, in-8, 550 pp.

— Les Nymphes bocagères de la forest sacrée, ballet dansé par la reyne en la salle du Louvre, s. n. *Paris,* Math. Hénault, 1627, in-8, 13 pp.

— Œuvres. *Paris,* 1659, in-8 (cat. de l'abbé Margeret, 1748, n° 1456, 7 fr.; Techener, 1855, 4 fr.).

— Palène sacrifiée, trag. coméd. *Paris,* de Sommaville, 1640, in-4 (Techener, 1858, 15 fr.).

— Le Pyrandre, ou l'Heureuse tromperie, trag. coméd. *Paris,* Quinet, 1633 et 1634, in-4 (Techener, 1858, 18 fr.).

— Le Sacrifice des muses. *Paris,* 1635, in-4.

— Stances à la Vierge. *Paris,* 1642, in-4.

— Théodore, reine de Hongrie, trag. com. *Paris,* Lamy, 1658, in-12 (M^{ise} de Pompadour, n° 880).

— Les Trois Orontes. *Paris,* A. Courbé, 1653, in-4 et s. l. n. d., petit in-12 (Techener, 1858, 3 fr.).

— La vraye Didon, ou la Didon chaste, trag. *Paris,* Touss. Quinet, 1643, in-4 (Techener, 1858, 20 fr.).

Cet étrange ecclésiastique aimait avec fureur, disent les historiographes, le jeu et la table, on n'ajoute pas les femmes, car ils le soupçonnent énergiquement d'avoir un goût contraire.

MILLOTET (Hug.), chanoine de l'église collégiale de Flavigny.

— Chariot de triomphe tiré par deux aigles, de la glorieuse, noble et illustre bergère sainte Reine d'Alise, vierge et martyre, par M. Hug. Millotet... tragéd. (5 act. en vers). *Autun,* Blaise Simonnot, 1664, in-8 de 134 pp. (Soleinne, n° 1360, 30 fr.).

Rare et plus singulier peut-être encore. Tout est étrange dans cette pièce, le style, les idées et les situations. Non seulement on écorche vive, sur le théâtre, cette pauvre sainte Reine, mais on la submerge dans une cuve d'eau, puis on lui tranche la tête pour garantir la ville d'Alise d'une peste. Olibrius dit :

> Viste, soldats, au feu, bruslez-lui les costez,
> Faites luy endurer mille autres nouveautés.

La sainte supporte gaillardement toutes ces nouveautés, et finit par monter au ciel sur un chariot traîné par des aigles.

MINUT (Charlotte de), abbesse du monastère de Sainte-Claire de Toulouse, sœur de Gabriel de Minut, chevalier, baron de Castera, seneschal de Rouergues. — Si je place cette abbesse en tête de cet ouvrage plus que singulier dans les annales de la galanterie, c'est à titre d'éditeur et non d'auteur, comme le prouve sa dédicace à Catherine de Médicis.

— De la Beauté. Discours divers pris sur fort belles façons de parler des quelles l'hébreu et le grec usent... voulans signifier que ce qui est naturellement beau est aussi naturellement bon, avec la Paulegraphie, ou Description des beautez d'une dame Tholosaine nommée la belle Paule, par Gabriel de Minut... *Lyon,* 1587, in-8 (cat. Aimé Martin, 1847, n° 837 ; Bull. bibl., 1835, 76 fr.; Pixérécourt, 59 fr. 50).

Cette *Paulegraphie,* est la description minutieuse de toutes les perfections, même les plus secrètes sinon les plus voilées, de chaque partie du corps de Paule du Viguier, mariée en premières noces au sire de Beynaguet, conseiller d'épée au Parlement de Toulouse, et en secondes, à Philippe de la Roche, baron de Fontenilles. Sa beauté était tellement remarquable, que sa vue provoquait toutes les fois qu'elle sortait, une émeute dans la foule trop empressée pour la contempler de près, les magistrats lui enjoignirent de se montrer à son balcon, au moins deux fois par semaine. Est-ce ainsi ou de plus près que Gabriel de Minut put saisir tous les détails de sa beauté, toujours est-il qu'il consacre un chapitre particulier à chaque perfection : le front, les yeux, le nez, la bouche, les joues, les bras, les mains, les seins, les épaules, le... les... jambes, pieds, etc. C'est une Paulegraphie complète, faite sans licence, il est vrai, mais sans ménagement aussi. On ne sait, devant une description aussi enthousiaste qu'implacable de beautés privées, qu'une femme devrait ignorer elle-même la première, de quoi s'étonner le plus : ou de cette belle Paule qui de son vivant laisse immoler sa pudeur par cet écrit trop louangeur ; ou de la sœur de l'auteur, de l'abbesse toulousaine, qui édite et qui dédie à une reine, cette longue et étrange énumération de beautés trop publiques et peu conjugales.

MIROUER (le), des vanitez et pompes du monde, prïns et extrait des sermons St Augustin et St Bernardin, s. l. n. d. (*Paris,* Treperel, vers 1520), petit in-4 goth.

Très curieux : les serviteurs et les chamberières de maintenant sont plus gorgiasses que n'estoient les maistres le tems passé... douze abus sont à la queue d'une femme : c'est dépense superflue ; la semblance d'une beste ; en yver crottée ; en esté pleine de poudre ; le ballay des folles ; l'encensoer d'enfer ; c'est un paon en la boue... traisner sa queue en hault derrière son cul après ses talons c'est signe de luxure... etc.

MOINE (le) galant, ou la vie de dom F..., bernardin, écrite par lui-même. *Amst.* (Paris) 1756, petit in-8, 78 pp.

Un défroqué seul a pu écrire cet ouvrage, au reste plus décent de texte que ne le fait supposer un titre aussi égrillard : il a l'air mais il n'a pas la chanson.

MOINE (le) sécularisé. *Cologne,* P. du Marteau, 1675, petit in-12, 250 pp., frontisp. grav. représent. un vendeur d'agnus, de chapelets et d'indulgences. — *Cologne,* P. du Marteau, 1678, in-12, 2 ff. non chiff., 134 pp., fig. (Bull. bibl., 1864, 12 fr.). — s. l. (Holl.), 1678, petit in-12, 191 pp., fig., édit. augm. de la Vie des moines. — *Villefranche,* chez J. le Grand, s. d., petit in-12 (elzévir). (Bull. bibl., 1852, 25 fr.). — *Ville-franche* (Holl.), 1683, petit in-12. — *Cologne,* 1691, in-12 (cat. de la Briffe, 1788, 2 l. 2 s.). — *La Haye,* 1740, petit in-12. — s. l., 1768, petit in-12, fig. (Walckenaer, 3 fr. 25).

Dialogue entre un moine sécularisé et un curé de campagne, sur les moines et la moinerie, tendant à prouver par des anecdotes égrillardes et bouffonnes, et des aventures souvent licencieuses, la vérité de ce proverbe : qu'il faut se défier du devant d'une femme, du derrière d'une mule, et d'un moine de tous côtés. Satire violente mais amusante sur les mœurs des moines. Il y a des traits, des boutades et des mots dignes de Rabelais.

Quelques catalographes attribuent cet ouvrage à un certain Du Pré, ecclésiastique de Lyon, mais il est plus probable, comme le dit l'auteur lui-même, que c'était un moine, qui avait faict une action glorieuse et méritoire, en jetant le froc, non pas aux orties, mais dans un retrait et dans la m... ma foi! le mot de Cambronne, ce mot historique que V. Hugo expose, dans toute sa friande saveur, aux fanatiques des *Misérables.*

MOINES (les), coméd. en musiq. (3 act. et vers libres), composée par les RR. PP. Jésuites et représentée en leur maison de récréation de Mont-Louis devant feu le R. P. L. C. (La Chaise), par les jeunes de leur société. *Berg-op-Zoom,* 1709, in-12, 57 pp.

Comédie dans laquelle domine la jovialité la plus franche et la plus gaie : les personnages sont les pères Sablant, Ventru, Vineux, Trinquant, etc. — On l'attribue au père Villiers, mais il est plus probable qu'elle est du père Lallemand, jésuite. L'excuse de cette pièce, dit-il, est qu'il est difficile que des moines soient toujours ravis en extase, ou ensevelis dans la poussière d'une bibliothèque.

MOLINET (Jean), chanoine de Valenciennes, né à Poligny, mort en 1507.

— LES FAICTZ et dictz de feu de bonne mémoire maistre Jehan Molinet. *Paris,* 1531, in-fol. goth. — *Paris,* 1537, petit in-8. — *Paris,* 1540, petit in-8.

— LA LOYAULTÉ des femmes, avec les neuf preux de gourmandise, et aussi une bonne recepte pour guérir les yvrongnes et balades d'amour, par J. Molinet, s. l. n. d., petit in-8 goth., 8 ff.

— LÉAULTÉ des femmes, s. l. n. d., petit in-8. — Réimpr. dans le Recueil de Montaiglon, t. II, p. 35 à 41.

Poésies pleines de trivialité et de longueurs :

Quant sur Montmartre Seine aura esté,

Quant les enfans n'auront cure de noix...
Lors verrez-vous en femme loyaulté.

MONTREUIL (l'abbé Math. de), né à Paris en 1620, mort en 1692. C'était un abbé galant, spirituel, joli homme, fort bien accueilli des dames et les aimant fort.

— Lettres de Montreuil, de Balzac et de Voiture, publiées par Vinc. Campenon. *Paris,* 1806, 2 vol. in-12.

— Œuvres... *Paris,* 1666, in-12, portr. (Bullet. du Bibliophile, 1855, n° 285, 32 fr.). — *Paris,* 1671, 1679, 1680, in-12.

— Poésies diverses, publ. par Liber. *Lille,* Behague, 1861, petit in-12, 115 pp.

Moins affété que Balzac et plus naturel que Voiture, il écrit simplement, presque naïvement, ce que ce dernier prend tant de peine à chercher et plus de peine encore à noyer dans une galanterie minaudière. Voiture court après l'esprit, et l'esprit court après Montreuil. Ses lettres sont supérieures comme élégance à ses petits vers galants, surtout à ses madrigaux! Mais que de chaude et active galanterie dans tout cela! « Une femme, écrit-il, aussi jeune et aussi jolie que vous, mise par moy dans le chemin de perdition, me donneroit bien du plaisir; sans compter l'honneur que j'aurois si je pouvois parvenir à faire douter du vostre », et ceci : ce soir à neuf heures, j'auroi l'honneur de vous voir; il ne tiendra qu'à vous que je n'en aye le plaisir.» Tallemant des Réaux, qui peut-être n'aimait pas cet abbé galant à cause de ses succès près des dames, dit de lui : « Turcan le fat alla une fois chez la sénéchalle de Rennes, avec qui Montreuil le fou couchoit... »

MORELLET (l'abbé André), académicien, né à Lyon en 1727, mort à Paris en 1819.

— L'Italien, ou le Confessionnal des pénitents noirs, trad. de l'angl. de Radcliffe. *Paris,* 1797, 3 vol. in-12.

— Le Moine, trad. nouvelle par l'abbé André Morellet, académicien. *Paris,* 1838, in-8.

Ce roman, de mœurs monastiques, a eu de nombreuses édit., il les mérite ; il peint avec vigueur des passions ardentes et folles, sombres et cruelles, de ces passions tellement folles et enragées, qu'heureusement, on ne les rencontre et on ne les éprouve que dans les couvents. L'abbé Morellet a écrit ou traduit au moins vingt romans : *Les enfants de l'Abbaye; Clermont; Phédora;* etc.

MORENNE (Claude de), né à Paris vers 1557, curé de Saint-Merry en cette ville en 1591, mort évêque de Séez en mars 1606.

— Cantiques spirituels. *Paris,* Bertault, 1605, in-8.

— Poèmes divers tant françois que latins. *Paris,* Bertault, 1605, in-8.

— Poésies profanes. 1601-06, suiv. de sa satyre : Regrets et tristes lamentations du c^{te} de Montgommery, publ. et ann. par Duhamel. *Caen,* Le Gost Clerisse, 1864, in-12.

— Quatrains. *Paris,* Bertault, 1605, in-8.

Quelques vers tirés de ces ouvrages prouveront qu'il méritait une place dans cette bibliographie, car il cultiva

>   Les amours de la Théienne lyre,
>   Ou de Sapho, de qui les vers mignards
>   Ne cachent rien que les feux et les dards
>   De Cupidon et sa mère Erycine.
>   (*Cant.* XVI.)

Il ouvrit même son âme à l'amour qui le fit tomber dans les pièges

>   Du faux gars porte-carquois,
>   Qui fait courber sous ses lois,
>   Des plus grands rois la puissance.
>   (*Poèmes divers.*)

>   Avoy-je pas de fureur l'âme éprise,
>   Quand elle fut si doucement surprise
>   Par les appats subtilement trompeurs,
>   Des yeux sorciers qui furent mes vainqueurs.
>   Ingrat cent fois d'aymer la créature
>   Plus que l'auteur de toute la nature.
>   (*Cantiques.*)

S'il a commis quelques poésies légères, il a, ce qui rachète cette erreur poétique, dit et pratiqué ces belles paroles : « La grandeur de l'évesque n'est pas d'avoir la prééminence sur les peuples, d'avoir de *grands revenus, grandes commodités* et *abondance* de *plaisirs mondains;* c'est de veiller, visiter son troupeau, prescher, réformer les abus et corriger les vices des prêtres, etc. »

MORILLON (Dom Jul.-Gatien de), bénédictin de la congrégation de Saint-Maur, né à Tours en 1633, mort à Rennes en 1694.

— Joseph, ou l'Esclave fidèle, poëme en 6 chants. *Turin* (Tours), 1679, petit in-12 (Van der Helle, 23 fr. ; Techener, 1855, 12 fr.). — *A Bréda* (à la sphère), 1705, in-12.

Poème peu commun; l'ordre dont faisait partie l'auteur, en raison de certains passages assez libres, retira tous les exemplaires qu'il pût trouver. Dans ce poème, l'épouse de Putiphar fait, en effet, à Joseph, des avances tellement libres, que les licences mêmes de la poésie la plus profane ne sauraient les excuser.

MOTHE (l'abbé de la), ex-jésuite.

— Anecdotes historiques du temps présent, en forme de lettres, s. n. *La Haye,* Paupie, 1737, 2 part. in-12 (Bibliogr. Gay, tome I^{or}).

— Le Moine défrocqué, lettre première pour servir de clef et de supplément à l'Histoire amoureuse et badine du congrès, s. l. n. d. (vers 1714), petit in-12 (Pixérécourt, n° 1321).

Roman caustique écrit sous le pseudonyme de de la Hode. L'abbé Freschot, auquel on l'attribua, s'il n'eut pas le mérite de sa publication, en eut du moins les bénéfices : il fut bel et bien bâtonné pour l'auteur.

— LE PARASITE mormon, histoire comique, s. n. 1750, in-8.

MULOT (l'abbé Franç.-Valentin), né à Paris en 1749, chanoine régulier de Saint-Victor, président à l'Assemblée des représentants de la Commune de Paris, mort en 1804.

— ALMANACH des sans-culottes, s. n. *Paris,* 1794, in-18.

— LES AMOURS de Daphnis et Chloé, trad. nouvelle, s. n. *Mytilène* et *Paris*, Moutard, 1783, in-8 et in-16 (Van der Helle, éd. in-8, 39 fr.). — *Paris,* impr. Patris, 1795, in-18, figures dess. par Biget et grav. par Blanchard.

— ESSAI de poésies légères, s. n. *Mayence,* 1798, in-8.

— LES CONCILES dévoilés par leur ivresse, ou Tableau historique des plus fameux buveurs qui aient existé parmi les saints pères, les papes, les évêques, les abbés, etc., par M. l'abbé M. (Mulot). *Londres* (Paris), 1790, in-12 (cat. Laporte, 1873, 15 fr.).

Critique vigoureuse et mordante contre les mœurs dissolues du clergé. Je dois, dit Jamet dans une note autographe, ma liberté à cet homme aimable et spirituel, à l'époque la plus orageuse de la Révolution.

— LES MUSES véridiques, pièces à tiroir, en six scènes rimées (v. l. s. n.), s. l. et s. d. *Paris,* Mercier de Saint-Léger, 1779, in-8 (Soleinne, 2 fr. 25).

L'abbé Mercier de Saint-Léger publia cette pièce de son confrère l'abbé Mulot, pour taquiner La Harpe, en rappelant au public les *Muses rivales,* de désagréable souvenir à son auteur trop... sifflé.

N

NADAL (l'abbé Augustin), né à Poitiers en 1659, abbé de Doudeauville en 1716, mort en 1741.

— ANTIOCHUS, ou les Machabées, trag. (5 act. v.). *Paris,* Vve Ribou, 1723, in-12 (Soleinne, 5 fr.).

— HÉRODE, trag. *Paris*, 1709, in-12, fig. (Mise de Pompadour, no 1091, et Soleinne, 3 fr.).

— HISTOIRE des vestales avec un traité du luxe des dames romaines. *Paris,* 1725, in-12 (Bull. Bouq., 1857, no 2523, 6 fr.).

— Marianne, trag. *Paris*, Ribou, 1725, in-12.

— Œuvres mêlées. *Paris*, Briasson, 3 vol. in-12, fig. (La Bédoyère, 12 fr. 50; Glatigny, 1755, 4 l. 10 s.; Bull. bibl., 1855, 18 fr.; Soleinne, 2 fr.).

Ce recueil comprend : tome Ier : l'Histoire des vestales ; le Traité du luxe des dames romaines, etc. ; tome IIe, l'Épouse du Cantique des Cantiques, la Description de l'île Belle, Radegonde, etc. ; tome IIIe, Antiochus, Hérode, Marianne, Saül, etc.

— Saül, trag. *Paris*, P. Ribou, 1705 (Techener, 1858, 3 fr.). — Et 1731, in-12, fig.

— Théatre. *Paris*, Briasson, 1738, in-12, fig. (Techener, 1858, 6 fr.; Mise de Pompadour, 6 l.).

— Voyages de Zulma dans le pays des fées, écrit par deux dames de condition, s. n. *Amst.* (Paris), 1734, in-12.

L'auteur a voulu se donner, dans ce roman, des airs de frivolité, qui ne convenaient ni à son genre d'esprit, ni à son caractère ecclésiastique. Ses pièces bien versifiées, n'ont ni chaleur, ni énergie dans la passion, ni élévation dans la pensée, et son style manque de cette couleur et de cette précision qui sont le vêtement indispensable des idées.

NÉON (le Père, dit le Philopole), son nom de famille était Le Jeune, mais il en fit un nom grec Néon ; il était chanoine régulier de la congrégation de France, conventuel de Saint-Euverte d'Orléans.

— L'Amazone française, poëme contenant l'histoire de Jeanne d'Arc dite la Pucelle d'Orléans... *Orléans*, Jacob, 1721, in-4.

Ce poëme contient environ 1200 vers, mais hélas ! il ne vaut pas, en *bien*, ce que vaut en *mal*, celui de Voltaire. Aussi, bien qu'il ait écrit les louanges honnêtes de la chaste pucelle, cela ne veut pas dire qu'on les lise avec le même plaisir que les faiblesses de la guerrière Jeanne d'Arc, chantées spirituellement par le poète de Ferney.

NICAISE (l'abbé Claude), né à Dijon en 1623, mourut à Villey en 1701.

— Les Sirenes ou discours sur leur forme et leur figure, s. n. *Paris*, J. Anisson, 1691, in-4, fig. (Techener, 1855, 18 fr.).

Dissertation dans laquelle le savant abbé dépense une science étonnante pour prouver que c'étaient des divinités marines, issues d'oiseaux.

NOTABLE SERMON contenant l'excellence et sainteté du pur et sainct vierge Joseph, espoux à la très digne mère de Dieu la Vierge Marie, composé par ung religieux de l'Ordre des Frères Mineurs de l'Observance et mis en françois à la requeste de plusieurs notables personnaiges. *Rouen,* Martin Morin, s. d., in-4 goth. (cat. La Vall., 1767, n° 543, 12 fr.).

Très rare, auteur inconnu.

O

OLIVET (l'abbé Joseph Thoulier d'), né à Salins en 1682, mort à Paris en 1768.

— La Vie de monsieur l'abbé de Choisy, s. n. *Lausanne,* 1742, in-8 (cat. Laporte, 1873, 10 fr. ; Bull. Bouq., 1857, 4 fr.). — *Lausanne* et *Genève* (Paris), 1748, in-8 (Bull. Bouq., 1858, 4 fr.).

Ces aventures, ou plutôt cette vie, est la même que celle de la comtesse des Barres ; voir l'abbé de Choisy.

OLIVIER, cordelier, prêtre gascon et docteur en théologie, dit l'abbé Desfontaines.

— L'Illustre Malheureuse, ou la comtesse de Janissanta, mémoires historiques et amusans par l'auteur de Roselli. *Amst.,* 1722 et 1747, 2 vol. in-12.
— L'Infortuné Napolitain, ou les Aventures et mémoires du signor Roselli, où est contenue l'histoire de sa naissance, de son état monastique, s. n. *Amsterd.* (Rouen), 1709, 2 vol. in-12, fig. (d'Hoym, 7 fr.). — *Bruxelles,* André Rovieilli, 1724, 2 tom. in-12 (Bibl. de Limoges, n° 1428). — *Amsterd.,* Desbordes, 1777, 4 part. in-12, 24 fig. (cat. Sardou, à Bruxelles, 1879, 10 fr.). — Ou : Mémoires et Aventures du seigneur Rozelli, napol. *Paris,* 1709, 2 vol. in-12, fig. (Bibl. de Grenoble, n° 17, 517 fr.).

Qui croirait, dit l'abbé Desfontaines, dans le *Nouvelliste du Parnasse,* 1734, t. I, p. 17, que ces deux ouvrages sont d'un prêtre? Il est difficile de ne pas partager son avis en lisant dans l'*Illustre malheureuse,* t. I, p. 273 : « J'allais dans une petite chambre assez propre, où il y avait un petit canapé... je commençai à l'embrasser et lui donnai deux pistoles d'Espagne, la priant de me dispenser de lui faire d'autre plaisir. » On devine, sans peine, que cette scène se passe dans les Musicaux, ou lieu de débauche ; c'est déjà triste de trouver l'amour sur le chemin de ces maisons, mais l'y trouver, conduit par un prêtre, c'est infâme !

OUTHIER (l'abbé), chanoine d'Arles, originaire du

Comtat Venaissin; directeur et prédicateur à succès, il dut résigner son canonicat, parce qu'une pénitente l'accusa d'avoir voulu la séduire en confession.

— Dissertation théologique sur le péché du confesseur avec sa pénitente, s. n. *Gênes*, Simon Doulounie (Avignon, Alex. Giraud), 1750, in-12, 124 pp. (cat. L'Escalopier, n° 1299 ; Laporte, 1873, 4 fr. 50).

Curieux. L'auteur plaidant, *pro domo suá*, a écrit cet ouvrage avec feu et imagination, mais avec une autorité théologique trop affirmative. Cet écrit est peut-être un des meilleurs arguments contre les dangers, pour ne pas dire l'immoralité du confessionnal. Les efforts scientifiques et dogmatiques que fait l'auteur pour prouver que la qualité de confesseur n'est pas une circonstance aggravante du péché charnel, et que ce péché n'est point un inceste spirituel, etc., montrent que le confesseur, continuellement fouetté dans sa chair, par des confidences le plus souvent sensuelles, doit *quelquefois* succomber à ces tentations et ensuite les *excuser* facilement.

P

PAGANEL (l'abbé).

— Mémoires secrets sur Mgr l'archevêque de Paris, ou Adresse au corps épiscopal... pour demander la déposition de ce prélat. *Paris,* impr. V° Poussin, 1834, in-8, 33 ff. 1/2.

Rare et surtout curieux.

PALLADINO ou JACQUES de TARAMO, parce qu'il est né en cette ville en 1349, devint évêque de Tarente, archevêque de Florence et enfin légat en Pologne, où il mourut en 1417.

— Jacobi de Teramo compendium perbreve, consolatio peccatorum nuncupatum, et apud nonnullos Belial vocitatum : id est processus Luciferi contra Jesum. *Augsbourg,* 1472, in-folio.

Roman bizarre et curieux. L'âme de J.-C., après sa mort, envahit triomphante l'enfer, enchaîne les démons et délivre les bienheureux; Bélial, ambassadeur de l'enfer, porte plainte au trône de Dieu et dénonce Jésus comme perturbateur et usurpateur. L'Éternel retient la plainte et commet Salomon pour juger le différend. Moïse est choisi comme avocat par Jésus. Bélial l'accepte, malgré ses meurtres, mais récuse comme témoins : Abraham à cause d'Agar, Isaac comme parjure, Jacob comme spoliateur d'Esaü, David comme adultère, Hippocrate meurtrier, Aristote voleur, Virgile... enfin il n'accepte que Jean-Baptiste, etc. Ce qu'il y a d'étrange dans ce roman si étrange et si original, c'est que l'archevêque prête à l'avocat Moïse un caractère emporté, fougueux, brouillon, un peu ignorant même, quand Bélial, au contraire, parfaitement maître de lui, combat pas à pas, avec habileté, son adversaire, profite avec art et finesse de ses colères et de ses négligences, l'accable de l'ironie la plus mordante, et le livre aux plaisanteries des saints : en un mot, le premier, défenseur des droits de Jésus, a tous les défauts qu'il faut pour perdre la meilleure cause, et le second, représentant des peines et des vengeances, a tous les talents pour gagner la cause la plus compromise, même celle de l'enfer contre la rédemption... pourquoi? Cet ouvrage a été traduit en français par Pierre Ferget, augustin.

— Procès de Bélial, procureur d'enfer, à l'encontre de Jhésus, fils de la Vierge Marie ; translaté de l'ouvrage latin de Jacques de Ancharano (dit Barbier, mais Teramo est le bon, je crois), par Pierre Ferget, docteur en théologie, de l'ordre des Augustins. *Lyon,* 1482, in-folio goth. — 1484, in-4 goth.

PANNON (Jean, ou Jean le Hongrois), évêque, né en 1434, mort en 1472.

— Pannonii, poemata. *Trajecti-ad-Rhenum*, 1784, 2 vol. in-8.

Ces vers, dont quelques-uns en chiffres, présentent parfois des passages très libres.

PAPON (Louis), chanoine de Notre-Dame de Montbrison, seigneur et prieur de Marcilly, né à Montbrison vers l'année 1535, mort au commencement de 1599.

— Discours à mademoiselle Panfile. *A Montbrison,* par L. P. S. P. M. E. J. S., 1581, in-32, manuscrit s/ vélin de 104 pag. avec emblèmes, devises d'amour et petites fig. peintes en or et en couleurs (cat. Yemenitz, n° 1765, 1050 fr.).

— Œuvres du chanoine Loys Papon, seigneur de Marcilly, poète Foécsien du xvi° siècle, impr. pour la première fois sur les mss. originaux par les soins et aux frais de N. Yemenitz, précéd. d'une notice sur la vie et les œuvres de Loys Papon, par Guy De La Grye (Régis de Chantelauze). *Lyon,* Louis Perrin, 1857, in-8, fig. s/ bois (Yemenitz, 60 fr.; l'exempl. unique sur peau de vélin fut vendu 2,450 fr.; cat. M. N***, Labitte, 1879, n° 218).

Ces œuvres, tirées à petit nombre et non mises dans le commerce, contiennent : le Discours de Mademoyzelle Panfile, en vers ; la Pastorelle sur la victoire obtenue contre les allemands, reytres, lasquenets, souysses et françois rebelles à Dieu et au roy l'an 1587, à Montbrison, représentés le vingt septiesme jour de février 1588, etc. L'enthousiaste poète nous apprend, que Panfile avait une grâce enchanteresse, qu'elle dansait comme un sylphe, qu'elle brodait comme une fée, qu'elle était belle comme une nymphe et qu'elle chantait comme Philomèle. Certes, ces vers amadisent et pindarisent trop ce jargon anacréontique, et pourtant il y a parfois de la fraicheur, de la légèreté, de la délicatesse et de la grâce. Cela se comprend, la passion vraie parle plus haut et mieux que ce verbiage alambiqué dont abusait la célèbre pléiade.

PARA (l'abbé).

— Odes, chants lyriques, et autres bagatelles, les unes déjà antér.
imprimées... par l'auteur de la T. D. E. S. *Paris*, Charl.-Ant.
Jombert père, 1774, in-12 (cat. La Vall., n° 15112).

PARENT (R. P. dom Nicolas), religieux de Los.

— Abeille mystique ou fleurons odoriférans et discours emmiel-
lés du très devot sainct Bernard pour les trois voyes de la
perfection religieuse, purgative, illuminative et unitive, recueillis et disposés en langue vulgaire par le R. P. Dom Nicol.
Parent. *Tournay*, Al. Quinqué, 1639, in-4, frontisp., grav. par
J. Noefs, 700 pp. (Arch. du Bibl., 1860, 8 fr.).

Galanterie mystique.

PARMENTIER (le Père Philippe), récollet.

— Diadème brillant de l'Immaculée des Reines, ou couronne des
douze Estoiles, qui sont douze panégyriques à l'innocence ori-
ginelle de la très pure mère de Dieu. *Mons*, Grégoire, 1695,
in-8 (cat. La Vall., 2ᵉ part., n° 995).
— Éloges de saint Joseph, réduits en cinq pièces... *Mons*, Ha-
vard, 1698, in-8.

Ouvrages mystiques.

PARMENTIER (l'abbé), secrétaire ordinaire de Monsieur, frère du roi (le comte de Provence, depuis Louis XVIII).

— La Colère de Xantippe, ou l'Édit des deux femmes, poëme dramatique (5 act. v.) par M..., secrétaire ordinaire de Monsieur, etc.
Athènes et *Paris*, Valleyre l'aîné, 1784, in-8 (cat. Soleinne,
5 fr.).

Pièce rare, et à laquelle on peut supposer qu'a dû collaborer Louis XVIII, amateur
de théâtre et d'Horace qu'on trouve fréquemment cité ou visé.

PAUMERELLE (l'abbé de).

— La Philosophie des vapeurs, ou Lettres raisonnées d'une jolie
femme, sur l'usage des symptômes vaporeux, par un académicien apathiste, s. n. *Lausanne* et *Paris*, Bastien, 1774, in-12
(Barbier, Dⁱᵒ des Anonymes, t. III, p. 35). — *Paphos*, 1784,
in-12.

Ouvrage spirituel mais très rare.

PELERIN DE VERMANDOIS.

— Le Chapelet de virginité, dit d'amours spirituelles, par M. Pelerin de Vermandois. *Paris,* Guichard Soquand, s. d., in-8 (La Vall., 1ᵉ p., n° 778).

Cet ouvrage est le même qu'a réimprimé Muffat, et auquel L. Veuillot a consacré une préface laudative. Voir Veuillot.

PELETIER (F. Laurent Le), prieur de l'abbaye de Saint-Nicolas d'Angers.

— De la Chasteté, et combien l'incontinence est dommageable... Ensemble, de la dignité et excellence du mariage et de la sainteté et vertu de plusieurs femmes et filles illustres, par F. Laurent Le Peletier. *Angers,* Ad. Mauger, 1635, petit in-8 (cat. L'Escalopier, n° 1490).

Cet ouvrage, dédié à Simone de Maillé-Brézé, abbesse de Ronceray, présente sur la chasteté, le mariage, des détails d'autant plus piquants et singuliers, que c'est un prieur d'abbaye qui les adresse à une abbesse.

PELLEGRIN (l'abbé Simon-Joseph), né à Marseille en 1663, religieux servite, aumônier de vaisseau, et enfin attaché au clergé de Paris. Ne pouvant vivre de ses messes, l'abbé tint boutique ouverte d'épigrammes, de madrigaux, de compliments, etc.

> Le matin catholique et le soir idolâtre,
> Il dîna de l'autel et soupa du théâtre.

Il mourut en 1745.

— Les Caractères de l'amour, b. h. *Paris,* Ballard, 1738, in-4.
— Catilina, trag. *Paris,* 1742, in-8.
— Le Divorce de l'amour et de la raison, coméd., suite du Nouveau-Monde, s. n. *Paris,* P. Ribou, 1724, in-12.
— Les Fêtes de l'été, b. o. *Paris,* Ribou, 1725, in-4.
— Hippolite et Aricie, t. o. *Paris,* Ballard, 1733, in-4.
— Jephté, trag. sainte. *Paris,* Ballard, 1732, in-4.
— Le Jugement de Pâris, p. h. *Paris,* Ribou, 1718, in-4.
— Médée et Jason, t. o. *Paris,* 1713, in-4.
— La Mort d'Ulysse, trag. *Paris,* 1707, in-12.
— Le Nouveau-Monde, coméd. mêlée d'intermèdes et précéd. d'un prologue, par M***. *Paris,* Vᵉ Ribou, 1723, in-12.

— Œuvres d'Horace, trad. en vers franç. *Paris*, 1715, 2 vol. in-12.

Cette traduction comprend les V livres d'odes et quelques pièces de vers de l'abbé. Cet ouvrage serait depuis longtemps oublié sans cette épigramme de La Monnoie :

> On devroit, soit dit entre nous,
> A deux divinités offrir ces deux Horaces ;
> Le latin à Vénus, la déesse des grâces,
> Et le françois à son époux.

— Orion, t. o. *Paris*, Bullard, 1728, in-4.

— Le Pastor fido, part. h. en 3 act., précéd. d'un prologue (v. l.). *Paris*, Pissot, 1726, in-8.

— Pélopée, trag. *Paris*, 1733, in-8.

— Les Plaisirs de la campagne, b. o. *Paris*, Ribou, 1719, in-4.

— Polydore, trag. *Paris*, 1706, in-12.

— La Princesse d'Élide, b. o. h. *Paris*, Ballard, 1728, in-4.

— Renaud, ou la Fuite d'Armide, t. o. *Paris*, Ribou, 1722, in-4.

— Télégone, t. o. *Paris*, Ribou, 1725, in-4.

— Télémaque, t. o. *Paris*, Ribou, 1714, in-4.

Si ces pièces et les *Cantiques spirituels*, sur les airs d'opéra, ne lui valurent que du pain et l'interdiction de l'archevêque de Noailles, ils prouvent du moins ce qu'il aurait pu faire, s'il n'avait pas eu à lutter contre les besoins de la vie.

PÉRAU (l'abbé).

— Lettres au sujet du différend du marquis de Tavannes avec le marquis de Brun, s. n. s. l., 1743, in-12 (Barbier, D^ro des Anonymes, t. II, p. 265). — s. l., 1752, in-12, 48 et 44 pp. (Bibl. Gay, t. IV, p. 282).

Détails curieux sur une affaire de rapt et de séduction.

PERFECTION (la) des filles religieuses sur l'exemplaire de l'Ymage Nostre-Dame. *Paris*, Eustache, s. d. (1500), grand in-8 goth., 215 ff., fig. s/ bois.

L'ouvrage très rare est divisé par chapitres répondant à une des parties du corps de la Vierge : le front, la bouche, les épaules, les cuisses, le ventre, le nez, dont l'auteur dit que le nez de l'âme ne doit être trop grand...

PEREZ (Antonio), dominicain, a écrit sous le nom de Francisco Ubeda.

— La Picara Justina, ou parfois, Libro de entretenimiento de la Picara Justina. *Medina del Campo* et *Barcelone*, 1605, petit in-4 et in-8.

Et : La Picara Montanesa, ilamada Justina. *Barcelone,* 1640, in-8.

Traduction française :

— La Narquoise Justine, lecture pleine de récréatives aventures
et de morales railleries contre plusieurs conditions humaines,
trad. de l'espagnol de la Picara Justina. *Paris,* 1635 et 1636,
petit in-8.

Ouvrage mêlé de prose et de vers, dont l'héroïne est une espèce de Guzman d'Alfarache femelle. Détails souvent libres ; en somme, livre fatigant à la lecture.

PERRIN (François), né à Autun vers 1556, chanoine
et syndic de la cathédrale de cette ville.

— Les Escoliers, coméd. en 5 act. v. *Paris,* Chaudière, 1586,
in-12. — *Bruxelles,* Mertens pour Gay, 1866, petit in-12
(106 ex.).

Le thème de cette pièce scabreuse peut se résumer ainsi : Grossette, fille de
Marin, a pour amant Corbon écolier, et pour soupirant Sorbin, un jeune prieur. Le
soupirant propose à l'amant son prieuré, en échange de sa maitresse. Le troc est
accepté ; le père averti surprend le remplaçant et exige le mariage, qui est accueilli,
avec d'autant plus de joie, que c'est chose bonne, dit le chanoine-poète.

Car est-il chose plus heureuse
Que de tenir son amoureuse,
Taster son tétin, la baiser
Et avec elle deviser ?

— Sichem, trag. en 5 act. v. *Paris,* 1589, in-12.
— Théatre de Fr. Perrin. *Paris,* 1589, in-12.

Ce recueil contient *Jephté,* trag. en vers et plusieurs poésies.

PERRIN (l'abbé Pierre), né à Lyon, imagina le premier en France de donner des opéras français à l'imitation de ceux d'Italie. Il en obtint du roi le privilège
en 1669, et le céda à Lully. Boileau en parle dans ses
Satires.

— Œuvres de poésie. *Paris,* Estienne Loyson, 1661, in-12, frontisp. grav. (Bull. du Biblioph., 1859, 18 fr.).

Ses poésies, galantes la plupart, ont peu de mérite. La vraie gloire de cet abbé
poète est d'avoir créé en France l'opéra, et d'en avoir confié le succès à Lully. Il a
écrit quelques pièces de théâtre et même commis une traduction en vers de l'*Enéide*
deux vers la recommandent à la postérité :

Chacun se tut alors, et l'esprit rappelé
Tenait la bouche close et le regard collé.

PETIT (frère Pierre), religieux de l'Ave-Maria.

— L'Horloge de la Passion de Notre-Seigneur J.-C., roulant sur
xxiv heures, avec la plaisante chanson... et les imperfections
du corps mortel. *Plus,* les xv effusions du sang de N. S. J. C.
et la vie de sainte Marguerite, avec son oraison pour les femmes
grosses. *Paris,* Pierre Corbault, 1596, in-16 goth. (cat. Gaignat,
n° 405, 9 l. 3 s.).

Mystique, curieux et fort rare.

PETIT (l'abbé), curé de Montchauvet en basse-Normandie.

— Baltazard, trag. (5 act. v.), par M. l'abbé ***, s. l., 1755, in-8,
viii ff. et 64 pp.
— David et Bethsabée, trag. (5 act. v.), par M. l'abbé ***. *Londres,*
aux dépens de la société, 1754, in-12, viii pp. s. f. d'errata et
96 pp.

Le curé de Montchauvet dit naïvement, dans sa préface, que plusieurs des vers de
sa tragédie ont paru dignes du grand Corneille; il faut avoir de vraies faiblesses de
père pour sa prose rimée, pour croire que Corneille peut commettre des vers aussi
plaisants que ceux du curé. En lire des extraits dans le *Bulletin de l'Alliance des
Arts,* 1843, n° 12.

PHILIPPE-MARIE (le Père), du tiers ordre.

— Événements extraordinaires touchant la confession mal faite,
trad. de l'espagnol (du P. Christian Véga, jésuite). *Saint-Malo,*
1736, petit in-12.

Curieux : Exemple d'une fille damnée pour avoir caché un péché honteux ; femme
damnée pour n'avoir pas confessé une pensée déshonnête, etc.

PICARD (Mathurin Le), curé de Mesnil-Jourdain. Il fut exhumé en 1647 et brûlé comme sorcier. On l'accusait d'avoir commis des actes de débauche et ensorcelé les religieuses de Louviers.

— Le Fouet des paillards, ou Juste punition des voluptueux et
charnels, conforme aux arrêts divins et humains, p. M. L. P.
Rouen, 1622, in-12. — *Rouen,* Vereul, 1623, in-12, 14 ff., 152
pp. (Lemarié, 12 fr.; Bullet. bibl., 1859, 24 fr.). — *Rouen,*
Vereul, 1628, in-12 (cat. La Vall., 2° p., n° 934). — *Rouen,*
Louis Loudet, 1628, in-12 (cat. Laporte, 1873, 4 fr.; Chedeau,
19 fr.). — *Rouen,* 1638, petit in-12, xii-352 pp. et 2 pour la
table.

Livre digne du titre : théologie plus bouffonne que morale. Voir au nom Mathurin, Peignot le classe comme ici. Les deux docteurs en théologie certifient dans leur approbation, qu'ils ont eu le Fouet sous les yeux, et qu'ils le jugent digne d'être donné au public. On peut approuver et conseiller même ce Fouet, mais l'étaler en sept chapitres et en faire si longuement déguster toutes les saveurs paillardes, c'est peu édifiant. « La femme, dit le curé de Mesnil-Jourdain, est une vraie pierre à feu, et les yeux de l'homme sont de vrais fusils. La pierre étant frappée par le fusil, jette incontinent du feu. » Cela, ami lecteur, est singulier, pittoresque un peu, mais le reste...

PERNETTI, (l'abbé Jacques), né en 1696, chanoine de la primatiale de Lyon, mort à Lyon en 1777.

— Histoire de Favoride. *Genève,* 1750, in-8.
— Le Repos de Cyrus. *Paris,* 1732, in-8, fig.

Ce roman, contre-partie des *Voyages de Cyrus* par Ramsay, est rempli de détails frivoles, parfois assez lestes.

PERNETY (dom Ant.-Jos.), bénédictin, né à Roanne en 1716, bibliothécaire de Frédéric II, roi de Prusse, mort en 1801.

— Essai sur les cœurs. *Amsterd.,* 1765, in-12, 96 pp. (Bull. bibl., 1863, 15 fr.).

Ouvrage curieux paru sans nom d'auteur. Ce sujet est immense, aussi le métaphysicien et le moraliste, oubliant le prêtre, ont disséqué physiquement et moralement toutes les espèces de cœurs. La pudeur aurait peut-être parfois à se plaindre, mais c'est une étude !

— Les Vertus, le pouvoir, la clémence et la gloire de Marie, mère de Dieu. *Paris,* 1790, in-8.

Adepte de Swedenborg et élève de Cagliostro, le bénédictin alchimiste et halluciné a semé, dans cet ouvrage, les rêveries les plus bizarres.

PIC (l'abbé).

— Aricie, trag. lyr. 5 act. et prol. Ballard, 1697, in-4.
— La Naissance de Vénus, trag. o. 5 act. prol. *Paris,* Ballard, 1696, in-4.
— Les Saisons, ballet. *Paris,* Ballard, 1695, 1700, 1707, 1712, 1722, in-4.

Voir catalogue Soleinne, n° 3301.

PICCOLOMINI (Alexandre), archevêque de Patras et coadjuteur de Sienne, né à Sienne en 1508, mort en 1578,

— Alessandro, comedia. *Venise,* 1586, in-8.

— Amor costante, comed. (prol. et 5 act. pr.) di Stordito intronato, s. l. n. d. (vers 1540), in-8, 78 ff. — *Venise,* 1550, 1559, 1586, 1595, 1601, petit in-8.

Cette pièce est fort licencieuse, la crudité des expressions et la lasciveté des tableaux défient toute traduction.

— Cento Sonetti. *Rome,* 1549, in-8.

— Della Nobilta et eccelenza delle donne. *Vinegia,* 1545, petit in-8 (Peignot, n° 1885, 2 fr.).

— Dialogo dove si raggiona della bella creanza delle donne, dello Stordito intronato, s. l. (*Venise*), 1539, in-8. — *Brovazzó,* 1540, in-8. — s. l., 1541, 1557, in-8. — *Milan,* 1558, in-8 (édit. la plus recherchée). — s. l., 1560, in-8. — *Venise,* s. d. et 1562, in-8. — *Venise,* 1574, in-8 (Peignot, n° 1886, 5 fr.).

Traductions françaises :

— Les Devis amoureux de Mariende et de Florimonde, mère et fille d'alliance, par D. R. *Paris,* 1607, in-12.

— Dialogues et devis des damoiselles pour les rendre vertueuses et bienheureuses en la vraie et parfaite amitié, contenant quelques histoires facétieuses et discours de la nature d'amour (trad. de l'ital. en pr., par Fr. d'Amboise, sous le pseud. de Thierry de Timophile, picard). *Paris,* 1581, 1583, in-16, 287 ff. (Techener, 1869, 35 fr.).

— Instruction aux jeunes dames, en forme de dialogues, écrite premièrement en italien, par laquelle elles sont apprises comme il se faut gouverner en amour. *Lyon,* s. d., in-16.

— Instruction pour les jeunes dames sur l'amour, le mariage, par la mère et la fille d'alliance (tr. attribuée à Mme Romieu). *Lyon,* J. Dieppi, 1573, in-16. — *Paris,* 1597, in-12.

— Notable Discours en forme de dialogue, touchant la vraye et parfaite amitié, ouvrage dans lequel les dames sont deuëment informées du moyen qu'il faut tenir pour bien et honnestement se gouverner en amour, par T. D. C. *Lyon,* Rigaud, 1577, in-16, 253 ff. (Bull. bibl., 1851, n° 414, 18 fr.). — *Lyon,* B. Rigaud, 1583, in-16 (Peignot, 7 fr. 50).

Espèce de dialogue entre une matrone expérimentée et une jeune femme, à laquelle elle conseille de prendre un amant; elle lui enseigne les qualités qu'il doit avoir et la manière de tromper son mari. Cet ouvrage est tellement obscène, que longtemps on a douté qu'un archevêque pût en être l'auteur. Mais le nom de *stordito* qu'il avait pris dans l'académie des Intronati et qui figure sur le titre de cette œuvre érotique, et surtout les regrets qu'il manifeste de l'avoir écrit, dans son *Instituzione morale,* Venise, 1542, in-4, liv. X, chap. ix, ne laissent plus aucun doute à cet égard. L'archevêque de Patras, de la famille du pape Pie II, écrivain galant lui-même, est bien l'auteur de cette immoralité.

— Orazione in lode delle donne, 1549, in-8.

Même ouvrage probablement que *Della Nobilta et eccelenza delle donne*. Venise, 1545.

PICHENOT (l'abbé Jean-Ch.-Martin), né et mort à Paris.

— Les Catastrophes amoureuses, ou le Retour à la vertu, histoire vraisemblable, s. n. *Paris,* Ponthieu, 1796, in-18.

Ouvrage peu commun, d'un style enjoué et malin ; ce qu'il n'écrit pas, il sait le faire entendre.

PICHON (Thomas-Jean), docteur en théologie et chanoine de la Sainte-Chapelle du Mans, né dans cette ville en 1731, et mort en 1812.

— Mémoire sur les abus dans les mariages et sur le moyen possible de les prévenir, s. n. *Amsterd.* et *Paris,* Vente, 1766, in-12.

— Mémoire sur les abus du célibat dans l'ordre politique, s. n. *Amsterd.,* 1765, in-12.

On trouve des idées singulières dans ces deux ouvrages. Cet écrivain avait la manie des réformes, mais il n'avait ni le talent, ni l'énergie nécessaires pour son rôle de réformateur. Ses *Études théologiques*, par un docteur manceau, 1767, in-12, sont aussi étranges que les ouvrages précédents.

PIE II (Aeneas-Sylvius Piccolomini, pape sous le nom de), né en 1405 à Corsigny dans le Siennois, mort à Ancône en 1464.

— Anæ Sylvii poetæ senensis, de duobus amantibus Eurialo et Lucretiâ opusculum, s. l. n. d. (*Cologne,* Ulric Zell, vers 1467), in-4, 36 ff., 27 lign. à la page (cat. d'Ourches, n° 1002, 18 fr.). — *Argentine,* 1476, in-4 goth. (d'Ourches, 8 fr.).

Réimprimé souvent sous les titres de : Incipit libellus de duobus amantibus ; — Incipit tractatus de duobus amantibus.

— Historia de duobus amantibus, s. l. n. d. (*A Venise,* de 1470 à 1477), in-4, sans chiff. ni récl. (Bull. du Bibliophile, 1852, 18 fr.).

Traductions françaises :

— Les Amants de Sienne, où l'on prouve que les femmes font mieux l'amour que les veuves et les filles, par de Louvencourt, seig. de Vauchelles, suiv. la copie impr. à Paris. *Leyde*, 1706, in-12.

— L'HISTOIRE délectable et récréative de deux parfaits amans estans en la cité de Sene, rédig. en langue lat. et trad. en vulgaire francoys, 1537, in-12 (cat. d'Ourches, 23 fr.).

— L'HISTOIRE de Eurialus et Lucresse, vrays amoureux, selon pape Pie, s. l. n. d. (*Paris,* Verard, 1493), in-fol. goth., 93 ff. (Trad. en vers attribuée à Octavien de Saint-Gelais).

— S'ENSUYT l'histoire des deux vrays amans Eurial et la belle Lucresse (par Antithus, vers mêlés de prose). *Lyon*, Arnoullet, s. d., petit in-4 goth., 32 ff., fig. sur bois. — *Paris,* Michel le Noir, s. d., in-4 goth., 34 ff., fig. — s. l. n. d., in-4 goth., 46 ff., fig. s. bois (Yemenitz, n° 2243, 1,000 fr.). — *Lyon*, 1528, in-4.

Cette nouvelle, écrite purement, dans un latin presque classique, enlève, gaillardement et joyeusement, le récit des ruses galantes d'Euryale et de Lucrèce, les deux amants heureux, aux dépens de Ménélai le mari jaloux et bourru. Les péripéties malicieuses et gaies que leur inspire cet amour frais et savant feraient sourire Boccace et La Fontaine, qui s'applaudiraient d'avoir su les trouver. Ce pape qui, dans sa bulle du 26 avril 1463, a répudié les idées libérales qu'il avait écrites, en faveur du concile de Bâle, n'a jamais désavoué ces joyeux péchés littéraires et galants : *De duobus amantibus et De amoris remedio.*

— EPISTOLA Enee Silvii poete laureati, sive Pii pape secundi de amoris remedio, s. l. n. d., petit in-4, 6 ff. — *Albie* (Savoie), s. d. (vers 1490), petit in-4 goth., 7 ff. — s. l. n. d., in-4, 4 ff. (cat. La Vall., 2° p., n° 3907 ; Nyon pense que cette édit. aurait été impr. à Padoue vers 1472). — s. l. n. d. (vers 1480), in-4 goth., 5 ff. (cat. La Vall., 2° p., n° 3908).

Traductions françaises :

— LE REMÈDE d'amour, translaté du lat. d'Aeneas Silvius, Pie second, en vers françois, par maistre Albin des Avenelles, avec addit. de Bapt. Mantouan (en vers dissyllab., texte latin en regard). *Paris,* J. Longis, s. d., petit in-4 goth., 14 ff. — *Paris,* Alain Lotrian, s. d., petit in-4 goth., 12 ff. (Yemenitz, 58 fr., revendu 190 fr., vente Potier, 1870). — *Paris,* J. Trepperel, s. d. (vers 1505), in-4 goth., 12 ff., fig. s/ le titre. — *Paris,* V° J. Jannot, s. d. (1520), in-4 goth., 12 ff., fig. s/ le titre.

— GUIDE du remède damours translate nouvellement de latin en françoys avec lexposition des fables cosonantes du texte. Imprimé à Paris le quatriesme jour de févrir lan mil cinq cens et neuf pour Anthoine Verard... in-4, fig. s/ bois (traduction en vers d'un anonyme; Yemenitz, 460 fr.).

Œuvre fort galante et qu'on attribuerait plutôt à Boccace qu'à un pape. Aucune illustration de la hiérarchie ecclésiastique n'a manqué au genre galant et les papes ne sont pas ceux qui l'ont le plus mal traité.

PIERQUIN (Jean), né à Charleville en 1670, curé du Châtel-sur-Aire et d'Exermont, diocèse de Reims, mort en 1742, a écrit des ouvrages sur la couleur des nègres, sur l'évocation des morts, sur le sabbat des sorciers, sur les transformations magiques, sur le chant du coq, sur la pesanteur de la flamme, etc.

— Dissertations physico-théologiques touchant la conception de J. C. dans le sein de la Vierge Marie, sa mère... par M. P. C. D. C. (Pierquin, curé de Châtel en Champagne). *Amsterd.*, s. n. d'impr., 1742, in-12, 261 pp., fig. (cat. de l'abbé de Bearzi, nº 434 ; Aimé-Martin, nº 85, 1847 ; By, 4 fr. 80 ; cat. L'Escalopier, nº 63).

Curieux ; l'auteur s'est sans nul doute inspiré, sinon plus, des ouvrages : *Defensorium inviolate conceptionis perpetueque virginalis beatæ Mariæ Virginis*, s. l. n. d. (vers 1480), petit in-4 goth. orné de nombreuses gravures sur bois fort singulières, au moins tout autant que le texte ; — *Maria, deipara semper Virgo et corpore et animo semper incorrupta*, Olivæ, 1683, in-4. Cette explication de la génération divine, d'après des principes physiques, est œuvre fort hardie, pour ne pas dire inconvenante. Il eut mieux valu en ce cas, que le prêtre courbât sa raison devant sa foi. Sur certaines questions, l'Église devrait mettre cette enseigne : Ici, il y a à croire et non à voir...

PITHOYS (le R. P. Claude), religieux du couvent de Verdun, né vers 1596 en Champagne, mort à Sedan en 1676.

— L'Amorce des âmes dévotes et religieuses. *Paris*, 1627, petit in-12.

— L'Horoscope, roue de fortune et bonne avanture des predestinez. *Paris*, 1628, petit in-12 (Techener, 1855, 9 fr.).

Ouvrages curieux sentant la mysticité.

PLACET (le P. F. François), religieux prémontré et prieur d'Arthos.

— La Corruption du grand et petit monde, où il est traité des changements funestes arrivez en tout l'univers et en la nature humaine, depuis le péché d'Adam, par le P. Fr. Placet. *Paris,* Alliot, 1666, in-12. — *Rouen*, 1666, in-12 (Perennès, Dict^{ro} de Bibliographie cath., t. II). — *Paris*, V^o Alliot, 1668, in-12 (Brunet, Manuel du libraire).

Brunet frappe cet ouvrage de la note *singulier*.

POLMAN (Jean), chanoine théologal de Cambrai, né à Tubise, diocèse de Malines, mort en 1657.

— Le Chancre, ou Couvre-sein féminin ; ensemble le Voile, ou Couvre-chef féminin, par J. P. *Douay*, Gér. Patte, 1635, in-8 (cat. Lemarié, 27 fr. ; d'Hangard, 1789, 23 l. 1 s. ; By, 12 fr.). — *Genève*, 1868, petit in-12, tiré à 100 ex.

Cet ouvrage est recherché pour sa singularité et le mérite. « Le chancre s'attache le plus souvent au sein et aux mamelles des femmes... puis il va démangeant les parties voisines, s'enfonce jusques à la chemise, voire jusques à la chair nue, découvrant la gorge, ... les espaules et les tétons en sont demeurés à nud. Si est-ce nonobstant que j'y porterai la main ! Advisés donc, mesdames, si vous voulés que votre poitrine désormais soit la retraicte du diable ; que votre sein soit la couche de Sathan ; que vos mamelles servent d'oreiller aux démons ; que vos tetins servent d'allumettes à ces bouttefeux d'enfer... » Ouf ! tout cela et bien autres choses pour exhorter les femmes à ne pas découvrir leurs seins... sur lesquels le chanoine y portera la main, le gourmand ! On peut, sans trop de rigueur, appeler cette morale *immorale*.

PORÉE (l'abbé Ch.-Gab.), né à Caen en 1685, mort curé de Louvigny en 1770.

— Histoire de don Ranuccio d'Aletes, écrite par lui-même, s. n. *Venise* (Rouen), chez Francisco Pasquinetti, à la Vérité, 1736, 2 vol. in-12, fig. (La Bédoyère, 1862, 15 fr.). — *Venise* (Rouen), 1738, 2 vol. in-12.

Ce roman satirique contre les mœurs religieuses a été reproduit textuellement par de Rougemont, sous le titre de : *Raphael d'Aguilar, ou les Moines portugais, histoire véritable du dix-huitième siècle*, Paris, Grandin, 1820, 2 vol. in-12. Quand un ouvrage ne coûte que *la façon* d'un plagiat, il est facile de devenir un romancier fécond, et au besoin de talent, si l'on a du goût dans son choix. Les moines et les jansénistes sont les héros de ce roman à clef, et les noms de Castilmoro, de Mathieu, de Grapina cachent des personnages de l'époque.

PORTE (l'abbé Joseph de la), né en 1718, quitta les jésuites pour venir à Paris, où il monta un vrai atelier littéraire qui a fabriqué un assortiment de plus de deux cents volumes ; il mourut en 1779.

— Almanach chinois, s. n. *Paris*, Vᵉ Duchesne, 1761, 1765, in-24.

— Almanach turc, ou Tableau de l'empire ottoman, s. n. *Paris*, 1760, petit in-12.

— Anecdotes dramatiques. *Paris*, Vᵒ Duchesne, 1775, 3 vol. in-8 (Soleinne, t. V, nᵒ 13).

— L'Antiquaire, coméd. en 3 act. en vers, s. n. *Londres*, 1751, in-12.

— Bibliothèque des génies et des fées, s. n. *Paris*, Duchesne, 1759, in-12.

— Calendrier historique des théâtres de l'Opéra et des Coméd. franç. et ital. et des Foires. Cailleau, 1721, in-24, fig.

— Le Danger des épreuves, coméd. en 1 act. v., avec un divertissement représenté sur le th. de Puteaux, paroles de M. de la ***. *Paris*, Gissey, 1749, in-4 (Soleinne, 4 fr. 75).

— Dictionnaire dramatique. *Paris*, 1776, 3 vol. in-8 (Soleinne, t. V, n° 13).

— L'Histoire littéraire des femmes françaises. *Paris*, 1769, 5 vol. in-8. — *Paris*, 1771, 5 vol. in-8.

— Les Spectacles de Paris, ou Calendrier historique et chronologique des théâtres de Paris, contenant les noms des danseurs, acteurs, actrices, etc. *Paris*, V° Duchesne, 1752-1815, 45 part. in-24 et in-12 (Soleinne, t. V, 61 fr.).

POSTEL (Guill.), né en 1510 à la Dolerie en Normandie, se fit jésuite à Rome, où pour ses controverses théologiques, il fut mis en prison; il alla ensuite à Venise, où une vieille fille, nommée Jeanne, s'empara de son cœur et de son esprit, et mourut enfin au monastère de Saint-Martin des Champs, à Paris, en 1581.

— Les très merveilleuses Victoires des femmes du Nouveau-Monde, et comme elles doivent à tout le monde par raison commander. *Paris*, 1553, in-12, 67 ff. (Il existe deux éditions anciennes et deux modernes sous cette date; le papier fait facilement distinguer les deux dernières; mais il serait difficile de dire quelle est la première des deux anciennes.) — Sur l'imprimé, J. Ruelle, 1553, in-12 (cat. Giraud, 7 fr. 25; Luzarche, 28 fr.). — *Turin*, Gay, 1869, gr. in-8, XVI-115 pp., tiré à 100 exempl.

Les éditions anciennes, peu communes et fort chères, se recommandent, plutôt par leur rareté et la singularité des idées, que par l'importance du sujet. Ce Postel était une espèce de fou mystique, qui croyait que sa vieille maîtresse Jeanne devait compléter la salvation de l'homme restée inachevée par le Christ, en un mot, il enseignait la mission d'un messie femelle. Ève avait perdu l'homme, Jeanne la Vénitienne devait le sauver.

POZA (J. B.), jésuite de Madrid, mourut dans l'exil à Cuença, au Pérou, en 1660.

— Elucidarium Deiparæ, aut. Poza S. C. *Compluti*, J. de Orduna, 1626, in-fol. (cat. L'Escalopier, n° 60). — *Lyon*, 1627, in-4.

PRÉVOST-D'EXILES (l'abbé Ant.-Fr.), né à Hesdin
en 1697, fut, tour à tour, jésuite, militaire, bénédictin,
abbé, et surtout littérateur. Les aventures dissipées,
viveuses et galantes de son chevalier Des Grieux, sont
beaucoup les siennes ; il mourut à Paris en 1763.

— CONTES, aventures et faits singuliers. *Londres* (Paris), 1764,
2 vol. in-12 (cat. By, 3 fr. 95).

— LE DOYEN de Kyllerine, s. n. *Paris,* Didot, 1735, 6 tom. in-12
(M^{ise} de Pompadour, 9 l. 19 s.).

— HISTOIRE de Clarisse, ou Lettres angloises, trad. de l'angl., s. l.
(Paris), 1751, 12 vol. in-12, fig. d'Eisen (M^{ise} de Pompadour,
27 l. 19 s.; Beaucousin, 16 l. 1 s.; Grésy, 30 fr.). — *Londres*
(Cazin), 1784, 11 vol. in-18, port. et fig. (Grésy, 62 fr.).

— HISTOIRE du chevalier Grandisson. *Amsterd.*, 1755, 4 vol. in-12,
fig. (Beaucousin, 10 l. 2 s.).

— HISTOIRE d'une Grecque moderne, s. n. *Amsterd.* (Paris), 1740,
1741, 2 vol. in-12.

— LETTRES anglaises, ou Histoire de Clarisse Harlow, trad. de
l'angl. *Londres* (Paris), 1751, 12 tom. in-12.

— MÉMOIRES et aventures d'un homme de qualité qui s'est retiré
du monde, s. n. *Paris,* Martin, 1728, 4 tom. in-12. — *Amst.,*
1731, 2 vol. in-12. — *Paris,* Delaulne, 1732, 8 vol. in-12 (le
t. VIII est l'édit. originale de Manon Lescaut, sous le titre :
Suite des Mémoires et aventures, etc.). — *Amst.,* 1742, 7 vol.
in-18. — *Paris,* 1756, 8 vol. in-12. — *La Haye,* 1757, 8 part.
in-12. — *Paris,* Nicolle, 1808, 4 vol. in-16. — *Paris,* Lebègue,
1821, 42 vol. in-12.

— MÉMOIRES pour servir à l'histoire, extraits du journal d'une
dame, s. n. *Cologne,* 1763, 2 vol. in-12 (M^{ise} de Pompadour,
4 l. 11 s.).

— LE MONDE moral, ou Mémoires pour servir à l'histoire du
cœur humain. *Genève,* 1760, 2 vol. in-12 (M^{ise} de Pompadour,
2 l. 10 s.).

— NOUVELLES Lettres angloises, ou Histoire du cheval. Grandisson, s. n. s. l. (Paris), 1755, 8 vol. in-12 (M^{ise} de Pompadour,
3 l. 12 s.).

— PAMELA, ou la Vertu récompensée, trad. de Richardson, 1744,

4 vol. in-12, fig. (Beáucousin, 9 l. 14 s.). — *Paris*, 1793, 12 tom.
in-18, fig. (Grésy, 5 fr.).

— Suite des Mémoires et avantures d'un homme de qualité qui
s'est retiré du monde, s. n. *Amsterd.* (Paris), 1733, in-12 (Che-
deau, 107 fr.; Techener, 1858, 18 fr.; Luzarcho, 36 fr.; Potier,
1870, 150 fr.; Pichon, 300 fr.). — Mémoires de Manon Lescaut.
Paris, 1733, 2 vol. in-12 (Le Vavasseur, 1789, 1 l. 10 s.). —
Histoire (ou Aventures) du chevalier Des Grieux et de Manon
Lescaut. *Londres*, 1734, in-12. — *Amst.*, 1737, 2 part. in-12.
— *Amst.* (Paris), 1753, 2 vol. petit in-12, fig. de Pasquier et
de Gravelot (Bertin, 30 fr.; Potier, 1870, 355 fr.; Pichon, 500 fr.).
— *Amst.*, 1756, 2 vol. petit in-12, fig. 8 (Techener, 1858, 10 fr.).
— *Paris*, P. Didot ou Bleuet, an V-1797, 2 vol. in-18, fig. de
Lefèvre, grav. par Coiny, 8 (Bertin, 70 fr.; Chedeau, 220 fr.;
Pichon, 410 fr.). — *Paris*, Bourdin, 1838, gr. in-8, fig. de
E. Johannot (100), notes de J. Janin (Bertin, 17 fr.). — *Paris*,
A. Leclère, 1860, 2 vol. in-18, fig. d'après Coiny (tiré à 100 ex.).

L'édition de 1733 est l'édition originale de ce célèbre roman, le chef-d'œuvre, en ce
genre, de notre littérature. La *Revue rétrospective*, 3 octobre 1733, 2ᵉ série, t. VII,
p. 95, dit : « On a imprimé ici, depuis quelques jours, l'*Histoire de Manon Lescaut*.
Le héros est un escroc, l'héroïne est une catin ; l'auteur, cependant, trouve le secret
d'intéresser d'honnêtes gens. » Dans la même, 12 octobre 1733 : « Ce livre, qui com-
mençait à avoir une grande vogue, vient d'être défendu. » Il existe, sous la même
date et dans le même format, une édition, mais moins belle d'impression et de
papier ; la bonne, au reste, aux pp. 1 et 269, présente un titre de trois lignes et la
mauvaise de quatre. Les deux héros de ce roman sont peu dignes d'intérêt : l'un est
un chevalier d'industrie, coureur et bréttéur ; l'autre, une fille de joie, aimant son
amant et le trompant toujours ; ils se quittent, se retrouvent, se requittent encore,
et tout cela en s'aimant d'amour. Cet abbé galant a jeté là dedans, au milieu de
toutes ces faiblesses et de ces scandales, tant de franche et vraie passion ; il a su
élever si haut, au-dessus de ce bourbier, ces cœurs jeunes et chauds, que non seulement, on lit tout cela sans dégoût, mais qu'on se passionne pour ces amants plus
malheureux que coupables. On leur pardonne parce qu'ils aiment beaucoup. Le
livre de cet enfant prodigue et vagabond de l'église, entraîne et charme, parce qu'il
est vrai, doux, et j'ajoute, bon.

— Tout pour l'amour, ou le Monde bien perdu, trag. par l'auteur
des Mémoires d'un homme de qualité. *Paris*, Didot, 1735, in-12
(Mˡˢᵉ de Pompadour, 1 l. 12 s.).

PURE (l'abbé Michel de), né à Lyon et mort à Paris
en 1680.

— Idée des spectacles anciens et nouveaux, cirques, amphi-
théâtres, théâtres, naumachies, comédies, bals, mascarades,
carosels, courses de bagues et de testes, etc., s. n. *Paris*, Mich.
Brunet (1668), in-12 (Soleinne, t. V, 7 fr. 50).

— Ostorius, trag. (5 act.), s. n. *Paris*, Guill. de Luyne, 1659,
in-12, 4 ff. et 75 pp. (Bertin, nᵒ 898 ; Soleinne, 3 fr.).

— La Prétieuse, ou le Mystère de la ruelle, dédiée à telle qui n'y pense pas, s. n. *Paris,* P. Lamy et Guill. de Luyne, 1656 (Techener, 1858, 18 fr.; d'Hoym, 7 fr.), 1658, 4 part. in-8, frontisp. grav. — *Paris,* 1660, 4 vol. petit in-8, frontisp. grav. (Morel de Vindé, n° 2071).

Ouvrage paru sous le pseudonyme de Gelasire. Révélations indiscrètes sur les précieuses, leur langage, leurs dissertations quintessenciées, leur métaphysique galante et leurs faiblesses féminines. Des histoires gaillardes et moult scabreuses naissent et s'épandent sur les lèvres peu chastes de ces mignardes personnes. L'auteur est plus connu par le ridicule dont l'a couvert Boileau, que par ses œuvres parfaitement oubliées.

Q

QUADRAGÉSIMAL (le) spirituel. C'est à savoir la Salade, les Febves frites, les Poys, la Purée, la Lamproye, le Saffran, les Oranges, la Violette de Mars, les Pruneaux, les Figues, le Miel, le Pain, les Eschaudés, le Vin blanc et rouge, l'Hypocras, les Invités au disner, les Cuisiniers, les Chambrières, etc., puis enfin le double des lettres du Saint-Esprit envoyées aux Dames de Paris, Veuves, jeunes Religieuses, filles et pucelles, touchant les voyages de Pasques, etc. *Paris,* veuve Michel le Noir, s. d., in-4 goth., fig. s. bois (cat. Gaignat, n° 392, 24 l. 10 s.; Bulletin bibl., 1835, 110 fr.).

— Le Quadragésimal spirituel, ou caresme allégorié pour enseigner le peuple a duement et salutair. jeusner. *Paris,* J. Bonfons, 1565, in-12.

Ouvrage mystique des plus singuliers et de la plus grande rareté. C'est une espèce de macédoine culino-spirituelle, dans laquelle le miel figure la virginité; les pruneaux, les veuves; la violette de mars, les pucelles, etc.
Cet ouvrage, souverainement ridicule, jouit de l'approbation de deux docteurs de la Faculté de Paris.

QUESNEL (Pasquier), oratorien, né à Paris en 1634, mort à Amsterdam en 1719. Ardent janséniste, il accepta la prison et l'exil plutôt que de renoncer à ses convictions.

— Lettres contre les nudités. 1686, in-12.

— Lettre d'un ecclésiastique aux religieuses qui ont soin de l'éducation des filles, pour les exhorter à seconder les intentions du pape (Innocent XI) touchant les nudités, s. l., 1685, in-8.

QUESNEL (l'abbé), neveu du célèbre Quesnel, oratorien et janséniste.

— Almanach du diable, contenant des prédictions (en vers) très curieuses et absolument infaillibles, pour l'année 1737. *Aux Enfers,* 1738, petit in-8, 56 pp., texte et front. gr. (Répertoire de Bibl. Techener, 24 fr.).

Chronique scandaleuse, et qui certes, pour les détails scabreux qu'elle contient, mériterait mieux ce titre que celui qu'elle porte. Ce sont des prophéties-épigrammes contenant 67 numéros dont la clef est au Diable.

La *Critique* et la *Contre-critique,* en prose, du même auteur est, sous le prétexte de rectifications, encore plus satanique que la première œuvre, puisqu'elle nomme ceux que le Diable ne faisait qu'indiquer obscurément.

QUILLET (l'abbé Claude), né à Chinon en 1609, fut nommé à l'abbaye de Doudeauville, par le cardinal de Mazarin pour lui avoir dédié sa *Callipédie,* mort en 1661.

— Calvidii Leti Callipedia seu de pulchræ prolis habendæ ratione. *Lyon* et *Paris,* 1655, in-4 (Gluc, 18 fr.; Techener, 1858, 28 fr.; Bull. bibl., 1836, 12 fr.). — *Paris,* 1656, in-8 (édit. plus complète). — *Londres,* 1708 ; *Paris* (Leipzig), 1709, in-8. — *Londini,* Borvier, 1709, in-8 (édit. avec les passages suppr. dans d'autres).

Traductions françaises :

— La Callipédie, ou la manière d'avoir de beaux enfants, poëme en vers libres, texte lat. en regard (par Monthenault d'Égly). *Amst.* et *Paris,* 1746, 1749 (Walckenaer, 4 fr. 50), 1774, in-12 (Techener, 1858, 9 fr.). — Trad. nouv. en pr. par Caillaud, texte latin à la fin. *Bordeaux,* an VII-1799, in-12 (Techener, 1858, 4 fr.). — *Paris,* Roret, in-8, 2 ff.

Poëme latin, assez hardi dans l'expression et dans la pensée, pour avoir provoqué des suppressions dans certaines éditions même latines. Cet art de faire de beaux enfants valut à son auteur une abbaye; était-ce pour le récompenser d'avoir fait aussi bien ou pour l'encourager à faire mieux ?

R

RABELAIS (François), né à Chinon en 1483, d'abord cordelier, médecin, religieux de Saint-Maur des Fossés et enfin curé de Meudon, mourut à Paris, dans la rue du Jardinet, en 1553.

— Les Horribles et espouvantables faitz et prouesses du tres renommé Pantagruel, roy des Dipsodes, fils du grand Gargantua, composez nouvellement par maistre Alcofribas Nasier. On les vend au Pallais, à Paris, chez J. Longis, 1533, petit in-8 goth. (Bertin, 1,800 fr.). — s. d. (1535), petit in-8 goth. (2° édit. précieuse et rare, Chedeau, 800 fr.; Potier, 1870, 6,500 fr.).

— Œuvres de M. Fr. Rabelais, contenant la vie, faicts et dicts héroïques de Gargantua et de son fils Panurge, avec la prognostication pantagruéline, s. l., 1553, 4 part. in-16 (1ʳᵉ édit. des 4 liv. réunis, Chedeau, 760 fr.). — s. l., 1556, in-16, pet. caract. — *Lyon*, J. Martin, 1558, in-8 (Yemenitz, 115 fr.). — s. l., 1559, in-16 (Giraud, 225 fr.). — *Lyon*, 1564 et cinquieme et dernier livre des faicts et dicts héroïques du bon Pantagruel, s. l. (J. Martin, à Lyon), 1564, in-16 (Giraud, 30 fr.). — *Lyon*, P. Estiard, 1571, 4 tom. in-16, tit. grav. (Luzarche, 89 fr.). — — *Lyon*, P. Estiard, 1573, in-16 (Yemenitz, 130 fr.). — s. l. (*Lyon*, P. Estiard), 1596, in-16 (Giraud, 69 fr.). — s. l. (L. et D. Elzevier, *Amst.*), 1663, 2 vol. petit in-12 (Giraud, 145 fr.; Chedeau, 101 fr.; Gouttard, 95 fr.; Luzarche, 85 fr.; Bertin, 210 fr.). — s. l., 1666, 2 vol. petit in-12 (réimpr. de la précédente édit.). — s. l. (*Bruxelles*, 1659) (pour 1669), gr. in-12, titre rouge (Luzarche, 22 fr.). — *Amsterd.*, H. Bordesius, 1711, 5 vol. petit in-8, fig. (Luzarche, 10 fr. 50; Pichon, 185 fr.). — *Amsterd.*, J.-Fréd. Bernard, 1741, 3 vol. in-4, fig. de B. Picart (Giraud, 574 fr.; Yemenitz, 450 fr.; Luzarche, 121 fr.; Bertin, 210 fr.; La Bédoyère, 711 fr.). — *Genève* (Paris, Cazin), 1782, 3 vol. in-18, portr. (Luzarche, 30 fr.). — *Paris*, Desoer, 1820, 3 vol. in-18, pap. vél., fig. (Giraud, 65 fr.; Chedeau, 98 fr.; Bertin, 59 fr.; Pichon, 32 fr.). — *Paris*, Dalibon, 1823, 9 vol. in-8, portr. fig. (Bertin, 78 fr.; La Bédoyère, 139 fr.). — *Paris*, Jannet, 1823, 3 vol. gr. in-8 (Bertin, 81 fr.). — *Paris*, Bry, 1854, petit in-4, illust. de Gust. Doré (Yemenitz, 25 fr.).

— La Plaisante et joyeuse histoyre du grand géant Gargantua. *Lyon*, chez Est. Dolet, 1542, in-16, fig. s. b. — *Valence*, Cl. La Ville, 1547, in-16, fig. s. bois.

— PANTAGRUEL, roy des Dipsodes, restitué à son naturel. *Lyon,* chez Est. Dolet, 1542, in-16, fig. s. b. (Giraud, 441 fr.; Yemenitz, 1,580 fr.; Potier, 1870, 5,000 fr.). — *Lyon*, Fr. Juste, 1542, in-16.

— LE QUART livre des faictz et dictz héroïques du noble Pantagruel (11 chap.). *Lyon*, P. de Tours, s. d., in-16, fig. s. b. (Giraud, 249 fr.). — *Rouen*, Robert Valentin, 1552, in-16 (Giraud, 119 fr.; Potier, 1870, 760 fr.). — *Paris*, Mich. Fezandat, 1552, in-8 (La Vall., nᵒ 3870). — s. l., 1553, petit in-8 (Chedeau, 200 fr.; Bertin, 142 fr.; Pichon, 150 fr.). — *Paris*, Mich. Fezandat, 1558, in-8 (Bertin, 240 fr.).

— LE SECOND livre de Pantagruel. *Lyon*, P. de Tours, s. d., in-16, fig. s. b. — Le Second, Tiers et Quart livre de Pantagruel. *Valence*, Cl. La Ville, 1547, 2 part. in-16, fig. s. b. (Giraud, 40 fr.; Chedeau, 60 fr.).

— LES SONGES drôlatiques de Pantagruel, où sont contenues plusieurs figures de l'invention de maistre Fr. Rabelais... *Paris*, Rich. Breton, 1565, in-8, fig. s. b. (120), sans texte (Yemenitz, 705 fr.; Chedeau, 305 fr.; Gouttard, 100 fr.; Van der Helle, 150 fr.). — *Paris*, Sallior, 1797, in-4, fig. (La Bédoyère, 12 fr.; Grésy, 385 fr.). — *Paris*, Dalibon, 1823, gr. in-8, fig. (reprod. de l'édit. 1565, Giraud, 15 fr.; Van der Helle, 42 fr.).

— LE TIERS livre des faictz et dictz héroïques du noble Pantagruel. *Lyon*, P. de Tours, s. d., in-16. — *Paris*, Ch. Wechel, 1546, in-8 (Bertin, 299 fr.; Pichon, 150 fr.). — *Paris*, Mich. Fezandat, 1552, petit in-8 (Pichon, 250 fr.; Potier, 1870, 345 fr.).

— LA VIE inestimable du grand Gargantua, père de Pantagruel, jadis composé par l'abstracteur de quintessence, livre plein de pantagruélisme. *Lyon*. Fr. Juste, 1537, in-16 goth. (Chedeau, 620 fr.). — *Lyon*, même, 1542, in-16.

— LA VIE tres horrificque du grand Gargantua, père de Pantagruel. *Lyon*, P. de Tours, s. d., in-16, fig. s. b. (Giraud, 249 fr.).

Rabelais, qui a écrit *jusqu'au feu exclusivement,* n'est, qu'à la surface seulement, un railleur cynique; au fond, c'est un esprit sérieux et indigné des travers et des abus, dont il rit et se moque pour mieux les déraciner. Les impuretés dont il charge ses tableaux, sont une cuirasse et aussi un bouclier derrière lequel il se retranche pour lancer impunément et plus sûrement des traits qui portent coup. La boue qui souille le livre a été le salut de l'auteur et l'amorce la plus irrésistible du lecteur. Il a pu, les voilant dans les propos les plus licencieux et les fantaisies les plus extravagantes, dire à son siècle les vérités les plus dures et lui enseigner la morale la plus sévère et la plus pure. Cet écrivain admirable, ce génie vraiment français, le seul peut-être avec Molière, sera toujours pour l'homme intelligent et droit, le mets le plus délicat, la raison la plus ferme. Les sots n'y trouveront et n'y verront qu'ordures, c'est justice, ils ne méritent pas mieux.

RAGUENET (l'abbé François), né à Rouen et mort à Paris en 1722.

— Les Aventures de Jacques Sadeur, dans la découverte et le voyage de la terre australe, s. n. *Paris*, Barbin, 1692, in-12, et Cavelier, 1705, in-12.

Ces aventures supposées ont été arrangées et remaniées d'après le roman de *la Terre australe, de ses mœurs...*, publié par les soins de G. de F. (Gabr. de Foigny, ex-cordelier lorrain). *Vannes* (Genève), 1676, in-12.

— Syroès et Mirame, histoire persane, s. n. *Paris*, Barbin, 1692 et 1698, 2 vol. in-12.

Roman insoutenable, et comme tel, d'autant plus curieux à lire. L'abbé Raguenet avait cédé, l'année précédente, au libraire Barbin, les *Aventures de Sadeur*, à moitié bénéfices ; elles eurent un prompt débit, mais n'eurent pas un compte aussi rapide, car le libraire sut toujours l'éluder. L'abbé, pour se venger de cette indélicatesse, fit offrir au même éditeur ce roman, dont les dix premières pages seules sont supportables. — Ce commencement et quelques historiettes sur l'auteur qui était une dame de la haute société, disait le vendeur du manuscrit, plurent tellement que le libraire le paya 1,200 liv. et s'empressa, après avoir été dupé, d'en duper d'autres, puisque ce roman eut deux éditions.

RAYNAUD (Théoph.), jésuite, né à Sospello, comté de Nice en 1583, mort à Lyon en 1663.

— R. P. Th. Raynaudi ex soc. Jesu, dissertatio de sobria alterius sexus frequentatione per sacros et religiosos homines. *Lugd.*, Mich. Duhan, 1653, in-4, 600 pp. (Peignot, n° 1880, 35 fr.).

Cet ouvrage, mêlé de prose et de vers, est peut-être le plus virulent qui ait été écrit contre les femmes ; quelques titres en feront juger : « Fæmina dæmonium, funis satanæ. — Mulieris et serpentis affinitas. — An ex veste fæminæ, confici possit vestis sacra ? » — C'est sans nul doute l'encyclopédie la plus complète de tout le mal qui avait été écrit contre les femmes jusqu'à lui... — Le même jésuite a aussi donné : *Erothemata de bonis et malis libris*, espèce de dissertations sur les bons et les mauvais livres.

REMÈDE préservatif, tant aux religieuses qu'à leurs Supérieurs et Gouverneurs, comme aussi à ceux du monde qui les fréquentent indiscrètement et scandaleusement, prins et tirés des ss. pères, etc., et colligé par P. Pinchart. *Paris*, P. Chevallier, 1601, in-8 (cat. La Vall., 2ᵉ p., n° 1,238).

Curieux et rare.

RENOULT (J. B.), cordelier et prédicateur.

— Les Aventures de la Madona et de François d'Assise. *Amsterd.*, à la sph., 1701, in-12, fig. (Techener, 1855, 8 fr.). — *Amsterd.*, 1707, 1745, 1750, in-12, fig. (Techener, 1855, édit. 1750, 34 fr.).

Ouvrage peu commun, car il fut condamné et détruit, avec d'autant plus de rage, que l'auteur montre, avec autorité et un grand charme de style, à quel oubli étrange de la pudeur peut conduire cet érotisme religieux qu'on voile sous le nom de mysticisme. La figure du chap. VI représente les *dévotions* de la Madone avec ses dévots.

— HISTOIRE de donna Olimpia Maldachini, trad. de l'ital. de l'abbé Gualdi (Leti), s. n. *Leyde,* Jean Du Val (à la sph.), 1666, 1667, petit in-12, 213 pp. (Techener, 1855, édit. 1666, 9 fr.; La Bédoyère, 1666, 28 fr.). — *Cosmopoli,* 1666, in-12. — *Genève,* 1770, 2 part. in-12, port. (Techener, 1858, 4 fr.).

C'est l'histoire d'une femme galante qui a gouverné l'Église, durant le pontificat d'Innocent X, depuis 1644 jusqu'en 1665 ; ce n'était pas une papesse, c'était un pape.

RENVOISY (Richard), maître des enfants et chanoine de la sainte chapelle du roi à Dijon, condamné au feu et brûlé le 6 mars 1586.

— QUELQUES odes d'Anacréon mises en fr... *Paris,* 1559, in-8, oblong.

Ce traducteur assez lourd du joyeux poète des amours, fut condamné au feu et brûlé le 6 mars 1586, pour avoir... (ce qu'ont fait bien d'autres prêtres...), trop instruit, en sodomie, les enfants qui lui étaient confiés pour le service des autels.

RÉPAUT (le R. P. Archange).

— ABOMINATION des abominations des fausses dévotions de ce temps. *Paris,* Cramoisy, 1632, in-8, fig. (cat. Laporte, 1872, 10 fr.).

Ouvrage singulier et édition la plus complète, dit le catalogue du Bibliophile Sandras.

RICHARD (l'abbé Ch.-L.), dominicain, né à Blainville, en Lorraine, en 1711, fusillé militairement à Mons en 1794.

— HIPPARCHIA, histoire galante, traduite du grec, divisée en trois parties, s. n. *Lampsaque* (Paris), l'an de ce monde (1748), petit in-8, x et 160 pp., fig. libres, 4. — Aihcrappih (anagr. d'Hipparchia), histoire grecque, s. n. s. l. (*Paris,* 1748), in-12 (Potier, 8 fr.; Claudin, en 1859, 6 fr. 50).

Cette traduction, supposée du grec, donne les aventures plus que galantes des amours du cardinal de Bissy et des ducs de Brancas et de Richelieu avec la marquise d'Alincourt et la duchesse de Villeroy. Le mariage de Cratès et d'Hipparchia est le récit cynique d'un scandale de l'époque, lire la *Correspondance de la duchesse d'Orléans,* 1843, p. 519. L'abbé Papillon affirme que cet ouvrage est bien de l'abbé Richard et non de Beauchamps, comme le pense Barbier. L'auteur du *Dictionnaire des Anonymes* pense que Beauchamps, étant l'auteur du roman anagrammatique du *Prince Apprius*, doit l'être également de celui-ci, ceci est une présomption et non une raison. Au reste, le style des deux ouvrages présentant des différences notables, nous n'hésitons pas à enlever au père du *Prince Apprius* la paternité d'*Hipparchia*.

— LETTRES grecques, par le rhéteur Alciphon, ou Anecdotes sur les mœurs et les usages de la Grèce, les courtisanes, les para-sites..., s. n. *Amsterd.* et *Paris*, Nyon l'aîné, 1785, 3 vol. in-12 (Barbier, Dict^re des Anonymes, tom. II, p. 291).

RICHELIEU (Armand-Jean du Plessis, cardinal de), né à Paris en 1585, mourut en 1642.

— EUROPE, coméd. héroïque par Desmarets. *Paris,* H. le Gras, 1643, in-4, fig. (Soleinne, 2 fr.). — *Paris*, H. le Gras, 1643, in-12, 4 ff., 182 pp. (Soleinne, 7 fr. 50).

Allégorie politique contre plusieurs personnages de l'époque. *La Bibliothèque du Théâtre français*, tome II, p. 583, donne la clef des noms.

— MIRAME, trag. coméd., 5 act. et v., par le sieur Desmarets. *Paris*, H. le Gras, 1641, in-fol., frontisp. grav. et fig. de La Bella (Bertin, 30 fr.; Soleinne, 66 fr.; Techener, 1858, 85 fr.). — *Paris,* jouxte la copie impr. à Paris (Elzévir), 1642, petit in-12 frontisp. grav. (Chedeau, 280 fr.).

Cette pièce, parue sous le nom de Desmarets, n'a qu'un mérite, c'est d'être l'œuvre d'un homme de génie, et pourtant d'être par sa faiblesse même, indigne du pauvre poète qui lui a prêté son nom. Elle est la production de Richelieu, l'un des hommes le plus remarquables, non seulement de son siècle mais de tous les siècles, et elle ne vaut même pas les autres ouvrages du triste académicien Desmarets. Les autres, comédies : *l'Aveugle de Smyrne* et *les Tuileries* ne sont restées avec ces deux-ci que pour prouver que s'il avait été aussi mauvais ministre que mauvais poète, son nom serait moins illustre. Il était Richelieu, il voulut être Corneille, à cette ambi-tion il n'eut gagné que du ridicule, si le génie du ministre ne faisait oublier les sottes prétentions du poète. Pour mieux connaître le personnage, consulter :

— LES AMOURS d'Anne d'Autriche, épouse de Louis XIII, avec le card. de Richelieu, le véritable père de Louis XIV. *Cologne,* P. Marteau, 1693 (Pixérécourt, n° 1291), 1696, petit in-12 (Pei-gnot, 5 fr.). — *Cologne,* G. Cadet, 1722, in-12 (cat. Labitte, 1879, n° 352). — *Londres* (Holl.), aux dépens de la Comp., 1738, petit in-12 (La Bédoyère, 15 fr.; Pixérécourt, 24 fr.). — *Londres* (Holl.), 1768, in-12, 9 ff. et 122 pp. (La Bédoyère, 6 fr.; Bull. bibl., 1848, 10 fr.).

— HISTOIRE secrète du card. de Richelieu, ou ses Amours avec Marie de Médicis et madame de Combalet, depuis duchesse d'Aiguillon (publiée par Chardon de la Rochette). *Paris,* 1808, in-18 (La Bédoyère, 12 fr.).

— LES CRUELS effets de la vengeance du card. de Richelieu, ou Histoire des diables de Loudun et de la possession des religieuses Ursulines et de la condamnation d'Urbain Grandier. *Amst.,* Est. Royer, 1716, in-12 (La Vall., 6 fr.).

RIVE (l'abbé Jean-Jos.), né en 1730 à Apt, curé de Mollèges, diocèse d'Arles, et bibliothécaire du duc de La Vallière, mort à Marseille en 1799.

— Bibliothèque de livres sotadiques ou pornographiques, mss. ou imprimés, en toutes sortes de langues, mais sans aucune espèce d'analyse et avec les qualifications que ces livres infernaux méritent, mss. indiqués à la p. 19 dans la *Chronique littéraire des ouvrages mss. et imprimés* de l'abbé Rive. *Eleutheropolis* (Aix), 1791, in-8.

Manuscrit dont le titre détaillé annonce suffisamment l'importance et la curiosité. Que de boue infecte et immonde, il a dû remuer pour en faire un aussi grand tas!...

— Éclaircissemens sur les cours d'amour; notices sur le roman du petit Artus. *Paris,* 1779, in-4.

— Notice sur la guirlande de Julie... *Paris,* 1779, in-4.

ROGER DE COLLERYE (dit Roger Bontemps), né à Paris en 1470, prêtre et secrétaire de l'évêque d'Auxerre, mort en 1540.

— Œuvres. *Paris* (P. Roffet), 1536, petit in-8, 104 ff. — Avec préf. et notes de Ch. d'Héricault. *Paris,* Jannet, 1855, in-18, xxxix et 287 pp.

Ses œuvres, remarquables par la franchise de la pensée, le naturel et la vivacité du style et l'allure gaie et souvent leste de l'expression, se composent de ballades, de complaintes, de dictons, d'épithétons, d'épitaphes et surtout de farces et de monologues. Ce n'est pas pour rien qu'il était l'abbé des fous et le président d'une société facétiéuse d'Auxerre, ses poésies se ressentent de ses fonctions de gai et joyeux personnage. Lire le Monologue du Résolu, le Dialogue de messieurs de Deçà et de Delà, celui des Abusez, le Blason des dames, le Sermon joyeulx pour une nopce, La Farce de l'Amour et Plate bourse...
Son Roger Bontemps dit de sa maîtresse que...

> C'est la plus gente fratrillonne
> Et la plus gaye esmerillonne
> Qu'on voit onc, et la nompareille,
> Son amour souvent me réveille...
> Je vois, je viens, je m'esmerveille,
> Tant suis d'elle ravy et pris.

ROULAUD (l'abbé N.), auteur des *Nouveaux synonymes français,* 1785, 4 vol. in-8, mort vers la fin du xviiie siècle.

— La Pétarade, poëme en IV chants, œuvre posthume de l'abbé R***. *Paris,* Lesguilliez, an VlI-1799, petit in-8, 96 pp. (Noël, nº 489 ; Van der Helle, 10 fr.; Techener, 1855, 4 fr.; La Bédoyère, 22 fr.).

Poëme badin passablement décorseté.

RUIZ (Benoît), dominicain, a publié l'ouvrage suivant sous le pseudonyme de Antolinez di Piedrabuena.

— Universitad de Amor y Escuela de el interes, verdades sonadas verdudero o sueno, al pedir de las mujeres. *Sarragosse,* 1642, 1645, 1664, in-12.

Traduction française :

— L'Escole de l'interest et l'université d'amour, galanterie morale, image de la vie humaine... trad. de l'espag. par Cl. Le Petit. *Paris,* 1662, petit in-12, 12 ff., 151 pp. et table. — *Paris,* Jouaust pour Gay, 1862, petit in-12.

Passages tellement libres que la Cour de Paris, en 1833, condamna la réimpression.

RUPPÉ (le Père Chérubin de Sainte-Marie).

— La Maison de la sainte Vierge, dans laquelle Dieu s'est fait Homme, enlevée de Nazareth par les Anges et après plusieurs changements portée à Lorete. *Lyon,* 1680, in-12 (cat. Peignot, nº 59, 12 fr.).

Curieux et très rare.

S

SABATIER DE CASTRES (l'abbé Ant.), né à Castres en 1749, mort à Paris en 1801.

— Betsi, ou les Bizarreries du destin, par l'auteur de l'École des Pères et des Mères. *Amst.* et *Paris,* de Hanzy, 1769, 2 vol. in-12 (La Vall., nº 8848).

— Les Bizarreries du destin, ou Mémoires de Miladi Kilmer. *Paris,* 1781, 2 vol. in-12.

— L'École des Pères et Mères, ou les Trois Infortunés. *Amst.* et *Paris,* L. C. de Hansy, 1767, 2 vol. in-12.

— Contes de Boccace (ou le Décaméron), traduct. de Le Maçon, remise en franç. moderne par l'abbé Sabatier. *Paris,* 1777, 1779, 1783, 1791, 10 vol. in-8 ou in-12, fig. d'Eisen et de Gravelot.

Toutes les traductions modernes de ces contes graveleux sont, pour la plupart, comme les plus fideles, de l'abbé Sabatier de Castres.

— Les Quarts d'heure d'un joyeux solitaire, ou Contes de M***. *La Haye,* 1766, petit in-8, 52 pp. (Aubry, 1869, 12 fr.).

Contes fort lestes contenant vingt pièces en vers : les Deux pets ; la Dame fidèle ; les Deux robes ; les Deux outils ; la Perte réciproque ; la Servante excusée, etc.

— La Ratomanie, ou Songe moral et critique d'une jeune philosophe, par Madame *** (l'abbé Sabatier). *Amst.* (Paris), 1767, petit in-8, titre grav. (Techener, 1855, 9 fr.).

SAINT-CYR (l'abbé Claude-Odet Giry de), académicien, mort en 1761.

— Catéchisme et décision des cas de conscience à l'usage des cacouacs, s. n. *Cacopolis* (Paris), 1758, in-12.

Peu commun, ouvrage satirique contre Voltaire.

SAINT-GELAIS (Octavien de), né à Cognac vers 1466, dut à la poésie et à la galanterie, qu'il cultivait également, l'évêché d'Angoulême où il mourut en 1502.

— La Chasse et le Départ d'amours. *Paris,* 1509, in-fol. goth., 150 ff. à 2 col., fig. s. b. (Yemenitz, 660 fr.). — S'ensuit la Chasse et le Départ d'amours, nouvel. impr. à Paris, où il y a de toutes les tailles de rimes que l'on pourroit trouver... *Paris,* s. d., in-4 goth.

Composition allégorique dans le genre du *Roman de la Rose :* Abus, Sensualisme, Vaine plaisance, sont les guides du poète jusqu'à ce qu'il écoute Raison. Il y a des vers charmants, des boutades fines et spirituelles, et parfois caustiques contre les femmes :

> Bonnes gens, j'ai perdu ma dame,
> Qui la trouvera sur mon âme,
> Et bien qu'elle soit belle et bonne,
> De très grand cœur je la lui donne.

— L'Histoire d'Eurialus et Lucresse, vrays amoureux, selon le pape Pie, s. l. n. d. (*Paris,* Vérard, 1493), in-fol. goth., 93 ff.

Traduction en vers français de ce roman célèbre du pape Pie II, voir à son nom.

— Les XXI Épistres Dovide translatees de latin en frãçoys par

Reverend père en dieu Monseignr Levesque dangoulesme — a este imprime à *Paris,* par Pierre le Caron, demourant en la rue de la Juifrie, s. d. (vers 1502), petit in-4 goth., 129 ff. à 36 lig. la p., fig. s. bois (Potier, 1870, 300 fr.). — L'édit. de Vérard, impr. par le Caron, est la même que celle-ci, il n'y a de diffé-rence que dans la marque. — *Lyon,* cheulx Ol. Arnoullet, lan mil ccccc xxxii, in-4, cur. fig. s. bois (Techener, 1858, 115 fr.). — *Paris,* en la boutique de Galliot du pré, mdxxviii, impr. par maist. P. Vidoue, in-8, lettres rondes, fig. s. bois (Luzarche, 25 fr.; Potier, 1863, 50 fr.; Pichon, 150 fr.; Yemenitz, 120 fr.). — *Paris,* Vº Jeh. Trepperel et Jehan Jehannot, s. d., petit in-4 goth., fig. s. b. (Bertin, 60 fr.; Potier, 1863, 130 fr.; Potier, 1870, 205 fr.). — *Rouen,* Nic. le Roux pour P. Regnault, 1544, in-8, lettres rondes et nombr. fig. s. b. très naïves (Techener, 1858, 40 fr.). — *Lyon,* J. de Tournes, 1556, in-16, fig. s. b. — *Paris,* de Marnef, 1571, 1580, in-16, fig. s. b. — *Lyon,* J. de Tournes, 1573, in-16, fig. s. b. (Potier, 1863, 35 fr.).

Ces épîtres amoureuses, en quittant leur vêtement latin, pour vêtir le langage naïf de l'évêque galant, n'ont rien perdu de leur saveur un peu libertine, tant s'en faut; le français de cette époque, moins chaste que le latin, rend avec une certaine franchise d'allure, mais plus crûment, les licences voluptueuses du poète; il n'at-ténue pas ces impudeurs romaines, il les force plutôt.

SAINT-GELAIS (Mellin de), fils naturel, croit-on, du précédent, né en 1491, abbé de Réclus, aumônier et bibliothécaire du roi, fut surnommé l'Ovide français et mourut en 1558.

— Advertissemens sur les jugemens d'Astrologie à une judicieuse damoiselle, s. n. *Lyon,* 1546, in-8.

— Le Courtisan, trad. de l'ital. (Il Cortegiano del conte Baldessar Castiglione). *Lyon,* Est. Dolet et Fr. Juste, 1538, 4 part. in-8. — *Paris,* G. Corrozet, 1549, in-8.

Cet ouvrage est un dialogue entre des personnages des deux sexes de la Cour d'Urbain, contenant de nombreuses anecdotes galantes de cette époque et des aven-tures graveleuses sur les moines et les prêtres.

— Œuvres poétiques. *Lyon,* P. de Tours, 1547, petit in-8. — *Lyon,* A. de Harsy, 1574, petit in-8, 8 ff. et 253 pp. (Potier, 1870, 80 fr.; Bertin, 88 fr.; Techener, 1858, 65 fr.; Yemenitz, 115 fr.). — *Lyon,* A. de Harsy, 1574, in-12, lettres rondes, 9 ff. et 246 pp. (d'Hoym, 3 fr.; Techener, 1858, 9 fr.). — *Lyon,* B. Rigaud, 1582, in-16. — *Paris,* G. de Luyne, 1656, in-12. — *Paris,* 1719, in-12 (Giraud, 45 fr.; Potier, 1870, 28 fr.; La Bé-doyère, 17 fr. 50; Techener, 1858, 40 fr.).

Ces œuvres poétiques comprennent des chansons, des élégies, des épîtres, des quatrains, des rondeaux, des épigrammes. Le style est minaudier, galant, amoureux, je dis style amoureux, car la passion ne fouette jamais cette plume calme, froide et trop savante en amour pour en subir les orages. Géruzez, dans son *Histoire de la Littérature française*, p. 166, dit que ses épigrammes, plus spirituelles qu'édifiantes, contrastent scandaleusement avec les odes sacrées de J. B. Rousseau qui, pourtant, n'était ni abbé, ni aumônier. C'est pourtant ce même abbé qui a lancé sa fameuse excommunication au nom du fils de Vénus :

> Si du parti de celles voulez estre
> Par qui Vénus de la cour est bannie,
> Moi, de son fils ambassadeur et prestre,
> Savoir vous fais qu'il vous excommunie.

SAINT-GILLES (le chevalier de), d'abord brigadier des mousquetaires et ensuite capucin.

— La Muse mousquetaire, œuvres posthumes. *Paris*, Guill. de Luynes, 1709, petit in-8 (Bull. du Bibliophile, 1855, n° 124, 28 fr.; Labitte, 1870, 32 fr.).

C'est un recueil de fables, de chansons, d'énigmes et de contes dont un, *le Contrat* a été attribué à La Fontaine, et un autre, *Vindicio* à Vergier. Sans avoir voulu imiter La Fontaine, c'est peut-être le conteur qui en approche le plus par l'aisance du vers, la naïveté malicieuse de la pensée, le tour gaulois de sa pointe et surtout son allure franche et gaillarde. Citons un des plus courts :

> A Pontoise, dom Guichot
> Fut voir une carmélite ;
>   Il en sortit dévot.
> Mais Satan, sans dire mot,
> Le mena chez Marguerite ;
>   Il en sortit hugenot.

SAINT-GLAS (abbé de Saint-Ussans, de), né à Toulouse, mort en 1699.

— Billets galants et amoureux en vers. *Paris*, Jean Guignard, 1688, in-12, fig. de Hainzelmann (Techener, 1858, 9 fr.). — *Paris*, V° Thiboust, 1688, in-12 (d'Hoym, 7 fr.). — *Lyon*, 1696, in-12.

— Bouts-rimés, coméd. *Paris*, Trabouillet, 1682, in-12 (Mise de Pompadour).

— Contes nouveaux en vers, s. n. *Paris*, Aug. Besoigne, 1672, in-12, frontisp. grav. par Fr. Chauveau (Techener, 1858, 38 fr.). — *Paris*, Trabouillet, 1676, 1677, 1678, in-12 (Mise de Pompadour, 2 l. 8 s.).

— Œuvres de M***, cont. plusieurs fables d'Ésope mises en vers, s. n. *Paris*, Cl. Barbin, 1670, in-12 (Giraud, 17 fr.).

Ses Billets galants et amoureux tiennent les promesses du titre, ses contes (25), sont écrits spirituellement, et sans être obscènes, sont passablement gais, de cette gaité qu'on est convenu d'appeler gauloise, dit le catalophile chanoine d'Orléans.

SAINT-LOUIS (le Père Pierre de), religieux carme de la province de Provence, né à Vauréas dans le diocèse de Vaison, en 1626.

— LA MADELEINE au désert de la Sainte-Baume, en Provence. *Lyon,* 1668 (Bibl. Grenoble, n° 16239 ; Techener, 1855, 36 fr. ; Bull. bibl., 1847, 181 fr.), 1669, 1694, in-12 (Giraud, 6 fr. 50 ; Techener, 1858, 15 fr.). — *Paris,* 1700, in-12. — *Lyon,* J. B. et Nic. de Ville, 1700, in-12 (Chedeau, 19 fr. 50). — *La Haye* (Paris), 1714, 2 vol. in-12.

Poème en XII chants, plein de concetti, de rébus, d'hyperboles et souvent de passages bien naïfs sinon libres sur les amours de cette amante d'un peu tout le monde. C'est un chef-d'œuvre de pieuse extravagance, si ce n'est plus.

SAINT-RÉAL (l'abbé César Vichard de), né à Chambéry et mort dans cette ville vers 1692.

— CÉSARION, ou Entretiens divers. *Paris,* Barbin, 1684, in-12 (d'Hoym, n° 3020).

— DOM CARLOS, nouvelle historique. *Amsterd.,* 1673, in-12.

Roman ingénieux des amours d'un jeune prince pour sa belle-mère.

— ŒUVRES. *La Haye,* 1722, 5 vol. in-12 (d'Hoym, 26 fr.). — — *Amsterd.,* P. Mortier, 1730, 5 vol. in-12, portraits et fig., vign. s. le titre. — *Amsterd.,* Fr. l'Honoré et fils, 1740, 6 vol. in-12, fig. (Bertin, 26 fr. ; La Bédoyère, 1862, 47 fr.). — *Paris,* Nyon fils, 1745, 3 vol. in-4, frontisp. grav. (Giraud, 40 fr. Cette édit. a été publiée par l'abbé Pérau).

Ces œuvres renferment : Considérations et caractères de Julie ; Infidélité des femmes chez les Romains ; des Femmes ; la Vie d'Octavie, sœur d'Auguste ; Mémoires de Mme la duchesse de Mazarin, etc. L'abbé de Saint-Réal écrit avec force et non sans élégance, et surtout avec une pointe galante mais un peu railleuse, quand il parle des femmes.

SALEL (abbé de Saint-Chéron).

— LES AMOURS d'Olivier de Magny, et quelques odes de lui, ensemble un recueil d'aucunes œuvres de M. Salel, non encore vues. *Paris,* Vincent Sertenas, 1553, in-8 (La Vall., 1re p., n° 3114).

SANCHEZ (le R. P. Thomas), né à Cordoue en 1551, mort à Grenade en 1610.

— DE MATRIMONII sacramento. *Gênes* (Madrid), 1592, in-fol. —

Gênes, 1602, in-fol. — *Anvers*, 1607, 1614 et 1626, in-fol. (Crozat, 14 fr.). — *Lyon*, 1637 (Glatigny, 1755, 10 l.), et 1669, 3 tom. in-fol. — *Nuremberg*, 1766, 3 part. in-fol. — *Anvers*, 1707, 1714, 3 part. in-fol. — *Antverpiæ*, Mart. Nutius, 1607 et 1617, 3 tom. in-fol. (Gaignat, 42 fr.; d'Hoym, 26 fr.).

La légende raconte que Sanchez, malgré la vertu la plus chaste, doutant de ses forces et craignant l'aiguillon de la chair, s'asseyait, pour composer cet ouvrage, à nu, sur un siège de marbre. Je le crois volontiers; les questions remuées, commentées, discutées, inventées sur les différentes et nombreuses manières de pécher dans le mariage et en dehors, sont exposées, avec une telle obscénité, qu'il est impossible de lire quelque chose de plus fangeux. Il est regrettable que, sous le prétexte de former des confesseurs, il soit permis à des prêtres de remuer autant de boue. Quel supplice doit être celui de l'honnête homme, du prêtre voué à des vœux perpétuels de chasteté, qui est forcé de se pénétrer, de s'inoculer de pareilles matières et surtout de subir de semblables aveux dans la confession! *Summa voluptate perlegi*, dit le théologien dans son approbation; c'est possible, mais cela, loin de prouver que ce traité est utile et nécessaire, prouverait plutôt qu'il est dangereux, puisqu'un froid et insensible théologien le lit *summa voluptate*, avec la plus grande volupté.

SAS (Corneille), chanoine official et vicaire-général d'Ypres, né à Turnhout en 1593, mort en 1656.

— Œcumenicum de singularitate clericorum, illorumque cum feminis extraneis vetito contubernio, judicium. *Bruxelles*, 1653, in-4 (Biographie Peignot, t. IV, p. 346).

SAUNIER DE BEAUMONT (l'abbé).

— Lettres philosophiques, sérieuses, critiques et amusantes. *Paris*, Sangrain, 1733, in-12 (cat. Rodet, 1854, 2 fr.).

Ce livre est un vrai chiffonnier; on y trouve un peu de tout: la magie, le célibat, le mariage, la comparaison des deux sexes, de l'erreur des sens, des paniers des femmes, etc.

SAUTEL (le Père), jésuite, né à Valence en Dauphiné en 1613, mort à Tournon en 1662.

— Divæ Magdalenæ, ignes sacri et piæ lacrymæ sive selecta de divâ Magdalenâ cum totidem elegiis epigrammatum syntagmâ. *Lugduni*, 1656, petit in-12 (cat. de la biblioth. provenç. du docteur ***. *Lyon*, Brun, 1879, n° 589).

— Jeux allégoriques. *Lyon*, 1656, in-12.

SCHROËR (Samuel), né à Bautzen en 1669, mort à Leipzig en 1718.

11

— Samuelis Schroëeri, Dissertatio theologica de Sanctificatione seminis Maria Virginis, in actu Conceptionis Christi, sine redemptionis pretio ; contra antiquum Scholasticorum nonnullorum præservationis in lumbis Adami figmentum, rursus autem à quibusdam renovatum. *Lipsiæ,* Joann. Fridericus Braunius, 1709, in-4 (cat. Gaignat, 21 l. 2 s.).

Parmi les nombreux traités, plus ou moins singuliers, sur la Virginité de Marie, que les théologiens, sermonnaires, mystiques, etc., ont enrichi de leurs excentricités, celui-ci a droit à une mention spéciale : la sanctification de la semence de la Vierge dans la conception (mieux dans l'acte) du Christ, n'est-ce pas un chef-d'œuvre de naïve impudeur et de sublime immoralité ! Cette grave et brûlante question du *sanctum semen* n'est pas traité en quelques pages, mais en un vol. in-4. Ce docteur scholástique aurait dû couper ce travail délicat par la lecture de Gerson, *De nocturná et diurná pollutionibus.*

SÉRAN (l'abbé, de la Tour).

— Mysis et Glaucé, poëme traduit du grec, s. n. *La Haye* et *Genève* (Paris), 1748, in-12 (M^{ise} de Pompadour, 2 l.; le cat. du duc de Chaulnes, 1770, indique une édit. *Genève*, 1728, in-12, 3 l. 19 s.).

Ce poème galant n'est qu'une traduction supposée du grec ; il est entièrement du crú de l'abbé.

SERCLIER (Jude), chanoine régulier de Saint-Ruf de Valence.

— Le grand Tombeau du monde, ou Jugement final en six livres, par Jude Serclier. *Lyon*, J. Pillehotte, 1606, in-8 (cat. Potier, 1870, 230 fr.).

Sous un titre et avec un sujet aussi sérieux, le poëte-chanoine trouve le moyen d'égayer son poème par des singularités naïves : il dédie son œuvre à *tres-haute, tres-puissante... dame la sacrée Vierge Marie, imperière du ciel,* et s'en déclare, de Sa Majesté, le vil et abject vermisseau.

STATUTA concilii Florentini. *Florentiæ,* Barth. Sermatellius, 1564, in-4 (Techener, 1858, n° 6793, 18 fr.).

Curieux : De adulteriis et stupro. — Contra impressores librorum ; — Clericorum retinentium *concubinas* mulieres, pœna ; — Clerici retinentis *pueros* et infantes, pœna ; — Clerici adulteri incæstuosi, pœna ; — Clerici qui *matrem, sororem, monialem,* aut filiam spiritualem *carnaliter* cognoverit, pœna. — Cette brutale énumération des *connaissances charnelles* des clercs ou prêtres sur leur fille spirituelle, une religieuse, leur sœur, leur mère, les enfants, les petites filles, des femmes *concubines,* etc., prouve qu'au xvie siècle les mœurs du clergé n'étaient pas assez pures pour ne pas édicter des peines sévères contre leurs déportements, et quels déportements ! le péché *charnel,* avec la mère, la sœur. On n'invente pas des monstruosités semblables pour les punir, on les cacherait plutôt, si elles n'étaient malheureusement assez nombreuses et fréquentes, pour nécessiter un concile et des châtiments !

SURIUS (R. P. Joann.), Bethuniensis societatis Jesu.

— Moratæ poeseos volumen 1 (et 2). *Atrebati Regiacorum*, typogr. Guil. Riverii, 1617, 2 tom. in-8, frontisp. grav.

Cet ouvrage contient : B. Mariæ Magdalenæ ad Christi sepulcrum stancis erotici threni (1 act. v.) ; Lucta carnis et spiritus in S. Augustini conversione (3 act. prol. v.); Ubi fuerit superbia, ibi erit contumelia (3 act. et prol. v.), etc. — L'auteur voile sous un pathos mystique l'amour le plus chaud et le moins religieux. Dieu couvre, dans ces poésies, des éroticités trop graveleuses pour jouir du droit d'ascétisme.

SUSIUS (Nicol.), Societ. Jesu.

— Opuscula litteraria... de pulchritudine B. Virg. Mariæ. *Antverpiæ*, Nutius, 1620, petit in-8 (cat. L'Escalopier, n° 80).

T

TABLATURE spirituelle des offices et officiers de la couronne de Jésus, couchez sur l'état roïal de sa crèche et payez sur l'épargne de l'étable de Bethléem, réduits en petits exercices par un Père de l'ordre de St-François. *Pont-à-Mousson*, 1621, in-16 oblong. — *Lyon*, 1629, in-16. — *Paris*, J. de Laize de Bresche, 1685, petit in-12 oblong.

Opuscule en vers, qui n'a d'autre mérite que sa singularité.

TABOUROT (Jean), chanoine de Langres, a publié, sous le nom de Thoinot Arbeau, l'ouvrage suivant :

— Méthode pour apprendre toutes sortes de danses, 1589, in-4 (Biographie Peignot, t. IV, p. 465).

Ouvrage curieux et recherché. Mais sa plus grande notoriété littéraire est, sans nul doute, d'avoir eu pour neveu: Étienne Tabourot, dit le sieur des Accords, l'auteur des *Bigarrures et touches du seigneur Des Accords*.

TAILHANT, curé de Soulatgé, diocèse de Narbonne.

— Jugement contre les danses par un curé du diocèse de Narbonne. *Toulouse*, Hénault, 1693, in-8 (Techener, 1855, 8 fr.). — *Toulouse*, J. P. Douladoure, 1702, petit in-8 (cat. L'Escalopier).

Curieux : La danse est défendue à cause des baisers, du mauvais usage des mains, des regards qu'on y donne, des postures indécentes, des paroles immodestes et à double sens, des ris, des sauts, etc. Voir *Répertoire universel de Bibliographie,* Techener, n° 153.

TALBERT DE NANCRAY (l'abbé Fr.-Xavier), né à Besançon en 1725, prédicateur et chanoine, mort à Lambérg, en Gallicie, en 1803.

— Langrognet aux enfers, poëme, s. n., impr. à *Antiboine,* de l'impr. de Pincefilleux (Besançon, Charmet), 1760, in-12, gravures burlesques (6) (cat. Chedeau, 60 fr.; Nodier, 80 fr.; Pixérécourt, n° 885, 19 fr.).

Violente satire contre de Boynes, premier président du parlement de Dijon, qui la fit condamner au feu par le parlement de Besançon. Ce livre très rare, surtout avec les gravures, est l'objet d'une étude bibliographique de Ch. Nodier dans ses *Mélanges d'une petite bibliothèque,* p. 183 et suivantes. Si ce petit poème est un chef-d'œuvre de malice spirituelle et mordante, il n'est pas un modèle de charité chrétienne et sacerdotale, tant s'en faut. Aussi, l'auteur expia son pamphlet par trois ans de prison à Pierre-Encise. Il avait eu une compensation, car, dans le concours sur l'Origine de l'inégalité des conditions, il eut le bonheur ou le talent de vaincre J. J. Rousseau.

TALLEMANT DES RÉAUX (l'abbé François), prieur de Saint-Irénée de Lyon, aumônier de Louis XIV, académicien, né à la Rochelle vers 1620, mort en 1693.

— Les Historiettes publiées sur le manuscrit autographe de l'auteur, par de Châteaugiron, de Monmerqué et Taschereau. *Paris,* 1833, 6 vol. in-8 (Bertin, 140 fr.; Cailhava, avec les passages supprimés, 160 fr.). — *Paris,* 1840, 10 vol. in-12, fig. (Peignot, 17 fr. 50; Aubry, 1857, 18 fr.). — *Paris,* Techener, 1853-60, 9 vol. in-8 (Répertoire de Bibl. Techener, gr. pap., 270 fr.; pap. ord., 110 fr.).

Historiettes intéressantes pour l'histoire des mœurs du siècle de Louis XIV, mais peu scrupuleuses et surtout fort indécentes. L'abbé Tallemant, croyant probablement n'écrire que pour lui, s'est donné le plaisir de se raconter les commérages scandaleux de la cour, sans gêne et sans bride, en joyeux gaillard, qui se sert de bonnes pâturées de rire. Il ramasse tout dans les bavardages et les commérages du jour, mais surtout ce qu'il y a de plus leste et de plus ordurier. Que lui importe l'honneur et la réputation des gens ; on le dit, on le croit peut-être, cela lui suffit, tant pis, si tout cela est sale, ce n'est pas son affaire. Si ces historiettes avaient été écrites pour être livrées à l'impression, ce serait la plus vilaine action que puisse commettre un malhonnête homme. On n'a jamais le droit, si spirituellement qu'on le raconte, de s'emparer de faits aussi privés, aussi personnels que ceux que nous donne Tallemant des Réaux...

TALLEMANT (l'abbé Paul), né à Paris en 1642, mort en 1712.

— Lè Voyage de l'isle d'amour, ou la Clef des cœurs, s. n. *Paris*, Billaine, 1663, in-12. — Le Deuxième voyage de l'isle d'amour, s. n. *Paris*, Barbin, 1664, et de Sercy, même année, in-12. — *Paris*, Besoigne, 1675, in-12. — Les deux Voyages, s. n. *La Haye* (Paris), 1713, in-12, fig. (Techener, 1858, 9 fr. ; Laporte, 1872, 8 fr.). — Le Retour de l'isle d'amour, *Leyde*, Elzevier, 1666, in-12.

Ce roman de galanterie, dans le genre du *Voyage au royaume de Coquetterie* de l'abbé Hédelin d'Aubignac, a paru dans : *Recueil de quelques pièces nouvelles et galantes*, tant en prose qu'en vers. *Cologne*. P. Marteau, 1664, petit in-12.

TARTERON (le Père Jérôme), jésuite, né à Paris, où il mourut en 1720, âgé de soixante-quinze ans.

— Œuvres d'Horace, trad. fr. *Amsterd.*, de Coup, 2 vol. in-12 (M^ise de Pompadour, 6 l. 10 s.). — *Paris*, 1713, 2 vol. in-12 (Crozat, 2 fr. 50).

— Œuvres de Perse et de Juvénal, trad. fr., texte latin en regard. *Paris*, 1706, in-12. — *Paris*, 1737, in-12 (M^ise de Pompadour, 2 l. 14 s.). — *Paris*, 1752, in-12 (Gouttard, 2 fr.).

Les passages libres des auteurs latins ont été respectueusement reproduits dans la traduction du R. P. jésuite.

TATIUS (Achille), évêque d'Alexandrie au IIIe siècle.

— Achillis Tatii erotica, sive de Clitophontis et Leucippes amoribus libri VIII, ex officinâ Commelianâ, 1601, in-8 (Lemarié, 7 fr. 20). — *Lugd. Batavorum* (Elzevier), Heyerus, 1640, petit in-12, frontisp. gravé (Arch. du Bibl., 1860, 5 fr. ; Lemarié, 8 fr. ; Bull. du Bibl., 1853, 8 fr.). — *Lipsiæ*, 1776, 1821, in-8.

Ces amours de Leucippe et de Clitophon ont été souvent traduites en franç. par Baudoin, 1633, in-8, et du Perron de Castera, 1735, in-12. Les éroticités du texte antique s'accordant peu avec les pudeurs de notre langue, les traducteurs ont étranglé la version primitive, sans bénéfice pour leur traduction, car leur texte est encore trop libre pour être chaste et trop châtré pour avoir l'intérêt d'une reproduction fidèle. La traduction la plus fidèle est celle de Belleforest : *Les Amours de Clitophon et de Leucippe*, œuvre très utile et délectable... *Lyon*, B. Rigaud, 1586, in-16, fig. s. b. (Techener, 1869, 18 fr.).

THÉRÈSE (sainte), née à Avila, en Espagne, en 1515, morte en 1582. Cette carmélite fut, non seulement une ascète exaltée, mais une ardente et infatigable réformatrice : elle réforma quatorze monastères d'hommes et seize de filles.

— Œuvres de la mère Terese de Jésus. *Paris*, 1644, in-4 cat.

Piget, 1646, p. 115). — Trad. de l'espagnol par Arnauld d'Andilly. *Paris,* le Petit, 1670, in-4 (Crozat, 10 fr.; d'Hoym, 15 fr.). — *Paris,* le Petit, 1676, in-4 (Crozat, nº 193, 10 fr.). — *Paris,* D. Thierry, 1687, in-4 (Gaignat, 13 fr.). — *Anvers,* 1688, 3 vol. in-12 (de la Briffe, 1788, 8 l. 15 s.). — *Paris,* 1696, 4 vol. in-4 (Saint-Albin, 1850, 8 fr.). — *Paris,* Rouland, 1702, 2 vol. in-8 (de la Vigne, 1759, 6 l.). — *Lyon,* Matheron, 1818, 6 vol. in-12. — *Avignon,* Fischer, 1828, 6 vol. in-12. — *Lyon* et *Paris,* 1850, 2 vol. gr. in-8.

Sainte Thérèse est une contemplative extatique, c'est-à-dire qu'exaltée par les macérations, la solitude, son imagination s'élève jusqu'aux visions les plus ardentes : Jésus est son époux et son amant. Son langage a toutes les fièvres de la passion la plus charnelle, tous les entraînements de l'amour le plus terrestre. Les extrêmes se touchent, dit-on, ici c'est une vérité. Si cet amour entier, ardent, exalté, enragé, n'était la sublime folie de l'amour de Dieu, ce serait l'amour charnel le plus ridicule et le plus hystérique. Ces livres mystiques ne sont bons dans les mains de personne ; ils changent l'objet de la passion, mais ils ne changent pas le cœur : un ascète marche dans le feu.

THIERS (Jean-Bapt.), né à Chartres vers 1636, curé de Vibraie, diocèse du Mans, où il mourut en 1703.

— Histoire des perruques, où l'on fait voir leur origine, leur usage, leur forme, l'abus et l'irrégularité de celles des ecclésiastiques. *Avignon,* 1777, in-12 (Luzarche, 8 fr. 50).

— La Sauce-Robert, ou Avis salutaires à Messire Jean-Robert, grand-archidiacre de Chartres, s. l. n. d. (1676-78), 2 part. in-8. — La Sauce-Robert justifiée, s. n. n. l., 1679, in-8 (La Bédoyère, 12 fr. 50 ; Luzarche, 15 fr. 50).

— Traité de la clôture des religieuses. *Paris,* Dezallier, 1681, in-12.

L'auteur soutient qu'on doit interdire aux médecins et même aux évêques l'entrée des couvents... et les aumôniers donc ?

TORCHE (l'abbé de), né à Béziers en 1635 et mort à Montpellier en 1675, à l'âge de quarante ans.

— L'Aminte du Tasse, past. (5 act. et prol.), traduct. de l'ital. en vers (libres) françois, texte ital. en regard, s. n. *Paris,* Cl. Barbin, 1666, 1676, in-12, 6 ff., 185 pp. et le privil., vign. (6). — *La Haye* (à la sph.), 1679, et *Levyn van Dyk,* 1681, in-12, 5 ff., 185 pp., 1 f. non chiff., frontisp. grav. par de Causse et fig. de Decker (5). — *Rouen,* 1679, in-12.

— Le Berger fidèle, traduct. en vers fr. (libres) de l'ital. de Guarini, s. n. *Paris,* Cl. Barbin, 1664, 5 part. in-12 (Mⁱˢᵉ de Pompadour, 2 l. 19 s.). — *Paris,* Barbin, 1665, 1667, 1672, petit in-12. — *Cologne*, P. Marteau, 1671, 1677 (Giraud, 21 fr.), 1680, 1686, petit in-12, fig. de Blotel (6). — *Amsterd.*, 1689, petit in-12, frontisp. gr. (Techener, 1855, 15 fr.). — *La Haye*, 1702, in-12, fig. — *Brusselles*, 1705, in-12, fig. de Harrewin (6).

— La Cassette des bijoux, s. n. *Paris*, 1668 (Giraud, 3 fr.; Walckenaer, 3 fr.; Techener, 1858, 38 fr.), 1669, in-12 (Répertoire de Bibl. Techener, 35 fr.).

> Recueil galant de lettres en prose et en vers, égayé par des historiettes fort lestes. « Ce n'est pas icy, dit l'auteur, un titre en l'air que je donne à ce livre ; c'est véritablement une cassette que j'ai vuidée ; et comme c'est un recueil choisi de billets qui ont quelque feu et quelque tour galant, j'ay cru que je les pouvois nommer les bijoux de l'esprit. On en trouvera peut-estre qui ont de la tendresse, et ceux-là se peuvent appeler les bijoux du cœur. Ils sont tous semés de mille petits vers... L'ordre que j'ay gardé est celuy de n'en point avoir. »

— Le Chien de Boulogne, ou l'Amant fidèle, nouvelle gal., s. n. *Paris*, 1668, in-12. — *Cologne*, P. du Marteau, 1669, petit in-12 (Pixérécourt, 15 fr. 50). — *Paris et Cologne*, 1679, in-12.

> Éconduit par une demoiselle Ferlingham, à laquelle il faisait la cour la plus active, l'abbé attribua sa défaite à la mère, et s'en vengea en la peignant des couleurs les plus odieuses sous le nom de Linguamfer. Par une erreur déplorable, les fils de cette dame, croyant venger leur mère, bâtonnèrent cruellement un autre pauvre abbé, en lui criant : *Il te souviendra du* Chien de Boulogne.

— Le Démêlé de l'esprit et du cœur, s. n. *Paris*, 1667, in-12, 77 pp. — *Paris*, G. Quinet, 1668, in-12 (Walckenaer, n° 1803).

— La Philis de Scire, pastorale (5 act. et prol.) de Bonarelli, trad. en vers franç., italien en regard. *Paris*, 1667, in-12 (le premier acte seulement). — *Paris*, Est. Loyson, 1669, in-12, 12 ff., 383 pp., 5 fig. (Guichard, 1811, n° 854 ; Techener, 1855, 10 fr.).

— La Toilette galante de l'amour, s. n. *Paris*, 1669, 1670, in-12, vignette gal.

> Ouvrage en prose et en vers : le Tombeau d'un petit amour ; le Mariage d'amitié ; sur une nouvelle Mariée ; sur l'Estat des Filles et des Femmes ; etc. Tout le bagage de cet abbé frivole est purement galant, c'est peut-être sa seule valeur littéraire. Le style est facile, agréable même, mais sans vigueur et sans originalité.

TRAICTE (tres singulier, devot et salutaire), intitule la marchandise spirituelle, ordonnee et distinguee en sept regions spirituelles selon les sept jours de la semaine, et est la dite marchandise tres utile et necessaires a tous marchans bons chrestiens et chrestiennes. On les vend à *Lyon* par Olivier Arnoullet, s. d., petit in-8 gothique (cat. Chedeau, 49 fr.).

Non cité, très rare. Ce titre n'est pas une plaisanterie; on le comprendra mieux quand on saura que c'est un ouvrage mystique de haute fantaisie ascétique.

TRANQUILLE (le Père), capucin de Bayeux.

— VÉRITABLE relation des justes procédures observées au fait de la possession des Ursulines de Loudun et au procès de Grandier, par le R. P. Tr. R. C. *La Flèche,* Griveau, 1631, in-12. — *Paris,* 1634, in-8.

Ouvrage rare. Toute la gloire et tout le génie de Richelieu n'éteindront jamais les flammes de ce bûcher qui brûlera toujours dans l'histoire.

TREVIÈS (Bernard de, Bernadus de Tribus Viis), chanoine de Maguelone, vivait au XIIe siècle.

— HISTOIRE des deux vrais et parfaits amans, Pierre de Provence et la belle Maguelone, s. l. 1490, in-4 goth. — *Paris,* Jehan Trepperel, 15 mai 1492, in-4 goth. — *Avignon,* 1524, in-8. — *Lyon,* Didier, 1625, in-8.

Roman peu commun qui parait avoir inspiré le *De duobus amantibus* du pape Pie II.

TRITHÈME (Jean), abbé de Spanheim, né le 1er février 1462 et mort le 26 décembre 1516, dans le monastère de Saint-Jacques de Wurtzbourg.

— DE LAUDIBUS sanctissime matris Anne, tractatus perquam utilis. *Maguntina,* per Petr. Friedbergensem, 1494, in-4, titre et init. en rouge (Bull. bibl., 1860, 18 fr.).

Cet ouvrage de polémique, divisé en 16 chapitres, n'est recommandable ni par la charité et la politesse de l'auteur avec ses contradicteurs, ni par la force des arguments et la pudeur du style. Les seules paroles raisonnables qu'il dit, mais qu'il oublie trop vite, sont : « Dieu avait choisi sainte Anne avant la création du monde pour être la mère de la vierge Marie, mais je vois bien que les savants ne sont pas d'accord sur ce point ; je sais également qu'on peut, sans pécher, douter de l'immaculée conception. Aucun de nous n'a assisté aux conseils de Dieu et personne ne connoît le secret de cette conception. »

TURICELLA (F. Jacques de), confesseur et prédicateur ordinaire de la Royne.

— LES ROYALES Couches ou les Naissances de monsieur le Dauphin et de Madame, composées en vers françois par Cl. Garnier, Parisien, et dédiées en étrennes à leurs Majestez par de Turicella... *Paris,* Abel l'Angelier, 1604, in-8 (cat. Soleinne, suppl., n° 151).

Très rare et curieux.

U

URBAIN (le pape), né à Sémifonte, mort le 29 juillet 1644, a publié des poésies latines et italiennes sous son nom de Maffeo Barberino, cardinal.

MAPHÆI Barberini, nunc Urbanus VIII pontifex, poemata. *Roma,* typis Vaticanis, 1631, in-4, grav. de Cl. Mellan, portr. et frontisp. (Techener, 1858, 18 fr.). — *Antverpiæ,* Plantin, 1634, in-4 (Libri, 1857, n° 2755). — *Romæ,* ex typis cam. apostol., 1637, in-4 (Potier, 1863, 15 fr.).

— POESIE toscane del card. Maffeo Barberino, hoggi papa Urbano VIII. *Roma,* 1637, in-4. — *Rome,* 1640, in-12 (Peignot, Dict^ro biogr., t. IV, p. 544).

Ces poésies, imprimées à l'époque où l'auteur était pape et sous ses yeux, renferment des hymnes et des odes sur les fêtes et des épigrammes sur divers personnages illustres. Quelques pièces sont, sinon libres, assez peu sévères.

V

VARET (Alexandre), grand-vicaire de Sens.

— FACTUM pour les Religieuses de Sainte-Catherine-lès-Provins, contre les Pères Cordeliers de la même ville, s. n. 1668, in-4 (cat. du comte d'Hoym, 6 fr. ; cat. Laporte, 1872, 30 fr.). — *Doregnal* (Hollande), 1679, in-12 (cat. d'Hoym, n° 675, 5 fr.).

Curieux et peu commun.

VASSEUR (Jacq. le), né à Nîmes, près d'Abbeville, archidiacre de Noyon, mort en 1669.

— ANTITHÈSES, ou Contrepointes du ciel et de la terre... *Paris,* 1608, petit in-8 (Bull. du Bibl., 1851, 12 fr.).

Discours en vers ou stances dans lesquels l'auteur oppose l'esprit à la chair, l'amour à la haine, la jeunesse à la vieillesse... Ce n'est pas sans charme, car l'auteur parle de lui et de ses impressions avec une certaine sensibilité.

— LE BOCAGE de Jossigny où est compris le Verger des vierges, et autres plusieurs pièces tant en vers qu'en prose. *Paris*, 1608, petit in-8.

Ce n'est pas absolument bon, mais quelques pièces écrites avec sentiment méritent d'être lues.

VAUFROGER (Catinal), prêtre.

— Le Chariot spirituel pour conduire les âmes dans le ciel. *Rouen*, 1627, 3 part. in-12 (Répert. de Bibl. Techener, n° 261, 10 fr.).

Ouvrage d'une naïveté singulière.

VÉGA (le Père Chr.), jésuite.

— Événements extraordinaires touchant la confession mal faite, traduct. de l'espagnol par le P. Philippe-Marie, du tiers ordre. *Saint-Malo*, 1736, petit in-12.

Curieux : Accident d'une femme mariée damnée pour avoir caché certains péchés commis avec son mari, etc.

VEGIO (Maffeo), né à Lodi en 1406, secrétaire des brefs, dataire et chanoine de Saint-Pierre, mort à Rome en 1458.

— Philalethes, s. l. n. d. (Regionamentus, impr. à *Nuremberg*, vers 1475), in-4, 12 ff., 30 lign. à la p., grav. s. b. au recto du f. 2. — s. l. n. d. (impr. avec les caract. qui ont servi pour *Hesselbachii sermones*), in-4, 13 ff., 32 lign. à la p., fig. s. b. — s. l. n. d., in-4 goth., 16 ff., 36 lign. à la page, fig. s. b. représent. Philalethes et la Vérité (Bull. du Bibl., 1855, 36 fr.).

Traduction française :

— Le Martyre de la Vérité, dialogue de Lucian. *Lyon*, Fr. Juste, s. d., in-16.

C'est un dialogue satirique en prose contre la corruption des mœurs du xv° siècle. L'auteur prouve que toutes les classes de la société conspirent et agissent contre la Vérité : les femmes la poursuivent et la frappent avec des fuseaux, des aiguilles et toutes sortes d'ustensiles, l'étouffent sous des ornements étranges, la maquillent de cosmétiques; les prêtres lui lancent des bréviaires, des encensoirs, des vases sacrés et des éteignoirs, etc. Le chanoine avoue que désirant juger les prêtres : « Cupiensque in eorum strictiorem venire familiaritatem, introivi secretos etiam eorum thalamos, ubi pretereo que viderim singula exterioribus minime interiora respondentia. » Heureuse Église! si tous ses chanoines avaient imité cet exemple de leur prédécesseur et réservé leurs sévérités pour leurs collègues et un peu plus de justice pour leur prochain. Oui, braves chanoines, examinez si vos *interiora* répondent à vos *exteriora*, avant de critiquer ou de calomnier des bouquinistes.

VENETTE (Jean Fillions de), carme, né à Compiègne, composa, vers l'an 1340, un poème de 40,000 vers sur les trois Maries.

— La Vie des trois Maries : de leur mère, de leurs enfans et de leurs maris, s. l. 1473, in-4 goth. (Biographie Peignot, t. IV, p. 572). — Composéc en rithme françoyse par J. Venette et translat. de rithme en prose par J. Droyen. 1534, in-4 (Barbier, anonymes). — *A Paris*, par Nicolas Bonfons demourant en la rue Neuve Nostre Dame à lenseigne sainct Nicolas, s. d. (vers 1560), petit in-4 goth. (Yemenitz, 260 fr.). — *Troyes*, Girardon, 1602, in-12, fig. — *Troyes*, Garnier, s. d., petit in-8.

C'est la production la plus singulière de ce siècle d'ignorance et de mauvais goût ; la religion y est si ridiculemet affublée de tout le bagage païen, que c'est à peine si on peut la découvrir sous tous ces oripeaux indécents.

VEUILLOT (L.), rédacteur de l'*Univers*. Bien qu'il ne soit ni abbé, ni peut-être marguillier de sa paroisse, j'ai pensé que le pardon catholique d'une action malpropre m'imposait le devoir de lui prouver, en l'admettant dans cet ouvrage, que le bibliographe sait oublier le mal fait au bouquiniste.

— L'Honnête Femme. *Paris*, 1844, 2 vol. in-12. — *Paris*, 1858, in-12.

Si le chanoine d'Orléans, suspendant le maniement des catalogues, se donnait le loisir de lire cet ouvrage, il verrait qu'une annotation-enseigne a souvent sa raison d'être. L'étiquette, ici trop honnête, trompe sur la marchandise, car, dans plus d'un passage, assez frustre, sur les entraînements de la femme, l'écrivain laisse *faire* l'homme d'avant le coup de grâce. Il a beau se tenir, se discipliner... il retourne... à plus d'un péché de jeunesse.

— Le Chapelet de Virginité, précédé d'une introduction de M. Louis Veuillot et suivi d'un glossaire par M. Fréd. Godefroy. *Paris*, chez René Muffat, 3, quai Malaquais, 1862, in-16, introd. 1 à 14, texte 15 à 57, glossaire 59 à 64 pp. (cat. M. N***, Labitte, 1879, n° 19).

Nous sommes heureux, comme *bibliographe*, de prendre L. V. en plein travail d'étude bibliographique sur : « *ce livret qui appartient pleinement à un genre de littérature* dévote qui était fort *cultivée au moyen âge et en deçà* », cela prouve qu'il apprécie si bien les saveurs de cette littérature, qu'il voudrait réserver au cléricalisme seul le droit de la faire et de la donner en dégustation. Ne pouvart tout citer, un passage donnera le goût du genre :
« Filles de Jherusalem, garnissés moy de fleurettes, environnés moy de pommettes, car je languis d'amourettes... Le dernier trou de la cage est l'attouchement, lequel sur toutes choses il te convient songneusement garder, en évitant tous

attouchements charnelz sur toy et sur autry, par espécial ès lieulx honteulx ; car de tels attouchements peuvent venir moult de inconvéniens. Et comme nous véons que l'oyseau privé, qui est souvent touché, n'a pas ses plumettes si joinctés ensemble comme le sauvage, qui ne se seuffre toucher ; tout ainsi est-il de virginité : car le plus sauvage est le plus plaisant à Dieu, pour ce qu'il est plus gent et a les plumettes plus jointes et plus belles, c'est adire les pensées. Et combien que le liz par attouchemens ne soit pas tantost rompu, néantmoins il en pert de sa belle blancheur. Et ainsi est il de virginité : car combien que par attouchemens elle ne soit pas rompue, toutefois elle en est moins plaisante à Dieu ; et pourroient estre telz les attouchemens, que corruption se ensuivroit... C'est la première vertu que Dieu donne à homme, ne il n'aporte autre vertu du ventre de sa mère... pour ce qu'il y a plus de larrons qui la quièrent à embler que les aultres, pour sa noblesse et dignité. Hélas ! je cuide que pour le présent on ne treuve gaires de telz oyseaux ; donc c'est pitié. Je prie à Nostre Seigneur qu'il veulle enflamber les cueurs de tous loyaux amans à ceste fleurette acquérir. » P. 24 et 28.

L'échantillon suffit. Il prouvera au chanoine V. P. et au journaliste L. V., que s'ils donnaient à la lecture des écrits érotico-mystiques et des ouvrages galants produits par des membres du clergé, le temps qu'ils consacrent au maniement des catalogues, à la visite du bonnet turc de Sauvageot et à la confection d'un article diffamatoire contre un bouquiniste, ils seraient peut-être plus indulgents pour les annotations-réclames d'une officine parisienne.

— Le Droit du seigneur au moyen âge, par L. Veuillot. *Paris,* Vivès, 1854, in-12 (cat. L'Escalopier, n° 1984).

Cet ouvrage de polémique *coutumière,* en réponse à quelques allusions de Dupin aîné, sur certains droits du seigneur, offre des pages assez vives pour mériter une note *galante* à ce joûteur ardent, qui saute souvent au delà de son adversaire.

VILLARS (l'abbé de Montfaucon de) fut tué en 1674, à l'âge de trente-cinq ans, d'un coup de pistolet, par un de ses parents.

— L'Amour sans faiblesse, Anne de Bretagne et Almanzaris, s. n. *Paris,* Barbin, 1671, 1672, 1679, 3 vol. in-12.

Roman peu commun : *Geomyler* a été réimprimé, mais les *Amours héroïques d'Anne de Bretagne* n'ont jamais paru séparément.

— Le Comte de Gabalis, ou Entretiens sur les sciences secrètes, s. n. *Paris,* Barbin, 1670, in-12. — *Paris,* 1742, 2 vol. in-12.

La publication de cet ouvrage sur l'alchimie, la magie, etc., valut à l'abbé l'interdiction de la chaire.

— Geomyler, s. n. *Paris,* Vᵒ Coustelier, 1729, 2 tom. in-12 (duc de Chaulnes, 3 l. 14 s.; Mᵍᵉ de Pompadour, 4 l. 10 s.; Bull. du Bouq., 1859, 2 fr. 50). — *Amsterd.,* aux dépens de la Comp., 1729, 2 vol. in-12 (Sardou, à Bruxelles, 1879, 4 fr.).

VILLIERS (l'abbé de), né à Cognac en 1648, religieux de l'ordre de Cluny non réformé, prieur de St-Taurin, mourut à Paris en 1728.

— Apologie du célibat chrétien, contre l'ouvrage du chanoine
Desforges : *Avantages du mariage,* etc., s. n. *Paris,* V° Da-
monneville, 1762, in-12 (cat. L'Escalopier, n° 1495).

— Entretien sur les tragédies de ce temps, s. n. *Paris,* Est.
Michallet, 1675, in-12, 152 pp. (Soleinne, t. V, n° 446).

— Les Moines, coméd. nouvelle ; la scène est à Monaco, dans les
grandes cazernes, s. n. 1716, in-8 (Techener, 1858, 18 fr.).

Pièce satirique non jouée contre la gourmandise des moines.

VINCENT (maître Jacques), aumônier de M. le comte d'Anguien (*sic*).

— L'Histoire amoureuse de Flores et Blanchefleur sa mye, avec
la complainte que fait un amant contre amour et sa dame. Le
tout mis d'espagnol en françois par maître Jacques Vincent.
Paris, de l'impr. de Michel Fezandat, au Mont-Sainct-Hilaire,
à l'hostel d'Albret, 1554, petit in-8, 95 ff., caract. ital. (Bull.
du Bouq., 1858, 75 fr.).

Roman de chevalerie peu commun.

VIOLE (Georges), religieux de Flavigny, mort en 1669.

— Le Martire de la glorieuse sainte Reine d'Alize, tragéd. (5 act.
v.) comp. par un religieux de l'abbaïe de Flavigny-Ste-Reine...
Chastillon, Cl. Bourut, 1691, in-8, 69 pp., fig. s. bois.

Étrange pièce qui a eu une édit. in-8 en 1687 et une autre en 1692. Sainte Reine
fouettée dit à Olibre :

      J'aime mieux tes coups que tes caresses,
     Ils sont de mon Sauveur les plus douces tendresses.

Elle ne bronche pas davantage sous les ongles de fer qui grattent ses flancs, et
triomphe des flambeaux ardents qui cuisent ses seins, en disant : Je vous aime,
ô Jésus !...

VIVIEN (le Père Antoine), jésuite.

— XIV Discours de l'heur et bien de l'estat de virginité et conti-
nence, composés par le R. P. Paul D. Candela, de la comp. de
Jésus et traduits en françois par le P. Ant. Vivien. *Tolose,*
1606, in-12, frontisp. grav. par L. Gaultier (Répertoire de
Bibliographie Techener, n° 253, 15 fr.). — *Saint-Omer,* 1609,
petit in-12.

Curieux livre de mysticité avec une dédicace aux *vierges* et *continens* de l'un e
l'autre sexe.

VOISENON (l'abbé Cl.-H. de Fusée de), né au château de Voisenon, près Melun, en 1708, ancien grand vicaire de l'évêque de Boulogne, dont il faisait les mandements, abbé du Jard, académicien, mourut en 1775.

— LES EXERCICES de dévotion de M. Henri Roch avec mad. la duchesse de Condor, par feu l'abbé de Voisenon, de joyeuse mémoire, s. l. n. d. (*Paris*, vers 1780), petit in-12 (Pixérécourt, 20 fr.). — *Vaucluse*, 1786, in-12, 104 pp. — *Vaucluse*, 1787, in-12, 139 pp., front. érot. — 1788, in-12. — *Bruxelles*, 1864, in-18, fig.

Cet ouvrage, non absolument licencieux, mais qui dépasse les limites du leste, fut saisi par la police et détruit le plus possible. La *Rocambole*, ou Notes édifiantes et récréatives, compose un tiers de ce recueil pimenté.

— HISTOIRE de la Félicité, conte moral, s. n. *Amst.* (Paris), 1751, in-12.

Roman gai, facile et badin, mais peu moral. Il s'agit bien de la félicité, mais ne croyez pas, bonnes âmes, qu'il soit question de la félicité éternelle, l'abbé y songeait peut-être, mais n'en écrivait jamais; il nous peint, avec les couleurs les plus savantes et les plus alléchantes, cette félicité, que promettent toutes les femmes et après laquelle il courut plus souvent qu'après l'autre.

— LA JOURNÉE de l'amour, ou Heures de Cythère (par Boufflers, Gaillard, la comtesse de Turpin et l'abbé de Voisenon). *Gnide* et *Paris*, 1776, in-8, XVI-165 pp., 4 fig., 8 culs-de-lampe par Bruneau, Macret et Michel, d'après les dessins de Taunay (Grésy, n° 321, 30 fr.). — Réimpr. sous le titre : Triomphe de l'amour, ou Heures de Cythère, 1783, in-8.

Débauche d'esprit de gens bien élevés, babioles littéraires des plus galantes, mais non obscènes.

— ŒUVRES complettes de M. l'abbé de Voisenon. *Paris*, Moutard, 1781, 5 vol. in-8, portr. grav. par Cochin et fig. (Hénin, 1793, 99 l.; Répertoire de Bibl. Techener, 20 fr.).

Splendide édition donnée par la comtesse de Turpin, avec un précis historique et la vie de l'abbé de Voisenon, son ami.

— ŒUVRES de théâtre de M***. *Paris*, Duchesne, 1753, in-12 , portrait.

Ce théâtre se compose de : l'Amour piqué par une abeille, idylle dram., 1 act. v. — L'Amour et Psyché, b. h. 1 act. v. — Apollon et Marsyas, b. 1 act. v. — L'Art de guérir l'esprit, c. 1 act. v. — La Coquette fixée, com. 3 act. v. *Paris*, Clousier, 1746, 1747, in-12. — La Coquette incorrigible, c. 3 act. v. — Coulouf, c. 3 act. v. — Elmasis, b. h. 1 act. v. — Ésope et Thalie, div. 1 act. v. l. — L'École du monde;

dial. 1 act. v., précédé du prol. de l'Ombre de Molière. — Erixène, b. 1 act. v. l. — Divertissement, 1 act. v. l. — La Chute des anges rebelles, or. v. l. — Les Fureurs de Saül, or. v. l. — L'Heureuse ressemblance, c. 1 act. v. — L'Hôtel garni, c. 1 act. v. l. — Hylas et Zélis, past. 1 a. v. l. — Les Israélites sur la montagne d'Horeb, or. v. l. — Fleur d'épine, c. 2 a. pr. — La jeune Grecque, c. 3 a. v. l. — Les Jeux floraux, prol. d'Alcimadure, v. l. — La Fausse prévention, c. 3 a. v. (pièce parue sous le pseud. de Dieudé). — Le jeune Machabée, or. v. l. — Jupiter et Calisto, past. 1 a. v. l. — Les Mariages assortis, ou la Sourde, c. 3 a. v. — Memnon, c. 3 a. pr. — Mirzèle, féerie, 1 act. v. l. — La Nouvelle troupe, c. 1 a. v. l. — La Petite Iphigénie, parodie de la grande, 1 a. v. mêlés de chants. — Le Retour de l'Ombre de Molière, c. 1 a. v. l. — Le Réveil de Thalie, c. 1 a. v. l. — Samson, or. v. l. — La Tante supposée, c. 3 a. pr. — Zélénide, past. hér. 3 a. v. l. — Zémis et Zélie, past. 1 a. v. l. — Zénis et Almasie, b. h. 1 a. v. l. — Zeuxis et Parrhasius, b. 1 a. v. l.

Toutes ces pièces, imprimées en France sans nom d'auteur, sont des merveilles d'esprit et de galanterie.

— QUELQUES aventures des bals de bois (par de Caylus et de Voisenon). Chez Guill. Dindon, 1745, in-12 (Châteaugiron, 16 fr. 50).

— RECUEIL de ces messieurs (par de Caylus et de Voisenon). *Amst.* (Paris), 1745, in-12 (Hangard, 1789, 6 l. 19 s.).

Aventures divertissantes et passablement lestes.

— ROMANS et Contes. *Londres* (Paris), 1767, 5 part. petit in-12. — *Londres,* 1775, 2 vol. in-12. — *Londres,* 1777, in-8 (Laporte, 1873, 4 fr. 50). — *Paris,* Imbert, an VI-1798, 3 vol. in-18, fig. 3, de Queverdo (Techener, 1858, 16 fr.; Bull. Bouq., 1872, 9 fr.; Potier, 1870, 80 fr.; Grésy, 100 fr.). — *Paris,* Imbert, 1798, 2 vol. in-12, fig. de Queverdo (Fontaine, 1870, 15 fr.). — *Paris,* 1818, 3 vol. in-18.

Ces romans spirituels et fins, mais peu modestes, où l'auteur ne se donne pas souvent la peine de mettre une gaze légère aux discours les plus libres, et où l'on voit à chaque page des jouissances finies et manquées, sont : Aphanor et Bellanire ; — les A-propos ; — Il eut raison ; — Il eut tort ; — Ni trop, ni trop peu ; — le Sultan Misapouf et la princesse Grisemine ; — l'Histoire de la félicité ; — Tant mieux pour elle ; — Zulmis et Zelmaïde ; — etc.

— LE SULTAN Misapouf et la princesse Grisemine, s. n. *Londres* (Paris), 1746, 2 tom. in-12 (M^{ise} de Pompadour, 4 l. 11 s.). — *Londres,* 1760, 1767, petit in-8.

Quel thème, pour un esprit fin et gaulois comme Voisenon, que ce sultan mis à pouf et que cette princesse qui fait grise mine !

— TANT mieux pour elle, tant pis pour lui, conte plaisant. *Ville-neuve* (Londres, vers 1760), petit in-12, 140 pp. — *Avignon,* 1798, in-12. — *Paris,* Tiger, s. d., in-18, fig. — *Paris,* an V-1797, petit in-12 (Laporte, 1873, 3 fr. 50).

Roman largement gaillard.

— TURLUBLEU, histoire grecque, s. n. *Amsterd.,* 1745, in-12.

— Zima et les amours de Philogène et Victorine, publ. par Dantu dans *Zélie*, ou *la Difficulté d'être heureux*, roman indien (par de Fourqueux). *Amst.* et *Paris*, Duchesne, 1775, in-8, fig.

— Zulmis et Zelmaïde, s. n. *Amsterd.* (Paris), 1745, 1747, in-12 (Laporte, 1873, 3 fr. 50).

Conte fort amusant et leste, tout autant. Comme il nous serait difficile de juger plus sévèrement et plus moralement l'abbé de Voisenon, qu'il ne s'est jugé dans le Discours préliminaire du Sultan Misapouf, nous citons : « Vous trouverez, sans doute, que ce conte est un peu libre; je le pense moi-même ; mais ce genre de conte étant aujourd'hui à la mode, je profite du moment, bien persuadé qu'on reviendra de ce mauvais goût, et qu'on préférera bientôt la vertu outrée de nos anciennes héroïnes de romans à la facilité de celles qu'on introduit dans nos romans modernes. Vous serez étonnée qu'avec une pareille façon de penser, je me sois livré si franchement au goût présent, et que j'aie même surpassé ceux qui m'ont précédé dans ce genre, que je désapprouve ; mais je vous le répète, c'est moins pour me conformer à la mode, que pour profiter du temps où elle est en règne, et ruiner, s'il est possible, ceux qui voudront écrire après moi sur un pareil ton. Le conte que je vous envoie est si libre et si plein de choses, qui toutes ont rapport aux idées les moins honnêtes, que je crois qu'il sera difficile de rien dire de nouveau en ce genre; du moins, je l'espère. J'ai cependant évité tous les mots qui pourraient blesser les oreilles *modestes;* tout est voilé, mais la gaze est si légère, que les plus foibles vues ne perdront rien du tableau. » *Romans et Contes,* Imbert, 1798, tom. 1, pp. 11 et 12. Il a voulu faire si libre, si *malpropre*, dirait un chanoine d'Orléans, s'il ne privait ses collègues de cet adjectif pour le prodiguer aux bouquinistes, que tous ceux qui voudraient écrire, après lui, sur un pareil ton fussent *ruinés;* eh! bien, il n'a réussi qu'à se faire réimprimer, par un moderne, qui trouve cette mode de romans libertins tellement bonne qu'il l'exploite dans le plus grand luxe... Pauvre mis à pouf! il ne s'attendait pas à être condamné de nos jours, presque par un ami, à faire encore des princesses grises mines!

VORAGINE (Jacques de), dominicain et archevêque de Gênes, né à Voragine en 1230 et mort en 1298.

— Legendæ sanctorum quas compilavit de Voragine, *impressi* per Johannem Zainer in oppido *Ulm,* s. d. (vers 1469), in-fol. goth., rubriques rouges. — *Coloniæ,* per Conrad. Winters de Homburch, 1470, petit in-fol. goth. (Gaignat, 70 fr. Cette date n'est pas certaine, de Bure pense qu'il y a eu un grattage et qu'on doit lire 1471). — *Paris,* per U. Gering, M. Crantz et M. Friburger, 1475, in-fol. goth. — s. l. n. d. (vers 1475), in-fol. goth. (La Vall., n° 1767). — Per Conrad de Hoemborch, 1476, in-fol. goth. (Gaignat, 36 fr.). — *Venetiis,* per Christ. Arnoldum, 1478, in-fol. goth. à 2 col. — *Daventriæ,* per Rich. Paffard de Colonia, 1479, in-fol. (Gaignat, 9 fr.). — s. l. n. d. (litteris quadratis), in-fol. (Gaignat, 24 fr.). — s. l., 1483, in-fol. goth. à 2 col. — *Argentinæ,* 1486, in-4 goth. (Bibl. Augustana, 1675). — s. l., 1494, in-4 goth. — s. l. n. d. (vers 1500), in-fol. goth. — *Norimbergæ,* Koberger, 1501, in-fol. goth. à 2 col. — *Lugduni,* per Joh. de Vingle, expensis vero Jac. Huguetan, 1507, in-fol. goth., portr. s. bois (Techener, 1858, 36 fr.).

Traductions françaises :

— La Légende dorée et aussi des saincts nouveaulx, extraicte et translatée de latin en françois au plus près du latin selon le vray sens de la lettre (par Jehan Batailler). *Lyon*, 1476, in-fol. goth. — *Lyon*, Nic.-Phil. Almant, 1485, in-fol. goth. — Traduct. de F. Jehan de Vigney, 1490, in-fol. goth. — *Lyon*, J. de Vingle, 1512, in-4 goth. (de la Briffe, 1788, 10 l. 10 s.). — *Lyon*, 1519, in-4. — *Paris*, 1525, petit in-fol. goth., fig. s. b. — *Paris*, Jehan Rehal, 1554, in-fol. goth. (Gaignat, 20 fr.). — Traduct. précédée d'une notice par G. B. (Gust. Brunet), *Paris*, Gosselin, 1843, 2 vol. in-12 (Luzarche, 12 fr.; Bertin, 4 fr. 75). — *Paris*, Delahays, 1854, 2 vol. in-12 (Laporte, 8 fr. 50).

Peignot, dans sa *Biographie*, dit que c'est le chef-d'œuvre d'une imbécile extravagance; Walkins, dans son *Nouveau Dictionnaire universel*, que ce sont des contes dévots fabriqués, sans goût et sans critique, dans des temps d'ignorance. Le naïf archevêque livre à l'admiration et à l'édification des fidèles les actions les plus extravagantes et parfois les plus indécentes. « Si tu me fais violer contre ma volonté, dit sainte Luce au consul Paschas, tu doubleras ma chasteté et tu me feras obtenir la couronne de virginité. » Sainte Agnès, à l'âge de treize ans, est conduite toute nue, dans une maison publique, oui, toute nue, mais aussitôt ses cheveux et... s'allongent, se multiplient, couvrent là et partout et sauvent son honneur. Quel habit! Je ne cite pas davantage, il y aurait trop à faire. La morale à tirer pourtant, de toutes ces insanités, est qu'aujourd'hui nous trouverions peu saints et peu sages ceux qui commettraient des excentricités aussi inconvenantes.

Y

YART (l'abbé Ant.), né à Rouen en 1709, curé de Saint-Martin du Vivier, mort en 1791.

— Idée de la poésie anglaise, ou Traduction des meilleurs poètes anglais. *Paris*, Briasson, 1749, 1756, 8 vol. in-8.

Cette collection contient le *Jugement de Pâris*; *la Mascarade*, par Congrève; *l'Opéra des Gueux*, par Gay, etc.

Z

ZACHARIE DE LISIEUX (R. P.), prédicateur capucin, a donné, sous le nom de Pierre Firmian, le roman de mœurs suivant :

— Gyges gallus, Petro Firmiano authore. *Paris*, D. Thierry, 1659, petit in-12, frontisp. grav. (Bull. du Bibl., 1855, 20 fr.). — 1660, in-4 et in-8. — *Ratisbonne*, 1686, in-8.

Traduction française :

— Le Gyges Gallus de P. Firmian, trad. par le P. Antoine de Paris, prédicateur capucin. *Paris*, D. Thierry, 1663, in-12, frontisp. grav. (Bull. du Biblioph., 1855, n° 58, 20 fr.).

L'auteur, possesseur du fameux anneau de Gygès, pénètre dans les demeures les mieux fermées, et peint avec une finesse malicieuse les ridicules et les mœurs de son époque. Lire : les Sangsues, les Tables cruelles, les Funérailles de la vertu, les Hommes-Femmes, la Jeune vieille, etc. Un titre de chapitre : les Hommes-Femmes, prouve qu'Alexandre Dumas fils lit ses *anciens* et en profit[e].

Paris. — Typ. Paul Schmidt, rue Perronet, 5.